CONTRIBUIÇÕES PARA A
COMPREENSÃO DO NAZISMO:
A PSICANÁLISE E ERICH FROMM

CONTRIBUIÇÕES PARA A COMPREENSÃO DO NAZISMO: A PSICANÁLISE E ERICH FROMM

Oswaldo Henrique Duek Marques

wmf **martinsfontes**

SÃO PAULO 2020

Copyright © 2017, Editora WMF Martins Fontes Ltda.,
São Paulo, para a presente edição.

Todos os direitos reservados. Este livro não pode se reproduzido, no todo ou em parte, nem armazenado em sistemas eletrônicos recuperáveis nem transmitido por nenhuma forma ou meio eletrônico, mecânico ou outros, sem a prévia autorização por escrito do Editor.

1ª edição 2017
2ª tiragem 2020

Acompanhamento editorial
Richard Sanches
Preparação de texto
Richard Sanches
Revisões
Beatriz Freitas
Tomoe Moroizumi
Produção gráfica
Geraldo Alves
Paginação
Studio 3 Desenvolvimento Editorial

Dados Internacionais de Catalogação na Publicação (CIP)
(Câmara Brasileira do Livro, SP, Brasil)

Marques, Oswaldo Henrique Duek
  Contribuições para a compreensão do nazismo : a psicanálise e Erich Fromm / Oswaldo Henrique Duek Marques. – São Paulo : Editora WMF Martins Fontes, 2017.

  Bibliografia.
  ISBN 978-85-469-0174-6

  1. Antissemitismo – História 2. Freud, Sigmund, 1856-1939 – Psicologia 3. Fromm, Erich, 1900-1980 4. Nazismo 5. Psicanálise I. Título.

17-05984   CDD-150.195

Índice para catálogo sistemático:
1. Psicanálise : Psicologia   150.195

Todos os direitos desta edição reservados à
Editora WMF Martins Fontes Ltda.
Rua Prof. Laerte Ramos de Carvalho, 133 01325-030 São Paulo SP Brasil
Tel. (11) 3293-8150 e-mail: info@wmfmartinsfontes.com.br
http://www.wmfmartinsfontes.com.br

Para o estimado professor Luís Claudio Mendonça Figueiredo, com minha gratidão por sua acolhida, pelos seus valiosos ensinamentos e por sua preciosa orientação, que proporcionaram a realização deste trabalho.

AGRADECIMENTOS

Meus agradecimentos...

À Fundação São Paulo e à Pontifícia Universidade Católica de São Paulo (PUC-SP), pela bolsa que me foi concedida para o doutorado, o qual serviu de base para este livro.

À Congregação do Programa de Psicologia Clínica dessa universidade, por me ter acolhido nessa área do conhecimento.

Aos funcionários da Secretaria Acadêmica da PUC e a Mônica Pereira, secretária do Programa de Psicologia Clínica, pela atenção e ajuda nos assuntos administrativos relativos ao meu doutorado.

Aos funcionários da Biblioteca Nadir Gouvêa Kfouri, pelo auxílio na localização de obras pesquisadas.

À professora Jeanne Marie Gagnebin de Bons, pelas proveitosas lições e propostas filosóficas de temas relacionados a este livro.

Às professoras Elisa Maria de Ulhôa Cintra e Ida Kublikowski, pelo profícuo aprendizado em suas aulas.

Aos professores Antonio Rago Filho e Conrado Ramos, integrantes da minha banca de qualificação, pelas ricas contribuições e sugestões para elaboração desta obra.

A todos que me apoiaram e me incentivaram intelectualmente, em especial os professores Flávio Roberto Carvalho Ferraz, Maria Eloisa Pires Tavares, Oswaldo Giacoia Junior e Renata Udler Cromberg.

À professora Beatriz Silke Rose, pelo auxílio na tradução dos textos em alemão.

À professora Patricia Paiva Csapo, pela resolução das dúvidas da língua inglesa.

Aos colegas do Programa de Psicologia Clínica, com quem tive a alegria de conviver ao longo do curso.

À minha mãe, Esther, e ao meu saudoso pai, Oswaldo, leitor de Erich Fromm.

A Carolina e aos nossos queridos filhos, Luís Henrique e Mariana, com carinho.

SUMÁRIO

Prefácio 11
Introdução 13

1. Breve relato sobre o nazismo 27

2. Introdução à problemática do nazismo no campo do pensamento freudiano 49

    2.1. A importância da perspectiva freudiana sobre o nazismo 49
    2.2. A política sexual imposta pelo nazismo sob a ótica freudiana 50
    2.3. *O Caso Schreber* 57
    2.4. A contribuição de *Totem e tabu* (1913) para a compreensão psicanalítica do nacional-socialismo 75
    2.5. As relações entre o narcisismo e o nazismo 82
    2.6. A importância de *Psicologia das massas e análise do Eu* (1921) para a compreensão do nazismo 93
    2.7. *O futuro de uma ilusão* (1927) e o poder de coerção sobre as massas 101
    2.8. *O mal-estar na cultura* (1930) 103
    2.9. Moisés, o monoteísmo e a compreensão psicanalítica do antissemitismo 107
    2.10. Uma síntese das contribuições freudianas para a compreensão do nazismo 113

3. Aspectos psicanalíticos do nazismo no pensamento de Erich Fromm   125

   3.1. Notas introdutórias ao pensamento de Erich Fromm   125
   3.2. As relações entre o indivíduo e o laço social   131
   3.3. A "psicologia social analítica"   137
   3.4. Os vínculos incestuosos   146
   3.5. As tendências destrutivas e o nazismo   150
   3.6. A necrofilia em Eichmann   156
   3.7. As relações entre o narcisismo e o nazismo   161
   3.8. O caráter individual e o caráter social   168
   3.9. A liberdade na era da Reforma   175
   3.10. Os mecanismos de fuga   182
   3.11. A psicologia do nazismo: estudo da personalidade autoritária   194
   3.12. Sobre o antissemitismo   208

Conclusão   213
Referências bibliográficas   225

PREFÁCIO

Seria como chover no molhado assinalar a competência de Oswaldo Duek Marques como pesquisador e escritor, como estudioso dedicado e meticuloso e como transmissor de conhecimentos, professor notável que é pela seriedade e clareza de pensamento. E a tudo se acrescente o bom humor, a cordialidade, a elegância. Com todos esses atributos sobejamente conhecidos por seus amigos, colegas e alunos – e muito apreciados por este "orientador de tese" –, nada mais natural que o produto de seu doutorado em psicologia clínica ultrapasse todas as exigências de qualidade exigidas e esperadas de uma realização acadêmica como esta.

Mas atenção: Duek, professor de direito penal, mestre e doutor em sua área, livre-docente e titular de direito penal na PUC-SP, procurador aposentado, torna-se também doutor em psicologia clínica e agora publica sua tese em forma de livro?

Realmente, a curiosidade intelectual de Duek é imensa. Seu interesse na psicanálise, antigo e visceral, sua preocupação com a história, a sociedade, bem conhecida e particularmente intensa no que diz respeito aos crimes contra a humanidade, como os perpetrados pelos nazistas e demais antissemitas. Ademais, Duek veio a se associar ao Núcleo de Pesquisas em Método Psicanalítico e Formações da Cultura, na PUC-SP, um lugar perfeitamente adequado para acolher e cultivar seu projeto de pesquisa.

Na convergência de todos esses fatores foi desenvolvido este livro que trata do nazismo e do antissemitismo a partir das contribuições de um autor um tanto esquecido e mesmo menosprezado hoje em dia, mas que já fez bastante sucesso no mundo inteiro e inclusive no Brasil: Erich Fromm. Célebre por haver tentado compreender processos e fenômenos sociais e históricos articulando marxismo e psicanálise, Fromm despertou grande atenção com livros como *O medo à liberdade*, de 1941, e publicado entre nós em 1974. No entanto, marxistas e freudianos acabaram virando-lhe o nariz, contrariados com o que lhes parecia um pensamento pouco rigoroso e diluidor. Erich Fromm caiu em certo ostracismo, embora grupos em alguns países e centros de pesquisa tenham continuado a estudar sua obra e a aprender com ela.

Duek nos faz o favor de revisitar Fromm de uma maneira ao mesmos tempo simpática e crítica, recuperando seus escritos mais conhecidos e muitos outros, inéditos entre nós. Mas além de nos apresentar e reapresentar um autor que pertence à história do pensamento social do século XX, Duek toma impulso nesta obra para elaborar suas considerações sobre o nazismo e o antissemitismo. Calçado em uma literatura filosófica, histórica, sociológica e psicanalítica – um contexto teórico complexo no qual é possível ler Erich Fromm –, Duek vai muito além deste único autor para compreender o nazismo e o antissemitismo. Suas referências bibliográficas dão o testemunho dessa pesquisa em amplo espectro, uma pesquisa que requer, por outro lado, uma enorme capacidade de filtragem e articulação para que o resultado final não se torne uma colcha de retalhos mal costurada. É essa capacidade compositiva que Duek exibe na construção da tese, na organização dos capítulos e na redação de todo o texto do presente livro. Um volume a ser saudado como uma contribuição importante e muito bem-acabada da pesquisa sobre formações da cultura sob o vértice principal – mas não exclusivo – da psicanálise.

Luís Claudio Figueiredo

INTRODUÇÃO

Em nossos estudos mais recentes, concluímos pela necessidade de aprofundar as pesquisas na área da psicanálise, em especial no que se refere aos aspectos psicanalíticos do nazismo e do antissemitismo nele inserido. De acordo com nosso entendimento, afigura-se imprescindível o estudo desses aspectos para melhor compreender as causas do Holocausto, que causou graves violações à dignidade da pessoa humana na primeira metade do século XX. Segundo Giorgio Agamben (2008), se, por um lado, as circunstâncias históricas nas quais ocorreu o extermínio dos judeus durante o nazismo foram suficientemente esclarecidas, por outro, falta ainda uma compreensão humana global do que aconteceu, em especial quanto ao comportamento dos nazistas e de suas vítimas. Além disso, os aspectos psicanalíticos do antissemitismo e do nazismo são revestidos de atualidade e se mostram de grande interesse para o nosso estudo, porquanto a xenofobia, a questão dos refugiados, os preconceitos religiosos, a intolerância e todas as formas de discriminação encontram-se presentes na contemporaneidade.

Como ressalta Jeanne Marie Gagnebin (2009), Auschwitz não representou apenas um episódio isolado e dramático da história dos judeus ou da Alemanha, mas também um marco essencial e ainda pouco elaborado da história ocidental. Seguindo a ideia exposta por Jacques Sémelin (2009, pp. 29-30), certamente teremos dificuldade em conceber a noção de Holocausto hoje se vivemos em um país tranquilo. No entanto, na convicção do referido autor, "sociedade alguma está a salvo de uma evolução desse tipo, assim que começa a se deteriorar".

Zygmunt Bauman (1998, p. 16), por sua vez, explica que todas as considerações sobre o Holocausto por ele tecidas em sua teoria da modernidade, do processo civilizador e seus efeitos "derivam da convicção de que a experiência do Holocausto contém informação crucial sobre a sociedade da qual somos membros". Segundo ele (1998, p. 12), "o Holocausto nasceu e foi executado na nossa sociedade moderna e racional, em nosso alto estágio de civilização e no auge do desenvolvimento cultural humano, e por essa razão é um problema dessa sociedade, dessa civilização e cultura".

No mesmo sentido, Hannah Arendt (2007e) nos mostra o equívoco em se considerar os campos de concentração e de extermínio como pertencentes apenas ao passado, uma vez que a destruição de pessoas vistas como supérfluas constitui dispositivos contemporâneos de qualquer regime totalitário. Por isso, a história e a compreensão do nazismo afiguram-se imprescindíveis para entendermos os problemas atuais e de um futuro próximo. Além disso, o Holocausto, ao trazer a problemática da desumanização, com a instalação de uma máquina burocrática de produção da morte, como observa Renata Udler Cromberg (2015), constitui ofensa à humanidade como um todo – e não somente ao povo judeu –, motivo pelo qual possui caráter universal.

Esses argumentos, analisados em conjunto, revelam não só nosso interesse pessoal sobre o tema, como também a importância e a atualidade de nossa pesquisa, para o mundo acadêmico, quanto à contribuição da psicanálise no sentido de compreender o regime nazista e seu reconhecido antissemitismo. Essa compreensão, nos termos propostos neste trabalho, poderá também tornar mais claras e evidentes as causas dos preconceitos e dos genocídios na sociedade contemporânea.

Para aprofundar e desenvolver nossa pesquisa, escolhemos como autor principal e *espinha dorsal* deste trabalho o psicanalista Erich Fromm, nascido em Frankfurt, em 1900. De origem judaica, ele foi um dos membros do antigo Instituto de Pesquisa Social de

Frankfurt – confiscado com a ascensão do nacional-socialismo ao poder, em 1933. Fromm sofreu diretamente os efeitos do antissemitismo durante o regime nazista e dedicou grande parte de suas pesquisas aos temas do nosso estudo, em seus aspectos psicanalíticos.

Antes de dedicar-se à psicanálise, Fromm cursou direito por dois semestres, em 1918, em Frankfurt, e sociologia e economia política, em 1919, em Heidelberg, onde também obteve o título de doutor em filosofia em 1922. Depois, dedicou-se aos estudos de psicanálise, com ênfase em Freud, no Instituto Psicanalítico de Berlim, por influência de sua esposa Frieda Reichmann, com quem manteve um consultório de terapia psicanalítica em Heidelberg, a partir de 1924 (Funk, 2009).

Fromm também integrou, como membro permanente, o Instituto Psicanalítico de Frankfurt, inaugurado em 1929 e considerado a primeira organização freudiana a fazer parte de uma universidade alemã (Jay, 2008). Em 1930, Fromm ingressou no Instituto de Pesquisa Social de Frankfurt, dirigido por Max Horkheimer. Nessa instituição, da qual fez parte até 1939, foi responsável por todas as questões de psicanálise e psicologia social. Ali, desenvolveu também pesquisas envolvendo uma teoria sociopsicanalítica, com bases marxistas e freudianas, em especial a respeito da análise do caráter autoritário, objeto de estudo que prevaleceu no instituto por mais de dez anos (Funk, 2009).

Após emigrar para os Estados Unidos, em 1934, onde passou a lecionar na Universidade de Columbia, em Nova York, Fromm publicou, em 1941, a obra principal de nosso estudo, *O medo à liberdade* – resultado do trabalho que desenvolvia anteriormente no Instituto de Pesquisa Social de Frankfurt –, da qual grande parte é dedicada à análise da psicologia do nazismo. Segundo Rolf Wiggershaus (2006, p. 300),

> tratava-se do estudo psicológico *Man in the Authoritariam State* [O homem no Estado autoritário], anunciado no programa de publicações do Instituto por seu prospecto de 1938. Esse livro, no qual Fromm

trabalhara de 1936 a 1940, foi uma das raras ocasiões em que o rico programa de publicações do Instituto se concretizou.

O enfoque sociopsicológico de Fromm e seu afastamento da teoria ortodoxa freudiana encontraram resistência de outros membros do instituto, o que provocou o desligamento desse autor, em 1939, daquela instituição. Posteriormente, até sua morte, em 1980, Fromm publicou inúmeras obras de grande interesse para nosso tema de pesquisa, o que nos motivou a analisar suas contribuições psicanalíticas a respeito do nazismo. Para este estudo, além dos escritos desse autor, anteriores e posteriores ao livro *O medo à liberdade*, pesquisamos publicações de contemporâneos de Fromm – alguns integrantes do Instituto de Pesquisa Social de Frankfurt, com destaque para Theodor W. Adorno, Max Horkheimer, Herbert Marcuse, Wilhelm Reich e Hannah Arendt.

Os autores nomeados, assim como Fromm, foram contemporâneos de Freud e por ele influenciados significativamente, razão pela qual não poderíamos afastar da nossa pesquisa o desenvolvimento do pensamento freudiano, em especial nos seguintes textos, conhecidos, em sua maioria, como sociais: *Moral sexual civilizada e doença nervosa moderna* (1908); *O Caso Schreber* (1911); *Totem e tabu* (1913); *Introdução ao narcisismo* (1914); *Luto e melancolia* (1914); *Conferência sobre a teoria da libido e o narcisismo* (1916-1917); *Psicologia das massas e a análise do Eu* (1921); *O Eu e o Id* (1923); *O futuro de uma ilusão* (1927); *O mal-estar na cultura* (1930); *Por que a guerra?* (1933 [1932]) e *Moisés e a religião monoteísta* (1939).

Afigurou-se importante para nosso estudo relatar inicialmente aspectos do nazismo e do antissemitismo inserido neste, para, na sequência, discorrer sobre os subsídios psicanalíticos no campo freudiano, a fim de pensar a problemática do nazismo sob a ótica da psicanálise, como introdução às ideias de Fromm sobre esse tema.

Após esse estudo introdutório, objetivamos, por meio de análise teórica, sem nos afastarmos das bases filosóficas, verificar os aspectos psicanalíticos na evolução do pensamento de Erich Fromm a partir de seus escritos sobre o nazismo e o antissemitismo, sobretudo na obra *O medo à liberdade* (1941). Além desta, incluem-se no rol de escritos desse autor que embasam a pesquisa: *Sozialpsychologischer Teil* [Fragmento sociopsicológico] (1936); *Análise do homem* (1947); *Psicanálise da sociedade contemporânea* (1955); *A arte de amar* (1956); *A missão de Freud* (1959); *A sobrevivência da humanidade* (1961); *Meu encontro com Marx e Freud* (1962); *O dogma de Cristo e outros ensaios sobre religião, psicologia e cultura* (1963); *O coração do homem: seu gênio para o bem e para o mal* (1964); *A psicanálise humanista na teoria de Marx* (1965); *O espírito de liberdade* (1966); *A revolução da esperança: por uma tecnologia humanizada* (1968); *A crise da psicanálise: ensaios sobre Freud, Marx e psicologia social* (1970); *Anatomia da destrutividade humana* (1973); *Hitler: quién era y qué significa la oposición a ese hombre?* (1974); *Ter ou ser?* (1976); *Grandeza e limitações do pensamento de Freud* (1979); *El amor a la vida: conferências radiofónicas compiladas por Hans Jürgen Schultz* (1983) e a obra póstuma *A descoberta do inconsciente social: contribuição ao redirecionamento da psicanálise* (1990).

A obra *O medo à liberdade* (1941) foi de suma importância para o pensamento de Fromm, pois reuniu as ideias contidas em suas pesquisas anteriores no Instituto de Pesquisa Social de Frankfurt – onde era responsável pelos estudos na área da psicanálise –, cujos temas foram desenvolvidos também em obras posteriores, por nós analisadas. Ao verificarmos os aspectos psicanalíticos na obra de Fromm, objetivamos também mostrar algumas divergências e confluências entre o seu pensamento e o de Freud.

A título de ilustração e complementação, algumas obras dos demais autores citados estão incluídas em nossa pesquisa, a fim de que possamos verificar também como eles, enquanto contemporâneos de Fromm, pensaram o nazismo e o antissemitismo e contribuíram para sua compreensão. De Hannah Arendt, em especial, foram utilizados os livros *Origens do totalitarismo* (1951) e *Eichmann em Jerusalém* (1963a), além dos artigos contidos no livro *The Jewish Writings* (2007). De Theodor Adorno, consultamos os artigos

"A teoria freudiana e o padrão da propaganda fascista" (1951) e "Propaganda fascista e antissemitismo" (1946). Ainda deste, em coautoria com Max Horkheimer, o escrito "Elementos do antissemitismo" (1947). De Wilhelm Reich, *Psicologia de massas do fascismo* (1933). Finalmente, de Herbert Marcuse, *Razão e revolução: Hegel e o advento da teoria social* (1941); *Eros e civilização: uma crítica filosófica ao pensamento de Freud* (1955) e *Tecnologia, guerra e fascismo* (1999).

A escolha de Erich Fromm como autor principal para esta investigação não se deu por acaso. Ele e seus contemporâneos já mencionados sofreram perseguição em decorrência do antissemitismo nazista e eram, em sua maioria, de origem judaica. Antes da Segunda Grande Guerra, Freud deixou Viena e emigrou para Londres, onde viveu até sua morte, em 1939. Adorno e Horkheimer também tiveram de deixar a Alemanha, diante da ascensão do nacional-socialismo ao poder, em 1933. Marcuse – que havia ingressado no instituto em 1933 – emigrou em 1934 para os Estados Unidos, onde passou a trabalhar com Horkheimer. Em 1955, publicou seu livro *Eros e civilização*. Reich, compelido a deixar a Alemanha em 1933, publicou, nesse mesmo ano, a obra *Psicologia de massas do fascismo*. Hannah Arendt, por sua vez, também deixou a Alemanha. Em 1933, após ter sido presa por trabalhar em uma organização sionista, foi para a França e, em 1941, seguiu para os Estados Unidos. Seu primeiro livro, *Origens do totalitarismo*, foi publicado em 1951, ano em que obteve a cidadania americana.

O interesse pelas referidas obras justifica-se por dois motivos. Em primeiro lugar, os textos freudianos revestem-se de grande importância para se pensar a problemática do totalitarismo e do antissemitismo nazista pela ótica da psicanálise. Em segundo lugar, porque os demais autores, em especial Erich Fromm, analisaram os aspectos do nazismo em momento de amadurecimento intelectual. Fromm, Marcuse, Adorno e Horkheimer haviam realizado vários trabalhos no instituto, com destaque para *Autoridade e família*, único resultante de uma pesquisa empírica conjunta nos anos 1930.

INTRODUÇÃO · 19

Entretanto, em nossas leituras não localizamos até o momento nenhum estudo aprofundado e específico que revelasse as contribuições psicanalíticas de Fromm para a compreensão do nazismo e do antissemitismo – com enfoque em praticamente todos os seus escritos, incluídas as obras póstumas –, bem como que nos mostrasse um estudo comparativo entre Fromm e Freud a respeito desses temas. É por esse motivo, tendo como objetivo preencher uma importante lacuna e trazer nova contribuição para o entendimento das questões levantadas, que se justifica nossa pesquisa.

Na elaboração do trabalho, utilizamos pesquisa teórica em psicanálise por meio de fontes bibliográficas, com consultas diretas às obras dos autores pesquisados, e indiretas, com o exame de escritos de comentadores desses autores, para extrair conceitos psicanalíticos sobre o tema central, a fim de possibilitar nossa interpretação reflexiva, arrimada em estudo aprofundado e crítico de Fromm e irradiando-se para escritos dos demais autores escolhidos.

Além da pesquisa teórica em psicanálise, foram necessárias algumas incursões em outras áreas do conhecimento, como a história e a filosofia, pois o fenômeno do nazismo constitui matéria que demanda estudo interdisciplinar e exige análise abrangente, de suas múltiplas dimensões.

Em um primeiro momento, fizemos um sucinto comentário a respeito do nazismo e do antissemitismo nele inserido, antes de uma revisão aprofundada de alguns escritos de Freud, que consideramos importantes no âmbito desta pesquisa para pensar a problemática do totalitarismo e do antissemitismo nazista pela ótica da psicanálise. Em seguida, examinamos as obras de Fromm, em especial *O medo à liberdade*, considerada objeto principal de nosso estudo. Essa obra serviu de guia para compreender não só o pensamento de Fromm, presente em seus outros trabalhos, como também para verificar como as ideias de Freud foram recepcionadas por ele. Após essa análise, foi possível constatar as efetivas contribuições de Fromm sobre o nazismo.

Para tanto, o trabalho foi dividido em capítulos. No primeiro, fazemos um "Breve relato sobre o nazismo". Embora nosso trabalho se concentre nos aspectos psicanalíticos desse regime, afigura-se importante, para a compreensão dos temas, um estudo preliminar sobre o surgimento e o desenvolvimento desse regime totalitário. Em seguida, no segundo capítulo, denominado "Introdução à problemática do nazismo no campo do pensamento freudiano", analisamos cronologicamente as obras de Freud consideradas importantes para nosso estudo.

Iniciamos esse capítulo com uma breve introdução a respeito da importância do pensamento freudiano sobre o nazismo (item 2.1). Na sequência, no item 2.2, "A política sexual imposta pelo nazismo sob a ótica freudiana", comentamos o texto *Moral sexual civilizada e doença nervosa moderna* (1908), em que Freud discorre sobre a sufocação das pulsões, decorrente da edificação da cultura, na qual o indivíduo abdica de seus desejos agressivos ou vingativos. Tentamos demonstrar, nas reflexões sobre esse artigo, que as restrições sexuais do nazismo, principalmente as decorrentes das leis surgidas em 1935, na Alemanha, contribuíram significativamente para a produção de indivíduos submissos aos propósitos do nacional-socialismo.

Em seguida, no item 2.3, analisamos o texto de Freud intitulado *Notas psicanalíticas sobre um caso de paranoia (Dementia paranoides) descrito autobiograficamente* (1911), conhecido como "Caso Schreber", no qual ele mostra aspectos psicanalíticos da paranoia, com base nas declarações delirantes contidas nas *Memórias de um doente dos nervos* (1903), de Daniel Paul Schreber. A interpretação freudiana das *Memórias...*, em especial do relato dos delírios de Schreber, possibilita outras interpretações que podem nos auxiliar na compreensão de aspectos psicanalíticos do antissemitismo e do nacional-socialismo na sociedade alemã, no final do século XIX e início do XX.

Em seguida, analisamos "A contribuição de *Totem e tabu* (1913) para a compreensão psicanalítica do nacional-socialismo" (item 2.4). Em *Totem e tabu*, interessou-nos, entre outros assuntos, a transformação paranoica da figura de um de seus associados em perseguidor, elevado à categoria de pai, em uma posição que o torna passível de ser considerado culpado por todos os infortúnios. Outro assunto de interesse para o entendimento da perseguição antissemita nazista é o da preferência da realidade psíquica, em detrimento da realidade concreta, por parte dos neuróticos, mencionada nessa obra. Na leitura de *Totem o tabu*, constatamos conceitos capazes de arrimar a compreensão do antissemitismo nazista, principalmente no que se refere à figura do líder, como modelo ideal nas massas.

Em continuação, no item 2.5, examinamos "As relações entre o narcisismo e o nazismo", a partir do texto freudiano *Introdução ao narcisismo* (1914), no qual Freud discorre sobre a contradição do indivíduo em relação ao ideal do eu para entender a aderência das massas aos regimes totalitários. Os estudos freudianos sobre o narcisismo nos permitem constatar, por um lado, o empobrecimento do eu e, por outro, a satisfação narcísica da submissão ao *Führer* e às normas do nazismo. A figura-se também importante nessa parte do trabalho analisar o *narcisismo das pequenas diferenças*.

Ao cuidarmos da "Importância da psicologia das massas e análise do Eu (1921) para a compreensão do nazismo" (item 2.6), abordamos, em princípio, as seguintes questões: o desaparecimento do senso de responsabilidade do indivíduo em grupo; o interesse individual em prol do coletivo; a forma como se dá a transformação do indivíduo em autômato; a importância do discurso do líder; o descompasso entre a realidade psicológica e a realidade externa; a perda do poder de crítica do indivíduo em grupo; a necessidade do indivíduo de seguir e não discordar da maioria; a falta de liberdade do indivíduo em grupo; a limitação do narcisismo de indivíduos em grupo; a identificação e a predominância do instinto gregário em grupo, associado ao medo da solidão, e a corporificação no líder do ideal do ego.

Em *O futuro de uma ilusão* (1927), analisado no item 2.7, vemos que Freud sustenta a contradição entre a pouca capacidade de o indivíduo existir isoladamente e o fardo a ele imposto pelo processo civilizatório a fim de possibilitar a vida comunitária, o que nos parece interessante para explicar por que a grande massa da população ariana aderiu ao nacional-socialismo. No entender de

Freud (2010a, p. 40), a civilização se constrói sobre a repressão e a renúncia aos instintos. Conclui ele que somente "através da influência de indivíduos exemplares que as massas reconheçam como líderes é que elas podem ser movidas ao trabalho e às renúncias de que depende a continuidade da cultura". Ainda nesse texto de Freud, podemos também verificar a influência de Hobbes, quando aquele afirma ter sido por causa da ameaça e dos perigos da natureza que os homens se reuniram e criaram a civilização.

Em "O mal-estar na cultura (1930)" (item 2.8), destacamos o conceito de paranoia, decorrente da correção de algum aspecto do mundo externo, que conduz ao delírio da realidade. Nessa obra, sobre o poder de uma comunidade diante de cada indivíduo, afigura-se importante verificar como o poder individual foi substituído pelo poder da comunidade em detrimento da liberdade individual, situação que se agrava em um Estado totalitário.

Foi também relevante analisar, pela perspectiva freudiana, a inclinação para a agressividade presente em todos nós, capaz de comprometer as relações entre os indivíduos e de forçar o processo civilizatório a um grande dispêndio de energia. Segundo Freud, a civilização não conseguiu conter com sucesso a inclinação para a destrutividade humana, como *vertente da pulsão de morte*, conforme ele constatou, por exemplo, nas atrocidades cometidas nas migrações raciais ou na Primeira Grande Guerra. Essas questões são de grande importância para nossa análise, pois essa obra de Freud, falecido em 1939, pode ser considerada antecipadora do Holocausto e dos genocídios na segunda metade do século XX. Segundo Eugène Enriquez (1990, p. 96), *O mal-estar na civilização* "situa-se sob o signo da tragédia (e mesmo do destino inexorável), ao visualizar o fim da espécie humana pelo próprio processo civilizador".

No item 2.9, intitulado "Moisés, o monoteísmo e a compreensão psicanalítica do antissemitismo", enfocamos a obra *Moisés e a religião monoteísta* (1939), na qual Freud discorre sobre as razões do antissemitismo, com ênfase nos motivos religiosos. Pela leitura desse texto, concluído no final da vida de Freud, podemos constatar por que os judeus atraíram o ódio dos partidários do nacional-socialismo.

Ao final desse capítulo apresentamos uma conclusão (item 2.10), com o objetivo de facilitar a compreensão da perspectiva freudiana quanto aos temas referidos, buscando uma articulação mais precisa dos textos de Freud com os aspectos do nazismo e do antissemitismo.

O terceiro capítulo, "Aspectos psicanalíticos do nazismo no pensamento de Erich Fromm", analisa o desenvolvimento do pensamento desse autor para a compreensão do nazismo e do antissemitismo associado a este, por meio de pesquisa em diversas obras de Fromm relacionadas a esses temas – sem nos pautarmos pela ordem cronológica delas –, com enfoque principal no livro *O medo à liberdade* (1941). A atenção especial dada a essa obra se justifica pelo fato de ser ela resultante de estudos de Fromm anteriores a seu rompimento com o Instituto de Pesquisa Social de Frankfurt. Além disso, nela estão contidos temas que são retomados em seus escritos posteriores.

Nossa pesquisa propiciou não só constatar a influência de Freud na obra de Fromm como também verificar os pontos de confluência e divergência entre eles. Os demais autores mencionados, contemporâneos de Fromm, foram incluídos na pesquisa a título de ilustração, para mostrar a contribuição deles nos temas centrais da nossa pesquisa.

O terceiro capítulo inicia-se, em seu item 3.1, com uma nota introdutória sobre a trajetória de Fromm a partir de seus primeiros estudos e pensamentos sobre as questões de interesse para o nosso trabalho. Na sequência, examinamos em sua obra conjunta, sem preocupação cronológica, os escritos capazes de contribuir para a compreensão psicanalítica do nazismo e do antissemitismo nele inserido.

No item 3.2, abordamos o pensamento de Fromm a respeito das relações entre o indivíduo e o laço social, a partir das teorias freudiana e marxista. Nessa parte do trabalho, mostramos como Fromm sofreu influência de Freud e Marx para pensar o indivíduo no contexto social, em especial no tocante aos aspectos psicanalíticos do autoritarismo.

O trabalho prossegue com a proposta frommiana de uma "psicologia social analítica" (item. 3.3), apta a compreender o grupo social. Nela, Fromm estabelece uma relação mais próxima entre a psicanálise e a sociologia, buscando reunir, em princípio, a teoria freudiana com os conceitos marxistas; no entanto, ele nos oferece não apenas as diferenças marcantes entre as ideias de Freud e Marx como também uma análise especial das causas sociais e psicológicas dos regimes totalitários.

Na sequência serão abordados "Os vínculos incestuosos" (item 3.4), uma oportunidade para constatar as razões pelas quais Fromm não concorda com a universalidade do complexo edípico freudiano. Ele demonstra que os vínculos incestuosos, importantes para se compreender a submissão dos indivíduos aos regimes autoritários, decorrem da oposição às exigências da vida adulta. Fromm também explica de que forma ocorre na vida adulta a simbiose incestuosa, de efeitos semelhantes ao narcisismo excessivo e à necrofilia. Constatamos também, nessa parte do trabalho, os motivos pelos quais o autor vê no nazismo um exemplo expressivo de fixação incestuosa.

No item 3.5 são apresentadas as diferenças entre os pensamentos de Fromm e de Freud a respeito das relações entre as tendências destrutivas e o nazismo. Conforme analisamos, Fromm não concorda com a hipótese freudiana sobre a presença constante nos indivíduos das pulsões de vida e de morte. Além disso, estão presentes os fundamentos pelos quais o grau de destrutividade por parte da massa guarda relação com o contexto social, em especial o ocorrido na fase da ascensão do nazismo.

Nessa parte do estudo foram importantes as análises de Fromm para a compreensão psicanalítica do nazismo, das mortes burocráticas verificadas nos campos de concentração, bem como do caráter necrófilo de líderes e submissos para o sucesso desse regime totalitário.

Dando continuidade à nossa pesquisa, enfocamos a visão de Fromm sobre a necrofilia em Eichmann (item 3.6). Foram analisadas aqui as identidades entre a ótica frommiana e a visão de Hannah

Arendt a respeito da personalidade de Eichmann, em especial com relação ao conceito da autora de *banalidade do mal*, em sua obra de 1963.

Em seguida, pela perspectiva frommiana, analisamos as relações entre o narcisismo e o nazismo (item 3.7), partindo da visão freudiana. Esse estudo nos possibilitou, de um lado, compreender o elevado narcisismo por parte de chefes que atuam perante grandes massas. De outro, entender o comportamento das massas submissas, como ocorreu no nazismo. Além disso, verificamos como o narcisismo em grupo contribui para sua coesão interna, em detrimento de outros grupos, e a visão frommiana a respeito do narcisismo exacerbado de Hitler.

No item seguinte (3.8), estudamos a perspectiva frommiana sobre a relação entre o caráter individual e o caráter social autoritário, com o intuito de compreender a transferência da autoridade externa para o indivíduo, por meio da família. Fromm demonstra, também, como as condições externas desfavoráveis, sociais, econômicas e políticas, na Alemanha, em especial na década de 1920, contribuíram para a ascensão do nazismo. Cabe destaque, nesse item, à análise empírica de Fromm sobre pesquisa por ele realizada, de cunho psicanalítico, com a classe operária às vésperas do Terceiro Reich.

No item 3.9 analisamos a questão da liberdade na era da Reforma, cuja ideia é a de que o homem moderno não conseguiu conviver com a liberdade conquistada. Sobre o assunto, Fromm retoma a ideia inicial, segundo a qual o indivíduo é modelado pelo contexto cultural e social. Ele investiga, em especial, como as classes sociais mais desfavorecidas se fascinaram com as doutrinas religiosas de Lutero e de Calvino. O autor estabelece uma comparação entre a submissão dessas classes mais desfavorecidas com a submissão verificada na classe média inferior, diante da crença aos líderes do nacional-socialismo.

Finalizando esse capítulo, avaliamos o pensamento de Fromm a respeito do antissemitismo (item 3.12), partindo da perspectiva freudiana. Assim como Freud, Fromm foi vítima de perseguição antissemita pelos nazistas, o que levou ambos a deixarem a Alemanha. Fromm não só analisa o pensamento de Freud sobre o antissemitismo, como também nos transmite uma contribuição interessante e original de seu pensamento a respeito do tema.

Na conclusão, apresentamos uma articulação direta e imediata entre o pensamento de Fromm, contido em sua vasta obra, e o nazismo. Com isso, objetivamos demonstrar a ideia central desta pesquisa acerca da importância da contribuição psicanalítica desse autor para a compreensão do nazismo. Esperamos, assim, que este trabalho possa contribuir para novos enfoques e debates salutares, críticas e contra-argumentações, embora a complexidade do tema nos impeça de apresentar conclusões e respostas definitivas.

CAPÍTULO 1

Breve relato sobre o nazismo

Antes de ingressarmos na análise da perspectiva psicanalítica a respeito do nazismo, a partir de Freud, faremos um breve relato sobre esse regime e o antissemitismo nele inserido – como movimento destinado a perseguir, isolar, remover e eliminar os judeus. Este estudo preliminar nos possibilitará compreender melhor não só as metas desse regime totalitário como também os aspectos psicanalíticos a elas vinculados, objetivo essencial da nossa pesquisa.

O nazismo representou as bases do Partido Nacional-Socialista, de extrema direita, fundado por Hitler e instalado no governo alemão entre 1933 e 1945, durante o Terceiro Reich. As bases desse partido foram lançadas por Hitler em 1920. Dentre suas metas, de cunho totalitário, destacam-se as seguintes: abolir o Tratado de Versalhes; limitar somente aos alemães o exercício de cargo público; considerar cidadãos exclusivamente os alemães; excluir os judeus da comunidade alemã (antissemitismo); fortalecer a classe média; reformar a escola no sentido nacionalista; criar um exército popular; limitar a liberdade de imprensa e de criação artística; criar uma autoridade forte centralizada (Ribeiro Júnior, 2005).

Já o Estado nazista, segundo Ribeiro Júnior (2005, p. 11), "é um *meio* para servir a comunidade do povo, em sua realidade histórica e dinâmica, cujo objetivo é, interiormente, conservar e melhorar a raça (*Rasse*) e, no exterior, conquistar o espaço vital (*Lebensraum*)". Na visão de Marcuse (1978), os defensores do nacional-socialismo alimentam a ideia segundo a qual os indivíduos estão totalmente submissos à comunidade, constituída pela unidade do solo e do sangue. Essa comunidade não está subordinada a quaisquer regras ou valores. Nessa ótica, o Estado racional e liberal moderno, protetor de cada indivíduo e governado por leis universais, é incompatível com a ideologia do nacional-socialismo, cujo sacrifício incondicional de cada indivíduo é justificado pelos interesses da comunidade. Para Marcuse (1999), tal ideário postula a abolição de qualquer separação entre sociedade e Estado, transferindo seu poder sobre as massas para grupo social dominante, representado pelo próprio Partido Nacional-Socialista. Nesse sentido, Rosemberg, considerado um dos principais teóricos dessa ideologia, sustentou em seu livro *O mito do século XX* (1943) que a supremacia do povo (*Volkheit*), representada pelo nacional-socialismo, é mais alta do que a chamada *autoridade do Estado*.

Como comenta Reich (2001), os nacionais-socialistas atribuíram o declínio da cultura ariana à mistura das raças e do sangue. Por isso, os impuros deveriam ser combatidos. Não se admitia outra raça nem qualquer espécie de divergência de suas bases. Para Hitler, a única raça fundadora de determinada civilização é a ariana. Aqui já se nota um reflexo do narcisismo das pequenas diferenças, da perspectiva freudiana, que estudaremos na segunda parte deste capítulo.

Desde a publicação de seu livro *Minha luta* (*Mein Kampf*), em 1925, Hitler advertia sobre os perigos da mistura das raças e já considerava a raça ariana superior a qualquer outra. Outros teóricos do nacional-socialismo também seguiram essa tese de Hitler, como Helmut Nicolai. Em seu escrito sobre *A doutrina jurídica das leis raciais* (1932), também expressava sua ideologia racista ao advertir que a "luta contra o estigma racial do povo" era a "tarefa mais importante da política jurídica", porquanto o direito "surge da alma do povo" (apud Müller, 2009, pp. 134-5). Em sentido semelhante, Alfred Rosenberg (1943) ressaltou a necessidade de se reunirem todas as forças populares para a proteção da raça, da disciplina estatal e da própria força popular contra a desintegração dos Estados. Da mesma forma, como mostrado no documentário *Triunfo da vontade* (1935), de Leni Riefenstahl, o oficial nazista Julius Streicher, responsável pela publicação do jornal *Der Stürmer*, de significativa importância para a propaganda do nacional-socialismo, ressaltou em seu discurso durante o VI Congresso do Partido Nacional-Socialista dos Trabalhadores da Alemanha (1934), em Nuremberg: "A nação que não valorizar sua pureza racial perecerá".

Em decorrência dessa ideologia da pureza da raça, surgiram várias leis de grande ingerência na vida privada da comunidade, destacando-se aquelas que regulamentam o casamento e impedem relações sexuais entre arianos e não arianos. Ao analisarmos os aspectos psicanalíticos do nazismo, veremos também as consequências das restrições sexuais impostas pelo nacional-socialismo para os indivíduos e de que forma elas os tornaram mais submissos ao regime totalitário.

Para alcançar o objetivo de aperfeiçoar a raça e eliminar os deficientes, foi também desenvolvido, no regime nazista, amplo programa de eugenia arrimado em legislação desse caráter. Mesmo antes de assumir o poder, em 1929, Hitler havia proposto um plano para eliminar recém-nascidos com deficiência física e/ou mental. A "Lei para Prevenção de Enfermidades Hereditárias", de 1933, por sua vez, dispunha sobre a esterilização obrigatória nos casos de desordens genéticas.

A partir de 1933, o projeto de eliminação de pessoas e o impedimento de procriarem foram postos em prática. Segundo o § 1º da referida legislação preventiva, dentre as enfermidades consideradas hereditárias, destacavam-se a debilidade mental, a esquizofrenia, a depressão maníaca, as deformidades físicas graves e o alcoolismo severo. Um decreto administrativo previa, inclusive, a esterilização de crianças. O programa de eutanásia genocida só foi encerrado oficialmente em agosto de 1942, depois do assassinato de mais de 70 mil pessoas. Estima-se, contudo, que 100 mil vítimas foram mortas posteriormente por eutanásia genocida, mediante ações não oficiais promovidas pelo regime nazista (Müller, 2009, p. 191).

Segundo Hannah Arendt (2007e), Léon Poliakov foi o primeiro escritor a enfatizar a conexão íntima entre essa eutanásia genocida e o Holocausto posterior. Esse autor ressaltou ainda que os médicos e engenheiros responsáveis pelo aperfeiçoamento dessa técnica foram os mesmos incumbidos das instalações de Auschwitz e Belzec. Dessa ótica, podemos concluir que o Holocausto era visto pelo regime nazista como continuação do programa de eugenia iniciado bem antes da Segunda Grande Guerra, contando com a colaboração de médicos e engenheiros do Terceiro Reich. Tal colaboração foi confirmada por Fritz Klein, um dos médicos do campo de Auschwitz, cuja tarefa, durante a chegada dos transportes, era a de selecionar os inaptos para o trabalho – idosos, doentes e crianças –, que eram encaminhados para as câmaras de gás (Harding, 2014).

O nazismo, como é sabido, surgiu na Alemanha e teve rápida ascensão e consolidação a partir do ingresso do Partido Nacional-Socialista no poder, em 1933, liderado por Hitler. Durante seu governo, a massa da população encontrava-se cada vez mais submetida ao poder totalitário do *Führer*, cuja figura se confundia com a da própria Alemanha, que passou a contar com um único partido, o Nacional-Socialista. De acordo com Adorno (1946), o nazismo como regime totalitário representava poder absoluto, sem quaisquer limites a sua brutal arbitrariedade, diante do que seus seguidores se tornavam mero objeto de medidas administrativas e deviam aprender a seguir ordens sem questionamento.

Além dos aspectos psicanalíticos a serem examinados na sequência deste estudo, os historiadores apontam para vários fatores que contribuíram para a ascensão do nazismo, dentre os quais merecem destaque a crise econômica na Alemanha e sua derrota na Primeira Grande Guerra. Como nota Herf (1993, p. 33), entre 1929 e 1933, ano em que Hitler assumiu o poder,

> a depressão revelou situar-se além da capacidade de manejo do sistema político alemão [...] cresceram o desemprego e os extremistas políticos, retraíram-se os partidos de centro, a baixa classe média foi atraída pelos nazistas, os comunistas continuaram a atacar os social-democratas, tachando-os de "social-fascistas", os intelectuais direitistas sonha-

vam com esmagar a república e, por último, os conservadores voltaram-se para Hitler a fim de administrar ao regime os últimos sacramentos.

Com o Tratado de Versalhes, decorrente da derrota na Primeira Grande Guerra, a Alemanha perdeu substancialmente parte de seu território. Embora a Alemanha mantivesse sua soberania, seu exército não poderia ter mais de 100 mil homens. A manutenção da soberania do país contribuiu para o crescimento do nacionalismo racista e messiânico, baseado na sobrevivência dos mais aptos, o que foi crucial para consolidar o nacional-socialismo (Ribeiro Júnior, 2005).

Já os aspectos psicanalíticos do nazismo, objeto principal da nossa pesquisa, são analisados por Erich Fromm em sua obra *O medo à liberdade* (1941), na qual destaca a citada obra de Hitler, *Minha luta*, que lhe serviu de base para essa investigação. O livro de Hitler contém as bases do regime nazista, que controlava toda a manifestação de pensamento na Alemanha e mantinha um poder totalitário, inibindo qualquer iniciativa de oposição ao regime. Embora faça referência aos aspectos econômicos e políticos, Fromm considera essencial, para entender as causas do nazismo, seus aspectos psicanalíticos, principalmente quanto ao sucesso desse regime perante a massa da população ariana.

A esse respeito, irá interessar-nos, substancialmente, no âmbito psicanalítico, analisar, por um lado, a capacidade de liderança de Hitler e dos que estavam no topo da hierarquia estatal em relação à grande massa da população alemã – fascinada pelo poder autoritário. Por outro lado, ainda a partir desse enfoque, importa-nos estudar as razões pelas quais a grande massa da população, assim como os generais e militares alemães, aderiu ao nacional-socialismo e ao antissemitismo nazista, que culminou com o Holocausto, considerado o *organizado extermínio em massa dos judeus na Europa, cometido pelos nazistas.*

Para Fromm, em *O medo à liberdade* (1941), esse desejo de pertencimento e de submissão a um líder demonstrado pela massa da população ariana já havia sido constatado por Hitler. Na visão do autor, além de trazer uma sensação de pertencimento, a imagem de uma comunidade maior e poderosa é, para a maioria das pessoas, revigorante e encorajadora. No nazismo, criou-se uma hierarquia, na qual todos tinham alguém acima deles, alguém a quem obedecer, e alguém inferior para se exercer poder de dominação.

A ideologia nazista estava baseada em uma identidade nacional única, em detrimento das identidades individuais, que se dissolviam na grande massa da população. As instituições políticas opostas ao nazismo foram extintas, por exemplo, o Instituto de Pesquisa Social de Frankfurt, ao qual pertencia Erich Fromm, cujos trabalhos estavam em descompasso com as ideias totalitaristas. Por esses motivos, podemos concluir com Hannah Arendt (1999, p. 144) que a única forma de viver no Terceiro Reich sem se comportar como nazista era não aparecer e retirar-se completamente da vida pública. Seria preciso ser um "emigrante interno".

Dentre as instituições do nacional-socialismo, o sistema jurídico passou a servir aos propósitos do regime nazista, no sentido de que os interesses do Estado e da segurança do povo alemão estavam resguardados por esse sistema totalitário, em descompasso com os valores da justiça e a proteção dos direitos dos excluídos. Como conclui Hannah Arendt (1989), a calamidade em relação aos judeus não se resumia apenas ao fato de eles não possuírem direitos, mas também de não pertencerem a qualquer comunidade, de não existirem mais leis para eles. O início da exterminação dos judeus se deu com a privação total de seus direitos, para depois ajuntá-los em campos de concentração. Para a autora, a perda da comunidade foi responsável pela expulsão dos judeus da esfera da humanidade. Não obstante a concorrência desses motivos, pensamos que as razões da perseguição aos judeus encontram melhor compreensão em seus aspectos psicanalíticos, como veremos ao longo deste estudo.

O nacional-socialismo encontrou apoio também no jurista alemão Carl Schmitt, teórico do chamado "estado de emergência", que sustentava, já em 1922, o poder da autoridade de suspender a legislação, com arrimo em um direito de proteger sua própria existência. Os juízes, para não perderem seus postos, deviam adequar-se à política nazista em suas interpretações judiciais. Tinham, portanto, de apoiar sem reservas e a todo instante o regime vigente com perda substancial da sua independência nos julgamentos das causas (Müller, 2009).

No campo do direito penal, o nazismo suspendeu princípios de garantias fundamentais, tais como os princípios da "legalidade" e de "proibição de analogia em matéria penal", que davam segurança jurídica à população. Segundo o princípio da legalidade ou da reserva legal, ninguém pode ser punido senão em virtude de uma lei anterior que prevê a existência de uma infração penal. Sem a observância desse princípio, a população tornou-se alvo de extrema arbitrariedade em nome do totalitarismo, ficando, por consequência, inteiramente submissa aos poderes do *Führer*, cujas palavras transformavam-se em leis imediatamente aplicadas e sem reservas.

Como violação aos princípios da legalidade e da proibição de analogia no âmbito penal, em 1935, o nazismo modificou o § 2º do Código Penal Alemão, estabelecendo o seguinte: "Será punido quem cometer um crime punido pela lei, ou que mereça uma sanção segundo a ideia fundamental da lei penal e o são sentimento do povo" (Bruno, 2005, p. 126). Dessa forma, a interpretação de ofensa ao sentimento do povo devia pautar-se nas violações às proibições relativas ao desrespeito ao regime e nas relativas à manutenção da pureza da raça ariana.

Do ponto de vista psicanalítico, interessa-nos, dentre outras questões, analisar como a massa da população alemã foi seduzida pelo nazismo e como ocorreu a ascensão desse regime na Alemanha, tida como nação aculturada, em vários campos do conhecimento e nas artes de modo geral.

Sobre essas questões, podemos adiantar que, em uma sociedade de massas, as pessoas sentem-se protegidas e seguras por fazerem parte de determinado grupo racial ou nacional. Por isso, a grande maioria prefere abdicar de sua liberdade e submeter-se ao poder totalitário em troca dessa segurança. Essa é uma das teses defendidas por Fromm, a ser examinada com profundidade em momento oportuno. Em contrapartida, os que não se integram ao regime ou pensam de maneira diversa das grandes massas formam o grupo de excluídos, que devem ser perseguidos e eliminados. Isso ficou bem claro na propaganda nazista que pregava uma diferença entre o bem, representado pelo poder vigente, e o mal, representado pelos opositores do regime a serem extintos. A propaganda era dirigida pelo líder carismático aos indivíduos da massa, que permaneciam submissos e autômatos. Tinha como objetivo formar um grupo homogêneo nacional apto a reerguer a Alemanha e destruir os inimigos internos e externos. Essa propaganda encontrou respaldo na identidade do povo, comovido com a derrota da Primeira Grande Guerra (D'Alessio; Capelato, 2004). Entretanto, considerada a perspectiva frommiana, como veremos mais adiante, a derrota da Primeira Guerra Mundial e a situação econômica não explicam, por si sós, as causas mais profundas e psicológicas dessa aderência do povo ariano ao regime totalitário.

Com relação ao antissemitismo, a ideologia da supremacia da raça alemã, defendida pelo nazismo, foi um dos fatores que contribuíram para seu marcante crescimento, reforçado, também, pelo fato de os nazistas atribuírem equivocadamente aos judeus os problemas econômicos enfrentados pela Alemanha após a Primeira Grande Guerra. Hitler via os judeus como perigosos adversários dos arianos e de outros povos, por acreditar que os judeus os enfraqueciam e corrompiam sua pureza racial, suas instituições e suas qualidades positivas. Para Hitler, os judeus formavam uma antirraça, sem sequer cultura própria. Já em 1928, antes mesmo de assumir o poder, Hitler considerava a influência judaica, no campo econômico e cultural, superior à ariana (Marrus, 2003). Desde 1919 Hitler havia se manifestado com violência e ameaça contra os judeus.

Em seu discurso proferido em janeiro de 1939 perante o *Reichstag* (palácio do Parlamento alemão), Hitler ameaçou publicamente eliminar os judeus da Europa se eles provocassem a guerra. Posteriormente, já durante a guerra, atribuiu à comunidade judaica internacional a culpa pelo início e prolongamento da guerra, bem como a intenção dessa comunidade de liquidar a Alemanha e todos os alemães. Por esse motivo, em outros discursos proferidos durante a guerra, Hitler manifestou-se no sentido de cumprir sua promessa de exterminar os judeus na Europa. Em 1941, ordenou a Heinrich Himmler, comandante da SS (tropa paramilitar de elite), que o assassinato em massa de judeus no *front* oriental fosse estendido para um programa continental, na Europa, de extermínio do povo judeu (Herf, 2014). Em setembro daquele ano, o uso na lapela da estrela de davi, amarela, com a insígnia *Jude*, tornou-se obrigatório para todos os judeus. Quem infringisse essa regra era imediatamente enviado para um campo de concentração. A partir do uso da estrela amarela, cada judeu trazia consigo "o próprio gueto"; além disso, deviam acrescentar Israel ou Sara no nome e não podiam comprar ou receber emprestado livros, jornais e revistas (Klemperer, 2009).

O apoio ao assassinato em massa dos judeus foi reforçado com a publicação da obra *Os judeus são culpados* (1941), de Joseph Goebbels, ministro da Propaganda do Reich. Por essa ótica, havia uma identificação totalmente equivocada, por parte da liderança nazista, entre a guerra contra os judeus e a Segunda Guerra Mundial (Herf, 2014).

Na verdade, como relata Hannah Arendt (2007c), os judeus não tiveram qualquer participação na guerra, embora essa guerra tivesse sido declarada contra eles sete anos antes de ter sido declarada contra a Polônia, a França e a Inglaterra, bem como quase nove anos antes de ter sido declarada contra a Rússia e os Estados Unidos. No início, somente poucos judeus compreenderam que eram considerados inimigos. Mesmo assim, até os judeus-alemães necessitaram de mais de cinco anos e alguns *pogroms* para perceberem a impossibilidade de viver em paz em um governo inimigo. Até 1938, os judeus-alemães acreditavam que poderiam sobreviver na Alemanha, acomodando-se a algumas restrições.

Ao declarar guerra aos Estados Unidos, em 12 de dezembro de 1941, Hitler fez um discurso perante o *Reichstag*, impresso nos jornais e transmitido pela rádio, no qual atacava não só o presidente

Franklin Roosevelt, como também os judeus em volta dele. Afirmava que a intenção do presidente dos Estados Unidos e dos judeus era destruir os Estados (Herf, 2014).

Hitler considerava que os judeus formavam uma comunidade unida em nível internacional, com poderes que transcendiam qualquer fidelidade aos países nos quais viviam. A propaganda nazista reforçava esse pensamento, que resultaria no Holocausto, ou seja, na "solução final" para a questão judaica. Em 1942, durante a guerra, foram criados os seis principais campos de extermínio (Herf, 2014)[1].

Também atuavam nesse sentido os filmes antissemitas, como *O judeu eterno*, além do noticiário *Palavra da Semana*, afixado em praças, mercados, paradas de ônibus etc. na Áustria e na Alemanha. Mesmo antes do início da Segunda Guerra Mundial, em 9 e 10 de novembro de 1938, houve o *pogrom* (violento ataque da população aos judeus) por conta de uma suposta conspiração semita internacional, que resultou na destruição de residências e comércios judaicos, além de sinagogas, e no assassinato de cem judeus (Herf, 2014). Conforme relatado no documentário *O experimento Goebbels* (2005), dirigido por Lutz Hachmeister, logo após esses ataques e assassinatos, Hitler determinou que as manifestações continuassem sem a interferência ou controle da polícia, para que os judeus conhecessem diretamente a ira da população.

A imagem da comunidade internacional judaica foi distorcida pelo nazismo, que lhe atribuía fins destrutivos. Como comenta Hannah Arendt (1989), por não pertencer a determinada classe social e por ser desprovido de solo próprio, o povo judeu, consciente de sua sobrevivência em ambiente estranho e hostil, encontrou na família e nos membros de seu próprio grupo o último baluarte contra a assimilação e a garantia de proteção espiritual e religiosa. Na visão distorcida propagada pelo nazismo, o povo judeu passou a representar uma organização de comércio internacional, dotada

---

1. De 1942 a 1944, durante os principais anos de guerra, os trens que transportavam os judeus para os campos de extermínio tinham prioridade sobre todos os tráficos ferroviários, com exceção dos trens encarregados das movimentações das tropas arianas (Arendt, 1952).

de uma força secreta capaz de transformar outras forças em mera fachada e vários estadistas em marionetes. Por isso, embora separados da sociedade, foram falsamente vistos como mancomunados com o poder e suspeitos de maquinarem a destruição estrutural dessa sociedade.

Na verdade, como conclui a autora (1938-1939), os judeus-alemães não possuíam importâncias significativas em dinheiro nem mesmo um país. Na Alemanha, não integravam determinada classe social. Tinham apenas relações entre os próprios judeus, formando uma sociedade fora da sociedade ariana. Dessa forma, tornaram-se alvos principais da perseguição nazista, que culminou com o Holocausto. Para Marrus (2003, pp. 63-4), a destruição em massa dos judeus constituiu algo singular, distinto de outros genocídios verificados na história da humanidade, por conta da criação dos campos de extermínio, da sistemática desumanização dos judeus, dos procedimentos de assassinato em massa, a exemplo de uma "linha de montagem", bem como pela "organização burocrática em escala continental que transferia pessoas de todos os cantos da Europa para serem mortas"[2].

Como informa esse autor (2003, p. 104), de acordo com os estudiosos do antissemitismo, os motivos para a perseguição aos judeus são múltiplos, mas, no que se refere ao Holocausto, a divisão de trabalho entre os executores, vinculada aos procedimentos de assassinato em massa, contribuiu para que esses cumpridores reduzissem suas responsabilidades, no que se refere à consciência e à compreensão da barbárie. Nesse contexto, havia a presença de uma "mentalidade tecnocrático-hierárquica". Para Conrado Ramos (2015), seguindo a ótica dos teóricos críticos, essa mentalidade tecnocrático-hierárquica tem origem histórica na própria razão burguesa que *fetichiza* o sistema, não sendo, assim, uma produção do nazismo, mas encontrando nele sua consequência mais brutal.

....

2. Segundo Marrus (2003, p. 65), "os nazistas assassinaram em torno de 5 milhões a 6 milhões de judeus durante o Holocausto, dois terços da comunidade europeia e aproximadamente um terço de todo o povo judeu".

Embora o antissemitismo fosse antigo, tendo aparecido em várias épocas da história, Klemperer (2009) aponta três características que dão um caráter novo e *sui generis* a essa aversão aos judeus durante o Terceiro Reich. Em primeiro lugar, pela intensidade da violência, em uma época na qual ela parecia ter sido contida. Em segundo lugar, pela primorosa organização voltada à destruição que culminou no Holocausto, especialmente em Auschwitz. Em terceiro lugar, porque o ódio contra os judeus estava arrimado na ideia de raça, e não no preconceito religioso. Por isso, os judeus foram perseguidos, independentemente de terem sido batizados.

Para o assassinato em massas dos judeus, foi posta em funcionamento uma

> "máquina burocrática inchada", que permanecia como instância controladora e seu *leitmotiv* é a gigantesca escala de seu trabalho. O genocídio nazista realmente foi uma tarefa monumental que requeria grande empenho na totalidade do império alemão, ingenuidade burocrática, incontáveis decisões administrativas, constante cooperação de uma ampla rede de órgãos e muitos milhares de funcionários (Marrus, 2003, p. 106).

Conforme conclui Marrus (2003),

> em dado momento, a máquina já não necessitava de um operador. (p. 106)
> [...] Os envolvidos no procedimento de assassinato em massa agiam como se estivessem protegidos por suas especialidades profissionais, apartando-se de quaisquer considerações humanas. Após o fim da Segunda Grande Guerra, esses envolvidos manifestavam surpresa ao serem responsabilizados por seus atos, porquanto agiam como meros "técnicos especializados" (p. 110).

Primo Levi (2015), que havia sido deportado para Auschwitz, teve conhecimento da inauguração, em Birkenau (um dos campos do complexo de Auschwitz), em fevereiro de 1943, de novas instalações mais racionais, em relação às que estavam em operação para o extermínio em massa. Essas instalações possibilitaram a divisão do extermínio em três partes: a câmara de espera, a sala de duchas e os fornos, nos quais se erguiam altas chaminés. Quando todos ingressavam nas salas das duchas, nas quais havia falsos chuveiros, as portas eram fechadas e vedadas contra a entrada de ar. Na sequência, pelas válvulas contidas nos tetos, soltavam um preparado químico denominado "Zyklon B", originariamente fabricado e destinado para a eliminação de ratos e insetos em porões de navios. Em poucos minutos, todos os trancafiados nas câmaras de gás morriam. Finalmente, os incumbidos do Comando Especial ingressavam com máscaras e transportavam os mortos até os crematórios.

Conforme acrescenta Levi (2015), somente um quinto dos deportados para Auschwitz ingressava no campo para o trabalho braçal. Os demais, idosos, crianças, doentes e a maioria das mulheres, eram imediatamente conduzidos às câmaras de gás e cremados. Citando um exemplo extraído do testemunho pessoal do autor a propósito do destino de uma menina que se encontrava em seu trem para Auschwitz: "Foi assim que morreu Emília, uma menina de três anos, já que aos alemães configurava-se evidente a necessidade histórica de mandar à morte crianças judias" (Levi, 1988, p. 18). Ali, depois de mortos e cremados, as cinzas dos corpos eram usadas como fertilizante agrícola.

Segundo o relato de Jaffe (2012), a estratégia nazista não consistia apenas na solução final de extermínio em massa, mas também em retirar do indivíduo o que ele possuía de humano. Além do assassinato em massa, vínculos familiares eram rompidos, os filhos eram separados dos pais e os maridos das esposas. A tatuagem no corpo marcava a intenção de animalização dos judeus. O frio era insuportável e a privação de alimentação fazia da fome a principal razão de viver, acima do instinto de sobrevivência. Os presos, destituídos da condição humana, assemelhavam-se a animais destinados a serem perseguidos e eliminados. Vai na mesma direção o depoimento de Levi (2015): "nenhum valor humano era considerado. Todos integravam uma massa amorfa, intimidada pela ameaça de terríveis castigos. Em poucos dias todos se reduziam a animais, cujo único objetivo era o pedaço de pão ou uma colher de sopa".

A esse respeito, nas palavras de Hannah Arendt (1989, pp. 488-9),

> os campos destinam-se não apenas a exterminar pessoas e degradar seres humanos, mas também servem à chocante experiência da eliminação, em condições cientificamente controladas, da própria espontaneidade como expressão da condição humana, e da transformação da personalidade humana numa simples coisa, em algo que nem mesmo os animais são.

Segundo a autora (1999), os membros da SS sabiam que o sistema que destrói as vítimas antes da execução, permitindo que sejam levadas à morte sem protestar, é incomparavelmente mais vantajoso para manter todo um povo submisso, em regime de escravidão. A glória do levante do gueto de Varsóvia consistiu na recusa à morte fácil oferecida pelos nazistas, pois os poucos que se insurgiram, muitos jovens, recusaram-se a caminhar em direção ao sacrifício sem esboçar reação. Para Hannah Arendt (2007e), com base no relato de León Poliakov, o que os exércitos de libertários viram nos campos de extermínio superou os horrores verificados nas batalhas; no entanto, ironicamente, o que os soldados americanos e britânicos constataram em Buchenwald era o resultado de um grande caos no final da guerra, e não de algo deliberado pelos nazistas – como havia ocorrido nos referidos campos. Segundo Poliakov, esse teria sido um crime não premeditado pelos nazistas.

A estratégia nazista consistia em retirar as condições mínimas de existência do indivíduo, mantendo somente sua condição passiva de sobrevivência. Era o que Jaffe denominou de "diluição do homem no homem". Conforme a autora (2012, p. 160), o homem, desconstituído da condição humana, "teme não comer, mas não teme morrer, porque já está morto". Essa era a condição do denominado muçulmano[3] – no qual o judeu se transformava –, prisioneiro desprovido de qualquer esperança e da dignidade humana, transitando como um cadáver ambulante. Como explica Agamben (2008, p. 56), "o muçulmano é um ser indefinido, no qual não só a humanidade e a não humanidade, mas também a vida vegetativa e a de relação, a fisiologia e a ética, a medicina e a política, a vida e a morte transitam entre si sem solução de continuidade". Para ele (2008, p. 78), "em Auschwitz não se morria: produziam-se cadáveres. Cadáveres sem morte, não homens cujo falecimento foi rebaixado à produção em série". O pensamento de Agamben coincide com o relato dos muçulmanos feito por Levi (1988, p. 91): "já se apagou neles a centelha divina, já estão tão vazios, que nem podem realmente sofrer. Hesita-se em chamá-los vivos; hesita-se em chamar 'morte' a sua morte, que eles já nem temem, porque estão esgotados demais para poder compreendê-la".

Os oficiais nazistas eram como partes da engrenagem de uma máquina competente e precisa de extinção dos judeus. Para esses oficiais, importava a realização de cada etapa dos procedimentos de eliminação, por meio de uma burocracia competente. Era justamente nesses meios, destinados à solução final, que os nazistas ativos encontravam o prazer e a verdade. Já por parte dos colaboracionistas, havia medo e omissão (Jaffe, 2012). Essa obediência cega à burocracia da máquina nazista de destruição iria conduzir Hannah Arendt, em seus estudos sobre Eichmann, a concluir pela banalidade do mal, como veremos no segundo capítulo.

Nessa engrenagem da máquina nazista, as vidas individuais eram desprovidas de valor. Os membros da SS e grande parte do povo ariano tinham um sentimento de pertencimento a um grupo maior e homogêneo, sob o comando de uma única liderança, paterna e abrangente, em detrimento da autonomia individual (Jaffe, 2012). Essa visão de Jaffe identifica-se com a tese do *conformismo*

---

3. Segundo Levi (1988, p. 89), "com essa palavra, '*Muselmann*' (muçulmano), os alemães designavam os fracos, os ineptos para o trabalho, os destinados à 'seleção'".

de autômato defendida por Fromm, em *O medo à liberdade* (1941). Em nosso estudo, pesquisaremos, a partir da perspectiva freudiana, os motivos pelos quais muitos alemães aceitaram esse movimento totalitário, por meio da apatia, do conformismo social e do medo de se insurgir contra o poder dominante e contra a criação de diversos campos de extermínio.

Em relação à massa, conclui Jaffe (2012, p. 216):

> os indivíduos passam tranquilamente a assumir seu lugar de peças de uma engrenagem maior e orgulham-se por isso, tentando executar com precisão e excelência sua função. Existir é uma atividade funcional e a filosofia, nessa perspectiva, perde a razão de ser.

Esse entendimento de Jaffe antecipa nosso estudo a respeito do narcisismo, em relação tanto à perspectiva freudiana quanto à ótica frommiana. Embora os indivíduos percam sua autonomia perante a massa, existe uma recompensação narcísica, consubstanciada nesse orgulho de pertencimento a algo maior e poderoso, refletido na figura do *Führer*.

Quando Hitler assumiu o poder, em 1933, houve a criação dos primeiros campos de concentração, nos arredores de Dachau e, em 1935, foram promulgadas as Leis de Nuremberg, destinadas a proteger a honra e o sangue do povo alemão (Ribeiro Júnior, 2005). Os jovens deveriam ser preparados para integrar o regime nazista de forma irrestrita. Para tanto, deviam emancipar-se da autoridade no âmbito familiar, em especial da autoridade paterna, bem como das regras sociais costumeiras, para se submeterem ao líder do grupo (Hitler), considerado guia espiritual e mental. Como mostrado no já mencionado documentário de Lutz Hachmeister, *O experimento Goebbels* (2005), o nazismo pretendia ter o nacional-socialismo como religião, encabeçada por um líder carismático, capaz de eliminar as práticas religiosas antigas. Essa questão afigura-se de grande importância para a psicologia de grupo, como veremos ao pesquisarmos acerca da personalidade autoritária e da submissão da massa da população ariana a ela.

Além desses aspectos relativos à adesão dos jovens ao novo regime, noticiam D'Alessio e Capelato (2004, p. 35):

> a Juventude Nacional-Socialista, grupo criado na década de 1920, tinha seus próprios estatutos e educava seus membros dentro dos princípios do Partido Nazista. O antissemitismo representou uma bandeira atraente para os jovens, sem perspectivas naquele momento de crise: os judeus eram vistos como concorrentes nos estudos e no mercado de trabalho. Muitos universitários se integraram ao movimento.

Segundo as autoras (2004), no início, o ingresso na Juventude Nacional-Socialista era espontâneo; no entanto, com a chegada de Hitler ao poder, a partir de 1933, esse ingresso passou a ser obrigatório. A educação, por sua vez, tinha papel preponderante para o regime nazista. As escolas constituíam vias essenciais na propaganda política do regime e na formação dos jovens. Além de serem compelidos a executar as diretrizes do partido e a defender o nacional-socialismo, tinham de colaborar profundamente com o regime, para não serem destituídos de suas funções e perseguidos. Diante da ascensão do antissemitismo, os judeus foram afastados das instituições de ensino, todas controladas pelo Ministério da Educação de Hitler.

Além desses aspectos, existia por parte dos nazistas uma crença nos falsos *Protocolos dos sábios de Sião*, segundo os quais havia uma conspiração internacional por parte da liderança judaica, consistente em um plano de dominação do mundo, o que contribuiu em muito para a ascensão e o sucesso da propaganda nazista do antissemitismo[4]. Na verdade, como veremos, foram os próprios

---

4. Os *Protocolos dos sábios de Sião* começaram a circular na Europa após a Primeira Guerra Mundial. A primeira edição alemã desse texto surgiu em 1919 (Herf, 2014).

arianos, e não os judeus, que estabeleceram uma política de dominação do mundo.

Para os nazistas, os judeus eram responsáveis pelas mazelas da sociedade ariana desde o período que se seguiu à Primeira Grande Guerra, porquanto teriam conseguido o monopólio do solo por meio das hipotecas; as maiores indústrias nacionais, por meio das sociedades anônimas; assim como os bancos, por meio de empréstimos e juros elevadíssimos (Ribeiro Júnior, 2005). Nesse contexto, poder-se-ia falar em antissemitismo econômico, arrimado em suposto monopólio judaico nas finanças do sistema capitalista, em detrimento da economia tradicional (Beller, 2007).

A respeito do discurso do antissemitismo econômico, Herf faz referência às obras *Os judeus e a vida econômica* (1911) e *Socialismo alemão* (1934), cujo autor, Werner Sombart, poderia ser considerado o principal expoente da retórica antissemita contra o capitalismo e contra o modernismo, ao atacar o espírito (*Geist*) judaico e defender as virtudes arianas em prol do trabalho produtivo e da criação tecnológica. Para Sombart, os judeus, ao reconhecerem a primazia do lucro em detrimento da economia medieval, arrimada em objetivos naturais, haviam estabelecido a supremacia econômica sobre a política, a cultura, a religião e a moral. No seu entender, o capitalismo em desenvolvimento na Alemanha satisfazia as metas de um espírito enraizado na religião e na psicologia judaica (Herf, 1993).

Segundo Herf (1993), na visão de Sombart, o capitalismo moderno era dominado pela ideia de ganho e de racionalização econômica, na qual os valores inerentes aos procedimentos de produção são substituídos por cálculos monetários, preocupação predominante dos mercadores, tarefa atribuída ao espírito (*Geist*) judaico no capitalismo, em detrimento do empresário. Para Sombart, o empresário é um

> descobridor, inventor, conquistador e organizador, cuja resolução pessoal e cujo conhecimento dos homens levam à maior eficiência. Em suma, é um herói

da produção. Por outro lado, o mercador [função atribuída aos judeus] é indiferente à espécie do objeto produzido. Está bem à vontade em um mundo de especulação, calculismo e circulação (apud Herf, 1993, p. 161).

Sombart, em suas obras, atribuiu aos judeus e ao *Geist* judaico o peso da responsabilidade das mazelas causadas na Alemanha pelo capitalismo moderno, o que reforçou o antissemitismo e a ascensão do nacional-socialismo.

Nesse sentido, aos judeus foi conferida a culpa pela ascensão do capitalismo, consubstanciado na erosão da individualidade em prol do trabalho e da cultura uniforme. Para Sombart, a era econômica surgida no século XIX priorizou o capital sobre outras esferas de valores, como a beleza, a sabedoria, a bondade, a criação artística, a tradição familiar e a raça. Por isso, no seu entender, o povo ariano e o socialismo tinham a necessidade de libertar a Alemanha do espírito judaico. Para tanto, somente o estado autoritário, representado pelo nacional-socialismo, seria capaz de suportar os privilégios e corrupções decorrentes da era econômica (Herf, 1993).

Para o nazismo, os judeus corrompiam não só o patrimônio dos arianos, como também a herança cultural de outros povos. Nas palavras de Herf (1993, pp. 49-50),

> alguns acreditavam que o processo de decadência cultural e de desintegração moral em Weimar não fosse de modo algum acidental; era parte de uma conspiração orquestrada e planejada pelo judaísmo internacional para solapar tudo que fosse saudável na Alemanha, de modo que o país nunca mais pudesse recuperar-se e se levantar para a grandeza.

O preconceito com relação aos judeus era antigo, mas, no momento da ascensão do nacional-socialismo, a presença deles em vários seguimentos sociais, como política, arte e economia, teve importância essencial para o antissemitismo nazista, acompanhado do nacionalismo exacerbado. Este foi decisivo para a intolerância, que culminou com a segregação dos judeus e com a chamada *solução final* de extermínio (D'Alessio; Capelato, 2004, pp. 86-7).

> Em 1933, os judeus que eram funcionários públicos foram aposentados compulsoriamente; não puderam mais fazer parte da imprensa, das artes, dos tribunais, da saúde; aos estudantes judeus foi imposta a utilização de um número de identificação na entrada das escolas e universidades. Em 1938, foram expulsos do exército, do comércio e da indústria; foram obrigados a usar carteira de identidade e passaporte especiais; seus bens e capitais foram compulsoriamente declarados e bloqueados; foram obrigados a pagar um imposto especial por "terem provocado a justa cólera do povo alemão" [...]. Em 1939, os judeus não mais puderam exercer funções agrárias e seus bens rurais tiveram de ser vendidos forçosamente: seus bens e capitais foram liquidados.

Conforme noticia Müller (2009), em abril de 1933, pouco depois de Hitler assumir o poder, professores judeus na área do direito e professores não simpatizantes do regime e não conservadores foram despedidos de suas universidades em situações humilhantes.

Segundo Beller (2007), no início da perseguição nazista, antes do Holocausto, havia imposição aos judeus de saírem da Alemanha e fundar um Estado próprio. Em agosto de 1933, ocorreu o Acordo de Haavara (transferência) entre a Federação Sionista da Alemanha, o Banco Anglo-Palestino e as autoridades econômicas da Alemanha nazista, destinado a facilitar a emigração dos judeus para a Palestina. Segundo esse acordo – que vigorou até 1938 –, os judeus deveriam pagar certo montante em dinheiro para uma empresa alemã a título de investimento, valor que seria recuperado na forma de exportações para a Palestina. Eles podiam também levar consigo certa quantia em dinheiro. Somente a partir de janeiro de 1942, com a Conferência de Wannsee, teve início a *solução final*, destinada a eliminar os judeus em campos de concentração (Beller, 2007).

Inicialmente, a maioria dos judeus residentes na Alemanha acreditava que o regime nazista ia se tornar mais moderado. Não imaginavam que pudessem ser vítimas de intensa perseguição e da *solução final* (extermínio). Isso de certa forma foi reforçado com a Olimpíada de Berlim, em 1936, em vista da qual Hitler restringiu sua retórica antissemita para causar boa impressão à comunidade internacional (Beller, 2007).

Hannah Arendt (1989, p. 45) menciona que:

> do mesmo modo como os judeus ignoravam completamente a tensão crescente entre o Estado e a sociedade, foram também os últimos a perceber as circunstâncias que os arrastavam para o centro do conflito. Nunca, portanto, souberam avaliar o antissemitismo, nunca chegaram a reconhecer o momento em que a discriminação se transformava em argumento político. Durante mais de cem anos o antissemitismo havia, lenta e gradualmente, penetrado em quase todas as camadas sociais em quase todos os países europeus, até emergir como a única questão que podia unir a opinião pública.

Todavia, já em 1938, os judeus, possuidores de muitas propriedades, tiveram de deixar suas moradias e foram concentrados em pequenas unidades destinadas à habitação. Nessa época, foram ainda construídos campos de concentração fora das cidades e, posteriormente, com o início da guerra, os judeus foram enviados para a Polônia ocupada (Beller, 2007).

Conforme observamos neste estudo, Herf (2014, p. 201) defende a tese segundo a qual "no centro da lógica que levou ao Holocausto não estava a repulsa em relação aos corpos dos judeus ou o medo da sexualidade judaica, mas a suposta 'guerra' que os judeus travavam contra a Alemanha". A esse respeito, Herf (2014, p. 241) cita a manifestação de Goebbels, em 1942:

> A raça judaica preparou esta guerra. Ela é a raiz intelectual de toda a infelicidade que recaiu sobre o mundo. Os judeus devem pagar por seu crime com a extinção da raça judaica na Europa e talvez no mundo todo, tal como o *Führer* profetizou em seu discurso no *Reichstag*.

Por esses motivos, podemos concluir com Herf (2014) que, no final da Segunda Guerra Mundial, quando os aliados destruíram tropas e cidades do Terceiro Reich, a propaganda nazista atribuiu esses ataques à comunidade internacional judaica, alegando que essa comunidade tinha a intenção de extinguir o povo alemão.

Esses são alguns dos aspectos relativos ao nazismo – bem como ao antissemitismo a ele inerente. A análise desenvolvida nesta parte do estudo refere-se essencialmente à análise histórica, política e econômica. Este estudo preliminar fornecerá a base para desenvolver nossa pesquisa a partir da ótica psicanalítica nos textos freudianos, que servirão de introdução, na sequência, à obra de Fromm a respeito dos temas abordados.

CAPÍTULO 2

Introdução à problemática do nazismo no campo do pensamento freudiano

2.1. A importância da perspectiva freudiana sobre o nazismo

A psicanálise surge no final do século XIX, mas é nas primeiras décadas do século XX, quando da ascensão do nazismo, que Freud desenvolve sua teoria sobre a intolerância, de grande influência para os membros do Instituto de Pesquisa Social de Frankfurt, entre os quais Erich Fromm. Por isso, afigura-se imprescindível analisar a obra freudiana, em especial seus textos considerados sociais, para a compreensão psicanalítica do nazismo, desde *Moral sexual civilizada e doença nervosa moderna* (1908) até *Moisés e a religião monoteísta* (1939). O estudo inicial da obra freudiana nos possibilitará também verificar os pontos comuns e as divergências entre o pensamento de Freud e de Fromm com relação aos aspectos psicanalíticos do nazismo.

Selecionamos, neste momento, alguns textos de Freud que nos parecem permitir imediata conexão com o nazismo e com o antissemitismo. Para tanto, na leitura desses textos, consideraremos especificamente a possibilidade de articulação com os aspectos já apontados do nazismo e suas relações inconscientes com o antissemitismo. Com o intuito de facilitar a compreensão dos temas referidos, ao final deste capítulo proporemos uma conclusão, com articulação precisa e imediata da leitura dos textos escolhidos de Freud, analisados no capítulo, com os aspectos do nazismo e do antissemitismo comentados no capítulo anterior.

2.2. A política sexual imposta pelo nazismo sob a ótica freudiana

Para essa análise, iniciamos com o artigo de Freud intitulado *Moral sexual civilizada e doença nervosa moderna* (1908). Como observa Ernest Jones (1989, v. 2), esse trabalho foi praticamente a primeira incursão freudiana no campo sociológico, configurando um protesto contra restrições extremas impostas pela sociedade à vida sexual dos indivíduos, causadoras da neurose.

Nesse artigo, em sua parte introdutória, Freud refere-se a três fases históricas, relativas às restrições sexuais entre as pessoas. A primeira delas não guardava relação com o processo reprodutivo, na qual a seleção era feita pela virilidade. Na segunda fase, a atividade genital era vinculada à reprodução. A última fase, por sua vez, referente à época da publicação do artigo, início do século XX, restringia a legitimidade dessa reprodução ao âmbito do matrimônio.

Esse escrito é importante também pelo seu enfoque acerca da origem da atitude moral do indivíduo, consubstanciada na "subordinação dos interesses individuais naturais de ordem pulsional aos interesses comuns, expressos pelas normas culturais concernentes, fundamentalmente, à ordenação da sexualidade" (Ferraz, 1994, p. 47).

Em *Moral sexual civilizada e doença nervosa moderna*, Freud aponta para o comprometimento da saúde dos indivíduos em razão de uma moral sexual imposta pela cultura, em especial a restrição sexual monogâmica, limitada ao matrimônio, com fins de reprodução, que impossibilita a opção sexual pela seleção viril. É nesse sentido que se dá a relação feita por neurologistas entre o crescimento da doença nervosa e a vida cultural moderna. Como conclui Enriquez (1990), se a cultura se estrutura em torno do complexo edipiano, ela produz a neurose coletiva, que constitui o custo a ser pago para afastar a violência cega.

Para Freud (2001e, pp. 167-8),

> em termos universais, nossa cultura é geralmente construída sobre a repressão das pulsões. Cada indivíduo cedeu um fragmento de seu patrimônio,

da plenitude de seus poderes e das inclinações agressivas e vindicativas de sua personalidade. Desses aportes surgiu o patrimônio cultural comum de bens materiais e ideais. Além das exigências da vida, foram sem dúvida os sentimentos familiares derivados do erotismo que conduziram o indivíduo a essa renúncia progressiva no curso do desenvolvimento civilizatório[1] (tradução do autor).

Para o pai da psicanálise, quem não consegue reprimir suas pulsões, em razão de sua constituição inflexível, será visto pela sociedade como delinquente – como um *fora da lei* –, salvo se tiver uma posição social apta a lhe permitir impor-se como um grande homem ou como um herói.

A pulsão sexual apresenta grande capacidade de *sublimação*, que consiste na possibilidade de substituir o objeto sexual por outro não sexual, psiquicamente relacionado com o primeiro, embora não seja possível ampliar indefinidamente essa troca (Freud, 2001e). Dessa forma, a sublimação é a capacidade de desviar a pulsão sexual para outros fins, como produção artística, profissional ou relacionamento entre os indivíduos.

No entanto, pela perspectiva freudiana, uma parte dessa pulsão teria de ser experimentada na relação genital, e a restrição imposta pela moral civilizada, visando exclusivamente à relação sexual no matrimônio, com fins reprodutivos, teria o condão de produzir sintomas nos indivíduos. Entre as reinvindicações da pulsão e os comandos sociais havia a possibilidade de fuga para o sintoma neurótico, "em resposta do sujeito ao processo civilizatório" (Pinheiro; Lima; Oliveira, 2006, p. 40).

....

1. "En términos universales, nuestra cultura se edifica sobre la sofocación de pulsiones. Cada individuo ha cedido un fragmento de su patrimonio, de la plenitud de sus poderes, de las inclinaciones agresivas y vindicativas de su personalidad; de estos aportes ha nacido el patrimonio cultural común de bienes materiales e ideales. Además del apremio de la vida, fueron sin duda los sentimientos familiares derivados del erotismo los que movieron al individuo a esa renuncia. Y esta última fue progresiva en el curso del desarrollo cultural."

Entretanto, os efeitos dessa moral sexual não seriam idênticos para todos os indivíduos, porquanto dependeriam da constituição psíquica de cada um, de como se atende às exigências de sublimação por parte da civilização. Para Freud, os que almejam ser mais dignos do que lhes permitem suas estruturas tornam-se vítimas da neurose. No seu entender, somente uma minoria é capaz de dominar a pulsão sexual pela via da sublimação, buscando objetivos culturais mais elevados.

Nesse texto de 1908, segundo Birman (2005), Freud ainda acreditava na solução do conflito entre as exigências da pulsão e as da civilização, por meio da sublimação, segundo a qual haveria uma transformação do alvo sexual em um registro não sexual – metas culturais "mais elevadas". Já em *O mal-estar na cultura* – publicado em 1930 –, Freud não acreditava mais nisso, porquanto a relação entre pulsão e civilização seria estrutural, impedindo a solução do conflito. Segundo o artigo de 1930, a cura do desamparo decorrente desse conflito já não seria possível. O domínio do desamparo, em vez da cura, possibilitaria ao indivíduo constituir destinos eróticos ou sublimados. É o que Birman denomina de "gestão do desamparo" (Birman, 2005, p. 132).

Para Freud (2001e), a abstinência sexual não tem o condão de produzir homens autoconfiantes, reformistas audazes ou de ação enérgica. Ao contrário, essa abstinência produz frequentemente *homens fracos* e *submissos*, que se perdem na grande massa da população. Por essa ótica, se alguém demonstra vigor na conquista de seu objeto sexual, certamente mostrará mais energia na conquista de outros objetivos, o que já não ocorre com aqueles que abrem mão da satisfação de intensas pulsões sexuais.

Segundo Pinheiro, Lima e Oliveira (2006, p. 41),

> é simples perceber que a moral da qual Freud nos fala em 1908 tem um caráter coercitivo, o que nos conduz a questionar as consequências de sua supressão na formação psíquica do indivíduo. Se o adoecimento estava intrinsecamente relacionado às poucas possibilidades de satisfação sexual, não haveria

como não pensar que maior liberdade sexual acarretaria uma diminuição do desprazer.

Dessa forma, podemos concluir com o pensamento de Mezan (2006), para quem a moral sexual configura uma coerção nociva das pulsões sexuais, em descompasso com os próprios fins culturais. No entender de Freud, esse efeito nocivo à cultura ocorre também em relação a outras repressões não ligadas à vida sexual dos indivíduos. A esse respeito, em suas palavras,

> se alguém, por violenta repressão de uma inclinação constitucional à rigidez e à crueldade, torna-se uma pessoa *muito boa*, a energia empregada será tamanha que não conseguirá investir tudo o que corresponde a suas inclinações compensatórias e definitivamente fará pior do que teria conseguido sem a repressão[2] (Freud, 2001e, p. 181; tradução do autor).

É importante ressaltar que a publicação, em 1908, de *Moral sexual civilizada e doença nervosa moderna* ocorreu bem antes da ascensão do nacional-socialismo ao poder na Alemanha. As restrições à vida privada dos indivíduos e, fundamentalmente, a política sexual imposta pelo nazismo, decorrente do objetivo da pureza da raça ariana, certamente contribuíram para aumentar o grau de abstinência sexual da grande massa da população, tornando, por via de consequência, a população muito mais submissa e controlável do que já era na época do referido artigo.

Tais restrições, pela ótica freudiana, contribuíram para que grande massa da população aderisse à política nazista. Além disso, como veremos mais adiante, quando analisarmos o pensamento freudiano a respeito da psicologia das massas, os indivíduos que

---

2. "si alguien, por violenta sofocación de una inclinación constitucional a la dureza y la crueldad, ha devenido un *hiperbueno*, la energía que se le sustraerá será tanta que no pondrá en obra todo lo que corresponde a sus mociones compensatorias, y en definitiva hará menos bien del que habría llevado a cabo sin sofocación."

compõem essa massa sofrem restrição à realização amorosa sensual, trocada pela identificação ao líder, como substituto do narcisismo perdido da infância, em prol da coesão e da integração do grupo.

As restrições no âmbito da vida sexual ficaram ainda mais presentes no antissemitismo imposto pela política do nacional-socialismo, como sublinha Gisela Bock, para quem nessa política, contrária à emancipação das mulheres – percebida como influência judaica –, estava contido o antissemitismo, acompanhado pelo antissemitismo sexual. Além disso, a política sexual do nazismo arrimava-se nas políticas racistas, cujo escopo era criar uma raça superior ariana. Desse modo, a "lei de esterilização", voltada para pessoas tidas como inferiores, abrangia "a primazia do Estado sobre a esfera da vida, do casamento e da família", considerando, nessas esferas, que "o privado é público" (Bock, 1993, p. 190).

As mulheres com vida sexual desregrada, fora dos limites familiares, eram consideradas inferiores e, portanto, passíveis de esterilização. Além disso, as leis de Nuremberg impediram relacionamento sexual entre indivíduo ariano, de um lado, e, de outro, judeus, ciganos e negros. Outra legislação vetou a possibilidade de casamento entre esterilizados e não esterilizados. As mulheres tinham apenas de ser mães e esposas, além de prestar serviços ao Estado (Bock, 1993).

Na visão de Gisela Bock (1993, p. 200), a mulher nazista deveria servir ao Estado e ao lar, como mãe e esposa. Na verdade, na Alemanha, "o lema 'o lugar da mulher é no lar' referia-se não só à casa particular e à família, mas a um 'lar' que era a Alemanha no seu conjunto, incluindo a guerra". No mesmo sentido, Reich ressalta que o vínculo com a mãe constituía a base do vínculo familiar. Para o autor (1942, p. 54), "as concepções de *pátria* e de *nação* são, no seu *fundo emocional subjetivo, concepções de mãe de família*. Nas classes médias, a mãe é a pátria da criança, tal como a família é a sua 'nação em miniatura'". Rosemberg (1976) também atribui à mulher papel fundamental na preservação da raça ariana, explicando que um povo pode recuperar-se do avassalamento político, mas não da contaminação da raça.

INTRODUÇÃO À PROBLEMÁTICA DO NAZISMO · 55

Segundo D'Alessio e Capelato (2004, pp. 31-2),

> o papel da mulher era definido nos seguintes termos: responsável pela reprodução da raça, cabia a ela o desempenho de funções relacionadas à sua natureza biológica, ou seja, procriar, cuidar dos filhos e da família; eram identificadas com a maternidade, o trabalho doméstico: no plano profissional lhes era permitido, no máximo, o exercício de algumas profissões essencialmente femininas, como professoras, enfermeiras, parteiras.

Foram ainda criados centros de procriação, nos quais as mulheres arianas eram escolhidas pela sua capacidade sexual e procriadora, para darem à luz crianças admiráveis, oriundas de pais bonitos e excelentes soldados do Reich (Enriquez, 1990). Os homens, por seu turno, tinham de constituir uma família nos moldes traçados pela política nazista de pureza da raça. Por esse motivo, os pais eram vistos com proeminência diante dos homens solteiros. Dentre os meios repressivos, destacavam-se também os movimentos contra as prostitutas, consideradas, por Hitler, símbolos judaicos (Bock, 1993).

Na política nazista não havia espaço para a singularidade e para a privacidade, o que impedia uma vida livre, com consequência direta para restrição e domínio da vida sexual das pessoas. A propaganda nazista difundia o seguinte:

> a ideia de pureza da raça superior; a substituição do individualismo pelo coletivismo, a valorização da nação como bem supremo; a exaltação do trabalho; a eliminação dos conflitos sociais pela cooperação entre as raças; a organização da família como esteio da ordem social; a preparação da mulher para a reprodução da raça; a formação do homem novo e da sociedade perfeita, isto é, ordeira, harmônica e coesa (D'Alessio; Capelato, 2004, p. 47).

A questão da pureza da raça foi decisiva para se considerar os judeus – enquanto inimigos internos – impuros. Dessa forma, para o fortalecimento e coesão da massa da população que aderiu ao nacional-socialismo, era necessário um inimigo interno, circunstância inerente à psicologia de grupo, como veremos adiante, ao analisarmos o texto freudiano intitulado *Psicologia das massas e análise do Eu* (1921). Na medida em que o objetivo do nazismo é aprimorar a raça ariana, ganha relevo a questão sexual, como se verifica pela legislação imposta por esse regime.

Em 1935, surgiram legislações específicas voltadas para indivíduos não judeus. Saul Friedländer (2012, p. 212) noticia duas dessas leis:

> A primeira delas foi a de 18 de outubro de 1935, a Lei de Proteção da Saúde Hereditária do Povo Alemão, que previa o registro das "raças estrangeiras", ou de grupos racialmente "menos valiosos", e estabelecia a obrigação de uma licença para casamento, certificando que os parceiros eram (racialmente) "compatíveis para o casamento". Essa lei era reforçada pelo primeiro decreto suplementar à Lei de Proteção do Sangue e da Honra Alemã, emitido em 14 de novembro, que também proibia as alemãs de se casar ou ter relações sexuais com outras pessoas de "sangue estrangeiro" além dos judeus. Doze dias mais tarde, uma circular do Ministério do Interior era mais específica: as pessoas em questão eram os "ciganos, negros e seus bastardos".

Além dessas interdições, ficou proibido aos judeus empregar como domésticas mulheres com menos de 45 anos (Müller, 2009), certamente para prevenir qualquer aproximação entre os judeus empregadores e mulheres empregadas como domésticas.

Embora a pena de morte não estivesse prevista na legislação de *proteção do sangue e da honra alemã*, em algumas ocasiões houve condenações à morte, por meio de uma combinação engenhosa com uma legislação de setembro de 1941, que previa a pena capital para os transgressores sexuais, desde que fosse necessária para a proteção da sociedade e para uma justa expiação (Müller, 2009).

Na linha de raciocínio de Freud, Reich (2001, pp. 29-30) ressalta o seguinte a respeito da repressão sexual:

> cria na estrutura do indivíduo uma força secundária, um interesse artificial que também apoia ativamente a ordem autoritária. Quando o processo de repressão sexual impede a sexualidade de atingir a satisfação normal, este recorre aos mais variados tipos de satisfação substituta. Por exemplo, a agressão natural transforma-se em sadismo brutal, que é um importante elemento da base psicológica de massa das guerras imperialistas instigadas por alguns.

Conforme conclui, "tanto a moralidade sexual, que inibe o desejo de liberdade, como aquelas forças que apoiam interesses autoritários tiram a sua energia da sexualidade reprimida" (Reich, 2001, p. 30).

Todas essas medidas difundidas pela propaganda nazista reduziram em muito a liberdade sexual, já restringida anteriormente pela moral sexual civilizada, no início do século XX. De fato, como constatamos a partir da perspectiva freudiana, em *Moral sexual civilizada e doença nervosa moderna* (1908), essas restrições à vida privada dos indivíduos – de forma marcante as pertinentes à vida sexual – colaboraram para majorar substancialmente o nível de abstinência sexual da grande massa da população alemã, tornando-a mais submissa e manipulável pelo regime nazista. Essa manipulação pelo poder e a submissão da grande massa da população ariana contribuíram em muito para o sucesso do nazismo, como veremos em nosso estudo.

2.3. O Caso Schreber

Em seu artigo "Notas psicanalíticas sobre um caso de paranoia (*Dementia paranoides*) descrito autobiograficamente" (1911), conhecido como *Caso Schreber*, Freud analisa aspectos psicanalíticos da paranoia, com base nas declarações delirantes contidas nas *Memórias de um doente dos nervos* (1903), cujo autor e paciente Daniel Paul Schreber, falecido em 1911, fora juiz presidente da Corte de Apelação (*Senatspräsident*) em Dresden, na Alemanha.

Segundo a história clínica relatada por Freud, a primeira doença de Schreber iniciou-se no outono de 1884 e durou até o final do ano seguinte. Durante esse período, o paciente esteve internado por seis meses aos cuidados do doutor Flechsig, médico responsável pela Clínica da Universidade de Leipzig. Posteriormente, em menos de dois meses após ser nomeado para a Corte de Apelação, Schreber, acometido da segunda doença, é internado na Clínica Psiquiátrica de Leipzig, em 21 de novembro de 1893. Em 14 de junho de 1894 é transferido para o Asilo de Lindenhof, e em 29 de junho do mesmo ano é levado para o Asilo de Sonnenstein. Entre 1900 e 1902 Schreber escreve suas *Memórias* e postula, por meio de ação judicial, sua alta, utilizando as *Memórias* em sua defesa. Em 14 de junho de 1902 obtém decisão judicial favorável à alta médica. No ano seguinte, publica suas *Memórias*.

Freud utiliza para seu estudo o Relatório de 1899 do doutor Weber, diretor de um dos asilos nos quais Schreber esteve internado. Segundo esse diretor, o paciente, com quem tivera oportunidade de conversar diversas vezes, era um homem muito culto, tanto no campo da política quanto no da arte, da literatura ou do contexto social. Seu sistema delirante, contudo, podia ser resumido nos seguintes fundamentos constantes da decisão judicial que deferiu o reconhecimento da alta médica: Schreber estava convicto de sua missão de reabilitar o mundo e devolver-lhe a beatitude perdida. Para tanto, deveria transformar-se em mulher, embora isso não decorresse de seu desejo, mas de uma imposição obrigatória, decorrente da *ordem das coisas* (Freud, 2001g).

Pela ótica freudiana, a ideia de emasculação ou de se transformar em mulher é primária, *germe primitivo do sistema delirante* do paciente que só se relaciona com o Redentor de forma secundária, porquanto essa transformação seria efetivada, em princípio, com fins de abusos sexuais – inicialmente por parte de seu médico, o doutor Flechsig – e não como forma de redimir a humanidade. Segundo Freud, tanto a transformação de Schreber em mulher quanto sua relação com Deus guardam relação com a adoção de uma atitude feminina diante do Criador (Freud, 2001g).

Como explica Renata Udler Cromberg (2010, p. 87),

> o motivo de sua enfermidade foi uma fantasia de desejo feminina que tinha por objeto o médico, contra o qual se alçou uma intensa resistência e defesa que, podendo adotar outras formas distintas, escolheu por razões desconhecidas a do delírio persecutório. O homem desejado se converteu em perseguidor e o conteúdo da fantasia, na perseguição.

No entender de Freud (2001g), com base em seus estudos anteriores, a pessoa a quem o delirante atribui poder, influência, da qual decorre a perseguição contra ele, outrora representava papel relevante na sua vida emocional, em fase precedente à sua enfermidade. Assim, o perseguidor hostilizado e temido foi amado e honrado anteriormente. A perseguição surge como mecanismo delirante para tentar explicar essa alteração de sentimentos. Isso foi justamente o que ocorreu em relação ao doutor Flechsig, médico responsável pelo restabelecimento de Schreber durante sua estada na Clínica da Universidade de Leipzig, do outono de 1884 até o fim de 1885. Posteriormente, durante longo tempo de sua convalescença até a época de sua nomeação para o cargo de juiz da Corte de Apelação, em 1893, Schreber manifestou sólido sentimento de apreço e gratidão para com o doutor Flechsig (Freud, 2001g).

Durante o período da incubação de sua doença, desde o momento imediatamente posterior à tomada de conhecimento da referida nomeação, em junho de 1893, até outubro do mesmo ano, quando assumiu o cargo de juiz da Corte de Apelação, Schreber sonhou inúmeras vezes com o retorno de sua moléstia. Em uma das vezes, semiadormecido, imaginou que seria bom transformar-se em mulher e ser submetido à cópula. Na interpretação freudiana, durante a incubação da doença, Schreber recordava seu médico, e o sonho do retorno de sua enfermidade anterior denotava seu desejo de reencontrá-lo. Já o delírio persecutório do paciente expressava seu medo de sofrer abuso sexual por parte do médico. O impulso homossexual foi, então, o motivo da doença, e as lutas de Schreber contra esse impulso causaram o conflito apto a produzir os sintomas (Freud, 2001g).

Freud conclui que esse médico representava, na qualidade de substituto, o pai ou o irmão de Schreber. A causa principal da doença, no seu entender, foi uma fantasia feminina e homossexual passiva de desejo, diante do médico, em relação à qual Schreber buscou resistir de forma intensa, desencadeando, por motivos desconhecidos, o delírio persecutório.

Posteriormente, ressalta Freud (2001g), a figura do médico é substituída pela figura superior de Deus, intensificando com isso um delírio de perseguição intolerável, pois, a partir daí, Schreber já não podia resistir à relação libidinal ante o poder divino. Como consequência, a feminização deixa de ser insultante e acomoda-se à *ordem universal*, ingressando em amplo contexto cósmico para servir à finalidade reconstrutiva do universo humano sepultado. Então, os homens novos, dotados de *espírito schreberiano*, honrariam esse homem, que se via perseguido, como antepassado desse novo povo.

Dessa forma, encontrou-se uma saída apta a satisfazer as partes em disputa. O *eu* é ressarcido pela mania de grandeza e a fantasia de desejo feminina é acolhida, podendo então cessar a luta interna e a enfermidade. A visão da realidade de Schreber torna-se, assim, mais forte e lhe permite não só adiar a solução do conflito para um futuro remoto, como também contentar-se com o que poderia ser descrito como um desejo assintótico (Freud, 2001g). Para Cromberg (2010, p. 88),

> a equação é simples: Flechsig, amado no princípio, é substituído por Deus, que substitui outra pessoa amada mais importante. Ela é o próprio pai de Schreber. Deus é o retorno da pessoa amada do pró-

prio pai do sujeito e Flechsig de seu irmão. A raiz da fantasia de desejo feminina, que tanta resistência desencadeou no doente, seria, pois, a nostalgia eroticamente intensificada de seu pai e de seu irmão, nostalgia que, enquanto a este último, ficou deslocada, por transferência, sobre Flechsig. Por isso, o Deus schreberiano traz a mescla de violenta rebeldia e veneração respeitosa.

Na sequência de seu escrito, Freud (2001g) sugere que o médico representava a figura do irmão mais velho de Schreber, enquanto Deus representava seu pai, o doutor Daniel Gottlieb Moritz Schreber, médico ortopedista cujos escritos em favor da educação harmoniosa dos jovens e sobre cultura física e trabalhos manuais, com o objetivo de melhorar a saúde, tornaram-no famoso e tiveram influência marcante em seus contemporâneos, na segunda metade do século XIX e início do XX.

De fato, os métodos posturais propostos por Moritz Schreber tiveram grande aceitação na Alemanha. Como informa Ferreira Netto (2010, p. 203), Moritz, admirado pelo nazismo,

> construía instrumentos, como cadeiras especiais e camas, nos quais amarrava as crianças para aprenderem a se sentar e dormir na posição ortopédica mais perfeita que, entretanto, mais funcionavam como instrumento de tortura [...] acreditava poder curar os defeitos da natureza, criando um novo homem, um espírito puro num corpo sadio, uma nova alma alemã, contribuindo para aperfeiçoar a obra de Deus. Fundador da ginástica terapêutica na Alemanha, Moritz Schreber chegou a publicar cerca de 40 edições, difundidas nos círculos médicos, de seu livro *Ärztliche Zimmergymnastik* [Ginástica médica caseira] (Freud, 2001g).

Considerada a observação de Ramos (2004) sobre a relação entre ortopedia e pedagogia, podemos concluir que, por meio da terapia ortopédica, o corpo tornou-se alvo de correções desde a infância do indivíduo, para ajustar-se à forma de postura considerada ideal. Por esse motivo, a medicina ortopédica exercia grande influência pedagógica na Alemanha de Schreber.

A interpretação de Freud levou-o a considerar ter sido a emasculação a ameaça paterna mais temida, responsável pelo material que serviu de suporte para a fantasia de desejo (a princípio combatida, mas depois aceita) de Schreber, de ser transformado em mulher. Portanto, da perspectiva freudiana, foram o complexo paterno e as fantasias de desejos os elementos essenciais nos quais a doença se centralizou. Para Freud, um pai com as qualidades do de Schreber, médico reconhecido e famoso na Alemanha, era compatível e apropriado para ser transfigurado em Deus na lembrança afetiva do filho, de quem havia sido prematuramente afastado pela morte (cf. Freud, 2001g, p. 48)[3].

Nesse sentido, observa Quinodoz (2007, p. 119):

> Freud postula que o pai de Schreber era visto como uma figura severa e imponente que proíbe a satisfação sexual autoerótica do menino e ameaça puni-lo com a castração. Em outras palavras, o desejo de ser transformado em mulher que compõe o núcleo do delírio de Daniel Paul não é senão o produto do medo de ser castrado por seu pai por causa da masturbação infantil, o que leva o menino a adotar uma posição homossexual passiva ou "posição feminina" no complexo paterno, constituição de uma mistura de submissão e revolta.

Da ótica freudiana, os aspectos positivos em relação ao complexo paterno e o vínculo positivo entre Schreber e seu pai, não comprometido nos anos posteriores, possibilitaram a reconciliação de Schreber com sua fantasia homossexual, de forma a contribuir

---

3. "Un padre así no era por cierto inapropiado para ser trasfigurado en Dios en el recuerdo tierno del hijo, de quien fue arrebatado tan temprano por la muerte."

para sua melhora. Como explica Cromberg (2010, p. 99), Freud, no final de seu artigo a respeito das *Memórias*, apresenta uma visão positiva, ao reconciliar-se com o sujeito da fantasia homossexual, tornado possível. Segundo a autora, ele fala que a reconciliação do sujeito com a fantasia homossexual e um desfecho equivalente para a cura foram aceitáveis em decorrência da marca positiva do complexo paterno, circunstâncias aliadas à provável quietude afetiva dos vínculos mantidos durante anos seguintes com um pai extraordinário.

As *Memórias* de Schreber e o artigo de Freud sobre a paranoia, com base nessas memórias, serviram de fundamento para outras interpretações de diversos autores, inclusive as que fazem relação entre o *Caso Schreber* e a fase pré-nazista e com o antissemitismo, na sociedade alemã, no final do século XIX e início do XX.

Dentre esses autores, de interesse para nossa pesquisa, Jacques Lacan, em seu estudo a respeito das psicoses (1955), em vez de visualizar a paranoia como uma resistência à fantasia feminina e homossexual – como fizera Freud –, considerou-a sob a dependência estrutural da função paterna, para demonstrar o vínculo existente entre a ortopedia e a pedagogia pregada por Moritz Schreber, de um lado, e a doença de seu filho Daniel, de outro. Dessa ótica, Lacan definiu a paranoia como "foraclusão do Nome-do-Pai". Pela foraclusão, a função significante encarnada pelo pai de Schreber, nas teorias pedagógicas e ortopédicas destinadas a reformar a natureza humana, havia sido rejeitada pelo universo simbólico de Schreber e retornado no *real*[4] delirante do autor das *Memórias* (Roudinesco; Plon, 1998, p. 693).

Diante dessa rejeição, a função significante não se incorporou ao inconsciente, como recalque, e retornou no *real* delirante de Schreber. Pela perspectiva lacaniana, visualiza-se nos escritos de Schreber um universo repleto de meios de tortura, semelhantes

---

4. "Termo empregado como substantivo por Jacques Lacan, introduzido em 1953 e extraído, simultaneamente, do vocabulário da filosofia e do conceito freudiano de realidade psíquica, para designar uma realidade fenomênica que é imanente à representação e impossível de simbolizar" (Roudinesco; Plon, 1998, pp. 644-5).

aos instrumentos ortopédicos descritos nos manuais de seu pai, cujo nome foi excluído das *Memórias de um doente dos nervos* (Roudinesco; Plon, 1998, p. 693). Como explica Roudinesco (2008, p.386),

> Lacan distinguia a *foraclusão* do recalque, ao sublinhar que, no primeiro caso, o significante foracluído, ou os significantes que o representam, não são integrados ao inconsciente do sujeito, mas retornam ao *real* por ocasião de uma alucinação ou de um delírio que vêm invadir a fala ou a percepção do sujeito.

Eric Santner, por sua vez, em seu livro *A Alemanha de Schreber: uma história secreta da modernidade*, de 1997, sustenta que a compreensão da ascensão do nacional-socialismo e seu sucesso perante a massa da população se dão por meio de pesquisa detalhada a respeito dos mecanismos paranoicos, no plano individual e coletivo. Santner visualizou na obra *Memórias de um doente dos nervos*, de Schreber, uma fonte significativa para analisar a estrutura social paranoide apta a alicerçar a ideologia, aspectos e obsessões essenciais do nacional-socialismo.

Na visão de Santner (1997), Freud, ao estudar o quadro clínico de Schreber, vê dois aspectos significativos em seu delírio. Em primeiro lugar, a convocação de Schreber pela ordem divina, como escolhido por Deus, e pela *ordem do mundo* para redimir a humanidade de um estado de desequilíbrio. Em segundo lugar, "o imperativo de passar, por meio de milagres divinos, por um processo de transformação sexual, com o objetivo de repovoar o mundo com a prole de seu corpo devidamente inseminado" (Santner, 1997, p. 42).

No entanto, como comenta esse autor, Freud considerava a feminização ou emasculação como verdadeiro sintoma primário da psicose de Schreber. Somente de forma secundária esse delírio primário foi relacionado com seu papel de Redentor. Freud sugere ainda que, originariamente, Schreber pensava que sua transformação em mulher destinava-se à prática de abusos sexuais. Esse último delírio de violação sexual foi atribuído inicialmente ao médico de Schreber e depois transferido a Deus.

Segundo Santner, o pai de Schreber era *mais pai* do que os pais comuns, em virtude de seu excesso de poder, de influência e de autoridade, que o tornava fadado à transfiguração procedida no delírio de seu filho. Para o autor (1997, p. 80), "toda trama das *Memórias* gira em torno da tentativa de Schreber de integrar esses dois pais, um marginal, que encarnava um excedente de poder, outro identificado com a Ordem do Mundo, com a lei e com as instituições da sua época".

Em relação ao *excedente de poder*, o pai de Schreber lhe impôs todo um aparato, envolvendo ginásticas regulares e práticas ortopédicas para postura e outras finalidades, além de aplicação de teorias pedagógicas. Isso conduz Santner a concordar com o pensamento de William Niederland, segundo o qual o sistema delirante de Schreber decorre de todo esse aparato imposto por esse *pai em excesso*. Nas palavras de Santner (1997, p. 85),

> a diferença fundamental entre a abordagem de Niederland e a de Freud está em que, para Niederland, esse segundo pai, castrador, *realmente existiu*, não sendo, como para Freud, basicamente um produto da elaboração delirante que o filho teria feito de uma ambivalência inevitável e universal em relação ao pai. [...] parece que, para Niederland, somente o encontro efetivo com tal pai "demoníaco" é que *converte a ambivalência normal numa clivagem delirante*.

De acordo com Niederland, Moritz traumatizou de forma crônica seu filho, contribuindo para sua paranoia, em razão de inúmeras intervenções ortopédicas e pedagógicas agressivas. Niederland sugeriu uma relação direta entre "o despotismo microssocial da família Schreber e o despotismo macrossocial da Alemanha nazista" (Santner, 1997, p. 9). Essa tese foi acolhida por Santner, para quem Schreber queria relatar em suas *Memórias* os efeitos desastrosos quando uma figura de autoridade e de confiança atua extrapolando o poder que lhe fora conferido pelo pacto simbólico.

Originariamente, como se constata pelo estudo das *Memórias*, essa figura de autoridade era representada pelo pai de Schreber. Posteriormente, essa autoridade foi transferida por Schreber para o doutor Flechsig, médico responsável pelo seu tratamento (Santner, 1997). Como explica Ferreira Netto (2010), esse excesso de autoridade do pai de Schreber significa autoritarismo que, na verdade, representa uma falta da autoridade necessária para a relação pai-filho, o que desencadeou a falha da função paterna e a psicose. Por essa razão, como conclui Ferreira Netto, a psicose surge justamente quando Schreber foi alçado ao elevado cargo de presidente do Tribunal de Apelação, no qual teria de responder pela função paterna, da qual não dispunha.

Santner (1997, p. 8) faz ainda referência ao livro de Elias Canetti sobre a psicologia das massas, no qual as *Memórias* de Schreber são consideradas precursoras das memórias de Hitler, em *Minha luta*, outra autobiografia considerada paranoica:

> para Canetti, "o elo crucial entre a paranoia e a liderança totalitária não foi tanto uma questão de conteúdo histórico das tramas conspiratórias contra as quais lutam o paranoico e o líder totalitário – tanto Schreber quanto Hitler viram seus destinos profundamente ligados ao de toda sorte de perigos historicamente específicos, inclusive o perigo da contaminação e corrupção judaicas". Para Canetti, "o elo entre a paranoia e a liderança hitlerista foi de natureza mais formal. O paranoico e o ditador sofrem de uma doença do poder, que implica uma vontade patológica de sobrevivência exclusiva e uma disposição ou mesmo um impulso concomitantes de sacrificar o resto do mundo em nome dessa sobrevivência".

Na visão de Canetti, tanto o paranoico quanto o detentor de poder procuram sempre defender suas posições elevadas, com identidade de sentimentos. Em suas palavras, no delírio paranoico, "o elemento religioso e político interpenetram-se, ambos são inseparáveis – redentor e soberano do universo são uma única pessoa. O apetite pelo poder é o cerne de tudo. A paranoia é, literalmente, uma doença de poder" (Canetti, 2013, p. 448). A esse respeito, tanto Hitler quanto Schreber sentiam-se com poderes absolutos e como redentores, responsáveis pela salvação da nação alemã. Ambos acreditavam também que os arianos constituíam o povo eleito por Deus, e não os judeus. Como mencionamos anteriormente, o nacional-socialismo pretendia ser uma religião, liderada pelo *Führer*, em detrimento de práticas religiosas antigas.

Morton Schatzman, por sua vez, no início dos anos 1970, mencionou que Hitler e seus companheiros foram educados na época em que os livros do pai de Schreber, "pregando o totalitarismo doméstico", faziam sucesso na Alemanha. Para Schatzman, os livros do pai de Schreber possibilitam compreender a estrutura de caráter alemã durante o nazismo (Santner, 1997, p. 9).

Em suma, a tese fundamental de Santner, em seu livro, é a de que a nomeação de Schreber, em 1893, como juiz presidente da terceira vara da Suprema Corte de Apelação alemã, contribuiu para o desenvolvimento da sua paranoia, em razão do peso da investidura nesse cargo, em uma época de declínio cultural e social na Alemanha. No seu entender, Schreber pretendia, em suas *Memórias*, "contar a história dos efeitos catastróficos que sobrevêm quando uma figura de autoridade e de confiança exerce um excesso de poder que ultrapassa o pacto simbólico em que se baseia essa autoridade" (Santner, 1997, p. 52).

Na visão de Santner, quando se é investido de uma função simbólica, como o cargo de juiz da Suprema Corte, surge uma série regulamentada de desempenhos e posturas sociais, correspondentes à posição simbólica do indivíduo em face da comunidade, que compromete a situação do sujeito, demandando uma nova identidade social.

Por essa perspectiva, a crise de Schreber reproduziu as crises sociais e culturais da Alemanha, no final do século XIX e início do XX, que serviram de solo fértil para a ascensão do nacional-

-socialismo. Portanto, aspectos essenciais da paranoia de Schreber, como o pavor da feminização, *um dos receios do nacional-socialismo revelado no antissemitismo*, tornam-se inteligíveis diante de situações provocadas por situações emergentes nos âmbitos institucionais e políticos.

Na opinião de Santner, o medo da homossexualidade foi somente um dos resultados da degeneração do poder e da autoridade simbólica vivida na Alemanha por Schreber, que ameaçava, por meio de sinais ideológicos, com a possibilidade de transformar um ariano na figura do "judeu errante", símbolo do antissemitismo que iria alicerçar o nacional-socialismo. Desse modo, as *Memórias* refletem os acontecimentos ocorridos na Alemanha no final do século XIX e início do XX, em especial o amplo ressurgimento dos discursos e sentimentos antissemitas. Por isso, como ressalta Santner (1997), a degeneração do varão judeu, contida nas *Memórias* e expressa na literatura popular e científica, tinha íntima relação com a questão judaica relativa à feminização do judeu errante. Nesse sentido, segundo as *Memórias* (Schreber, 1995, p. 65): "O Judeu Errante (no sentido aqui indicado) deve ter sido emasculado (transformado em mulher) para poder gerar filhos". Mais adiante, Schreber diz ter experimentado por duas vezes, durante sua internação, a realização desse milagre divino da emasculação. A necessidade da emasculação, por ele definida como sua transformação em mulher, estava determinada pela *ordem do mundo*.

Em suas *Memórias*, Schreber faz também referência à *luta pela cultura (Kulturkampf)*, consubstanciada em um movimento de cunho nacionalista contra a Igreja Católica, iniciada na década de 1870 por Bismarck, chanceler do Império Alemão. Santner visualizou nas *Memórias* um deslocamento das conspirações políticas e religiosas, antes direcionadas aos católicos, para os judeus, principalmente em decorrência dos discursos e sentimentos antissemitas, intensificados pela quebra da bolsa de valores, ocorrida em 1873. As fantasias de Schreber sobre a *Kulturkampf* identificavam-se com suas preocupações com a questão judaica. Nesse sentido, o seguinte trecho das *Memórias*:

> certa ocasião, entraram em minha cabeça, na qualidade de almas, para nela encontrarem seu fim, 240 beneditinos de uma só vez. Em outras almas estavam em questão motivos nacionalistas mesclados a interesses religiosos; entre eles um neurologista vienense cujo nome era idêntico ao do mencionado padre beneditino, judeu batizado e eslavófilo que queria por meu intermédio eslavizar a Alemanha e ao mesmo tempo lançar as bases da dominação dos judeus (Schreber, p. 63).

Em meio a várias transformações corporais relatadas em suas memórias, Schreber (1995, p. 129) menciona que o doutor Flechsig, o neurologista vienense, havia lhe introduzido, por meio de um milagre, um estômago muito inferior, denominado de "estômago de judeu", no lugar de seu estômago "sadio e natural".

Em sentido semelhante ao pensamento de Santner, Gilman (1994) sustenta que a fantasia de Schreber a respeito da emasculação representava uma ansiedade relacionada à aquisição do pênis circuncidado, marca da feminização do varão judeu. Nessa linha de raciocínio, como veremos na análise da obra *Moisés e a religião monoteísta* (1939), Freud aponta como uma das razões para o antissemitismo o costume da circuncisão entre os judeus, visto com horror e estranhamento por parte dos que não a praticam.

Como vimos neste estudo, Santner conclui ter sido a crise de investidura do cargo de *Senatspräsident* o ponto de partida para o desenvolvimento da paranoia de Schreber, em uma época de declínio cultural e social na Alemanha, que motivou a ascensão do nacional-socialismo. Essa crise, na visão de Santner, fez com que Schreber ultrapassasse a linha divisória que o separava de seus "outros", das mulheres e especialmente dos judeus, considerados feminizados pela cultura ariana da época. Para esse autor, levando em conta o peso dessa interpretação, o fato de Freud não se atentar para nem fazer referência à dimensão judaica dos delírios de Schreber tem *status* de sintoma.

Conforme mencionamos, a questão judaica contida nas *Memórias*, mencionada por Santner, encontra-se em consonância com a interpretação de Gilman (1994, p. 24), para quem, na virada do século XIX para o XX, no imaginário da cultura ariana, "o estereótipo do judeu e o da mulher (como categorias paralelas ao cristão e ao homem) tornou-se um elemento central na estruturação da identidade judaica". Como ele explica (1994, p. 25), "o homem judeu (circuncidado) se tornava diferente do homem ariano e, portanto, menos do que ele era, assim como a mulher era diferente e menos do que o homem". O período antissemita se intensificou a partir do final do século XIX até a primeira metade do XX, com reflexos, inclusive, na ciência médica ariana, da qual Freud era integrante. Nessa época, segundo a homologia sexual, o clitóris era considerado o pênis "mutilado" do judeu. Segundo Gilman (1994, p. 55), "isso se reflete na concepção difundida em Viena *fin de siècle* [XIX] da relação entre o corpo do judeu do sexo masculino e o corpo da mulher". Para o autor (1994, p. 57):

> A analogia do corpo e da mente do judeu e o corpo e a mente da mulher era natural para a virada do século. Na alta cultura alemã, essa imagem da natureza da mulher já estava presente. Todo o vocabulário médico aplicado ao corpo da mulher enfatizava sua inferioridade física e mental em relação ao homem. E os termos utilizados eram precisamente paralelos àqueles usados no discurso sobre os judeus.

Gilman (1994, p. 59) chama também a atenção para a imagem "feminizada" dos judeus disseminada na virada do século até mesmo por cientistas de origem judaica, como o médico Heinrich Singer, ao comentar, em 1904, ter constatado, no corpo do judeu, a aproximação física do corpo feminino. Segundo Gilman, a questão essencial para tal concepção, na segunda metade do século XIX, era a imagem indelével difundida do corpo físico do judeu: o costume da circuncisão, vista com horror pelos antissemitas. Todas as discussões sobre esse costume na literatura médica do final do século XIX eram marcadas pela distinção entre o judeu circuncidado e o ariano, entre o doentio e o saudável. Em razão da circuncisão, o homem de origem judaica passou a personificar o temor das doenças vinculadas à sexualidade, como a sífilis, representando uma ameaça não só à integridade física e saúde do ariano, mas à própria sociedade. Nessa época, havia uma vinculação entre a sífilis e a circuncisão. A feminização do judeu, por sua vez, recordava a associação entre castração e circuncisão.

Gilman aponta ainda, como exemplo da problemática do judeu com seu pênis circuncidado, o pensamento de Otto Weininger, pesquisador de filosofia e biologia da Universidade de Viena. Em 1903, mesmo ano das *Memórias* de Schreber, Weininger publica sua obra antissemita intitulada *Sexo e caráter*, que teve muita influência nos discursos científicos a respeito da analogia entre as mulheres e os judeus, com relação à feminidade.

Na visão desse autor, a mente judaica é análoga à da mulher, em virtude do corpo do judeu. Em razão da ausência da ideia de Estado para os judeus, eles – da mesma forma que a mulher – não têm personalidade. Tanto os judeus como as mulheres não se relacionam como seres autônomos, vinculados por uma ideia supraindividual, embora possam encontrar satisfação em se reunirem. Ambos carecem do *eu*, motivo pelo qual são desprovidos de valor próprio. Além disso, de forma diversa do ariano, os judeus não se interessam por seus antepassados. Por não acreditarem em nada, os judeus se interessam apenas pelo aspecto material, na ânsia pelo dinheiro (Weininger, 1952). Conforme conclui:

> O judeu é um indivíduo, mas não uma individualidade; dedicado totalmente à vida inferior, não sente a necessidade de continuação de sua existência pessoal; falta-lhe o *ser* metafísico, verdadeiro, inalterável; não possui ingresso na *vida* superior, *eterna*[5] (Weininger, 1952, p. 427; tradução do autor).

---

5. "El judío es un individuo pero no una individualidad; dedicado totalmente a la vida inferior no siente la necesidad de la continuación de su existencia personal; le falta el *ser* metafísico, verdadero, inalterable; no tiene entrada en la *vida* superior, *eterna*."

Para Gilman (1994), era nessa figura antissemita do judeu efeminado – semelhante à mulher – e doente que Schreber temia estar se transformando. Segundo o autor, essa retórica antissemita havia sido evitada por Freud, cuja interpretação se centraliza no significado da homossexualidade. Em suma,

> a ansiedade de Schreber de ser castrado, de adquirir o pênis circuncidado do judeu, não foi lida por Freud como internalização da diferença judaica (Gilman, 1994, p. 175).
> [...] Isto porque as *Memórias* refletem muitas das preocupações de Schreber em sua época. Elas "estão cheias do medo de se tornar judeu" (Gilman, 1994, p. 166).

Com base nessa interpretação de Gilman, Santner menciona que Freud, de origem judaica, ao não referenciar os delírios de Schreber ao judaísmo, temia ser visto do outro lado das linhas divisórias. Nas palavras de Santner, "a situação paradoxal de Freud, em síntese, era esta: como podia alguém que ocupava o lugar estrutural do sintoma oferecer um saber abalizado sobre a cura?" (Santner, 1997, p. 138). Segundo Gilman (1994, p. 187), esse paradoxo impediu Freud de visualizar a dimensão judaica nos delírios de Schreber:

> A identificação da psicanálise com a doença judaica, para ser curado entre judeus por judeus, tornou-se uma forma da resistência de Freud a esse modelo de colonização médica. Mas a fim de realizar isso, o judeu interno tinha de ser reprimido no agora neutralizado discurso da ciência. Isto era alcançado através de uma repressão criativa do vínculo aberto entre doença mental e a internalização de Schreber de sua ansiedade de se tornar judeu. Tal como na leitura de Freud das histórias da vida de seus histéricos, Schreber representou suas próprias ansiedades quanto a sua identidade como médico e judeu de sexo masculino na cultura da Viena de fim de século.

Em sentido semelhante, a explicação de Boyarin, mencionado por Santner (1997, p. 139):

> o fato de Freud não ter interpretado a identidade híbrida de Schreber como Judeu Errante emasculado constituiu uma incapacidade ou uma recusa a reconhecer a si mesmo, um ex-Ostjude como tantos judeus vienenses, ou seja, a incapacidade freudiana de atentar para a questão judaica de Schreber tem, nessa leitura, o status de um gesto eminentemente fóbico, gerado por uma contratransferência culturalmente sobredeterminada: *"Eu não sou assim!"*.

Além disso, no nosso entender, dois aspectos merecem ser considerados. Em primeiro lugar, Freud publica seu artigo sobre as *Memórias* no início do século XX, quando lutava para consolidar a psicanálise, que sofria resistência na sociedade vienense. Por isso, por ser judeu, em uma situação defensiva, talvez não quisesse associar seu saber à questão judaica, mantendo a autonomia religiosa e racial da psicanálise. A esse respeito, em uma das cartas endereçadas a Karl Abraham, em 1908, Freud considerou importante sua aproximação com Jung para o sucesso da psicanálise, nos seguintes termos:

> Seja tolerante e não se esqueça de que realmente é mais fácil para o senhor entender meu pensamento do que para Jung, já que, de início, o senhor é completamente independente e, depois, o relacionamento racial aproxima-o mais de minha constituição intelectual, ao passo que ele, sendo cristão e filho de um pastor, só pode encontrar seu caminho até mim contra grandes resistências internas. A adesão dele, portanto, é sobremodo valiosa. Eu já estava quase dizendo que foi apenas o surgimento dele na cena que removeu da psicanálise o perigo de se tornar uma questão nacional judaica (apud Jones, 1989, v. 2, p. 61).

Por esse motivo, para Freud, a chegada de Jung lhe trouxe uma sensação de alívio, porquanto a psicanálise evitava sua redução ao judaísmo, em uma cultura impregnada intensamente de antissemitismo (Quinodoz, 2007). Em outra carta, do mesmo ano, também endereçada a Karl Abraham, Freud ressalta a importância da presença ariana na liderança da psicanálise, a fim de afastá-la da questão judaica, como observou Fromm (1965). Segundo Freud expõe nessa correspondência: "No fim das contas, nossos companheiros arianos nos são absolutamente indispensáveis; de outro modo, a psicanálise se tornaria uma vítima do antissemitismo" (apud Jones, 1989, v. 2, p. 64).

Em segundo lugar, muito embora a questão judaica, bem como o antissemitismo, já estivesse presente nos delírios de Schreber, no início do século XX, ela ainda não tinha tomado proporções maiores, como ocorreu com a ascensão do nacional-socialismo a partir dos anos 1930. Talvez por isso as críticas à falha de interpretação da questão judaica em Freud, em seu escrito de 1908, feitas pelos referidos autores, só ocorreram de forma marcante a partir da segunda metade do século XX, depois da constatação das graves consequências do antissemitismo e do nazismo, que culminaram no Holocausto, de caráter universal.

Mesmo assim, bem antes, durante a ascensão do nacional-socialismo e do antissemitismo, como vimos, Freud publica vários textos que nos ajudam a compreender, do ponto de vista psicanalítico, as causas do nazismo e do antissemitismo. Em *Moisés e a religião monoteísta* (1939), no epílogo de sua obra e vida, em Londres, a salvo da perseguição nazista, Freud não deixa de mencionar as causas principais do antissemitismo, dentre elas a questão judaica relativa à feminização, como veremos em nossa pesquisa.

Sobre esse assunto, o próprio Gilman conclui (1994, p. 204) que essa obra era uma "complexa resposta de Freud à imagem do antissemitismo como loucura, a etiologia dessa insanidade e o sistema paranoide do antissemita". Como demonstra Freud, em *Moisés e a religião monoteísta* (1939), o antissemitismo é que revela uma doença por parte do ariano incircunciso, diante de sua ansiedade de tornar-se judeu. Dessa perspectiva freudiana, segundo o pensamento de Gilman (1994, p. 110): "a circuncisão é um sinal de patologia, mas não para o judeu. É o ariano quem sofre com o trauma da circuncisão do judeu".

2.4. A contribuição de *Totem e tabu* (1913) para a compreensão psicanalítica do nacional-socialismo

Segundo Enriquez (1990, p. 29), em *Totem e tabu* (1913), além de a preocupação analítica deslocar-se para o aspecto social, surge

> uma teoria radicalmente pessimista, fazendo a humanidade nascer de um crime cometido em conjunto, crime do qual a humanidade não pode jamais se liberar (retorno do totemismo na infância, assassinato do pai violento pelos seus filhos, na horda primitiva). Assim, o primeiro crime não é senão o prelúdio de uma série ininterrupta de assassinatos, que parece ser o corolário normal da existência humana em sociedade. Não existe mais a esperança de um destino feliz para a comunidade humana, associado a um desenvolvimento harmonioso da sexualidade.

De acordo com a perspectiva freudiana, existe por parte do homem um desejo constante de matar, o que pode acrescer à compreensão do assassinato em massa dos judeus e dos opositores ao regime, pregado pela política nazista. Parece-nos importante ressaltar que *Totem e tabu* foi escrito antes da Primeira Grande Guerra e, portanto, bem antes do início de ascensão do nacional-socialismo na Alemanha. Tanto essa guerra quanto o movimento político do nazismo tiveram influência marcante no pensamento freudiano, como se verifica em seus escritos a partir da década de 1920. Mesmo assim, em *Totem e tabu*, Freud já estabelecia conceitos que se encaixam na política nacional-socialista, como veremos.

Ao cuidar do *tabu* e da *ambivalência emocional*, Freud faz menção à teoria segundo a qual as proibições seriam necessárias para evitar que as pessoas fossem contaminadas por intermédio do contato. Em face do desejo reprimido, aquele que satisfaz o desejo, ou seja, o transgressor, se torna ele próprio um tabu, pela influência de que os outros possam imitá-lo. As interdições seriam assim explicáveis, porquanto haveria forte inclinação por parte do inconsciente para a realização do ato proibido, ou seja, as interdições são dirigidas contra os anseios mais potentes dos homens. Se alguém consegue gratificar o desejo reprimido, esse desejo pode ser despertado nos outros membros do grupo (Freud, 2001j). Como poderemos constatar em *Psicologia das massas e análise do Eu* (1921), as restrições impostas pelo líder do grupo aos indivíduos produzem a coesão interna desse grupo, que permanece submisso ao poder, tal como ocorreu na política do nacional-socialismo.

A compensação pela transgressão por parte da comunidade vem em forma de castigo, a fim de que o transgressor invejado seja despojado de seus frutos, o que proporciona aos executores uma oportunidade de cometer o ultraje sob a forma de expiação. Como conclui Freud, os sistemas punitivos baseiam-se na pressuposição de que os impulsos proibidos estão presentes tanto no transgressor quanto na comunidade vingadora.

Dessa forma, considerada a ótica freudiana, a perseguição aos judeus poderia ser também explicada em razão da inveja por parte dos arianos, porquanto aqueles, mesmo sem possuírem território ou poder político, alcançaram a felicidade prometida pelo Iluminismo, segundo os direitos humanos almejados pela Ilustração do século XVIII (Adorno; Horkheimer, 1985). Os judeus, impedidos de serem industriais e proprietários fundiários, prosperaram no setor terciário e nas atividades comerciais. Alguns se tornaram banqueiros. Foram também pioneiros em introduzir formas de vida capitalistas em vários países, em detrimento de camponeses e artesãos, atingidos pelo capitalismo (Adorno; Horkheimer, 1985). Para Hannah Arendt (1989, pp. 57-8),

> não é difícil compreender por que um homem que usa seu dinheiro única e diretamente para gerar mais dinheiro pode ser odiado com mais intensidade que

o que obtém seu lucro através de um longo e complicado processo de produção. Como naquele tempo ninguém solicitava crédito se pudesse evitá-lo – e os pequenos comerciantes certamente não podiam fugir desse caminho –, os banqueiros pareciam explorar não a mão de obra e a capacidade produtiva, mas a infelicidade e a miséria.

A visão de judeus como banqueiros não se relacionava a empréstimos a pessoas necessitadas, mas sim a empréstimos estatais, motivo pelo qual passaram a ser vistos e odiados pela probabilidade de adquirirem poder político. Por isso, a luta contra os judeus representava a luta pelo poder político por trás dos governos. Pela perspectiva do nazismo, havia a necessidade da hegemonia de um grupo nacional que exercesse seus poderes sem distinções, através da força e dos instrumentos de violência (Arendt, 1989).

Por esses motivos, segundo a perspectiva freudiana, os judeus atraíram o ódio da massa da população alemã, invejosa do sucesso por eles alcançado em alguns setores da sociedade. Essas circunstâncias, sem dúvida, contribuíram para a ascensão do antissemitismo nazista, embora, na verdade, havia um disfarce na dominação da produção, como esclarecem Adorno e Horkheimer (1985), porquanto os explorados eram os arianos trabalhadores, mas tal exploração não se originava nos judeus, meros responsáveis pela circulação das mercadorias. Essa exploração, portanto, segundo os autores, era tarefa dos produtores e dos proprietários de matérias-primas. As vantagens encobertas do processo econômico (a mais-valia) foram auferidas apenas pelos arianos e não pelos judeus. Na verdade, a situação dos judeus foi bem descrita por Hannah Arendt (1989, p. 33):

> não formavam uma classe nem pertenciam a qualquer das classes dos países em que viviam. Como grupo, não eram trabalhadores nem gente da classe média, nem latifundiários, nem camponeses. Sua riqueza parecia fazer deles membros da classe média, mas não participavam do seu desenvolvimento capitalista.

A desigualdade social dos judeus não decorria do sistema de classes, mas de suas relações com o Estado, pois recebiam dele proteção especial ou eram privados de direitos e oportunidades, a eles negados para se assimilarem (Arendt, 1951).

Em *Totem e tabu*, Freud faz também referência à paranoia[6]. Em sua visão, quando um paranoico atribui a outro o papel de perseguidor, está pondo-o em uma posição na qual pode atribuir-lhe responsabilidade por todos os seus infortúnios, como ocorreu com Hitler em relação aos judeus. Vale aqui lembrar também a justificativa ariana para a eliminação dos judeus apresentada por Hitler, baseada nos *Protocolos dos sábios de Sião*, texto falsamente atribuído aos judeus.

Como informa Hannah Arendt (1989, p. 22),

> o emprego dessa falsificação pelos nazistas, que a usaram como livro-texto, certamente não pertence à história do antissemitismo, mas só a história do antissemitismo pode explicar por que era viável o uso da mentira para os fins de propaganda antijudaica.

Conclui a autora que pouco importa para o historiador averiguar a fraude dos *Protocolos dos sábios de Sião*. O mais importante é descobrir o motivo pelo qual inúmeras pessoas acreditaram nela. A respeito do pensamento de Hannah Arendt sobre essa falsidade por parte da propaganda antissemita, diz Fry (2010, p. 35):

> Arendt acredita que uma das razões por que o totalitarismo é eficaz e se apodera das comunidades é que o senso comum perde um gancho com a realidade. Impossibilitadas de, livremente, trocar ideias com outras pessoas, e isoladas completamente, os

---

[6]. Segundo Laplanche e Pontalis (2011, p. 34), "Freud inclui na paranoia não só o delírio de perseguição, como a erotomania, o delírio de ciúme e o delírio de grandeza".

objetivos extremados do movimento jamais são confrontados com a realidade das condições. O governo totalitário apresenta ao mundo um rosto falso e fundamenta sua ideologia em uma conspiração global que não pode ser confirmada. A propaganda reforça a ideologia e nem sequer importa se os membros acreditam na propaganda, contanto que a capacidade de distinguir a diferença entre verdade e falsidade seja abolida da sociedade.

Segundo os referidos protocolos, havia um plano de dominação do mundo, quando, na verdade, era o nazismo que tinha essa intenção dominante. Além disso, como vimos na primeira parte deste capítulo, aos judeus foram atribuídas, equivocadamente, as mazelas da sociedade ariana, motivo pelo qual eles foram objetos de perseguição maciça, que culminou com o Holocausto durante a Segunda Grande Guerra. Conforme constatamos, Hitler, em sua ânsia de dominação, atribuiu aos judeus as causas dessa guerra.

Enriquez (1990, p. 39) explica, na visão freudiana, que se aplica ao pensamento de dominação de Hitler o seguinte:

> [...] fundar um mundo segundo nosso desejo, fazer desaparecer aquilo que ele tem de nocivo é, no mínimo, trabalhar para a destruição do outro. Percebe-se assim a conexão necessária entre a onipotência do pensamento e o narcisismo, fase na qual o sujeito se toma pelo objeto de amor e onde o outro não existe como tal (na sua própria alteridade), mas somente como objeto de satisfação do sujeito e, mesmo, de sua vontade de dominar o mundo.

Como veremos mais adiante, ao analisarmos o texto *Psicologia das massas e análise do Eu* (1921), para Freud, nas massas, cada indivíduo quer ser dirigido por um chefe, superior a todas as outras pessoas, tal como ocorreu na horda primitiva, na qual o pai ciumento mantinha todas as mulheres para si e expulsava os filhos. A horda, governada por um chefe despótico, constituiu os primórdios da organização social e ressurge nos sistemas totalitários, como sucedeu no nazismo, cujo *Führer* comandava com poderes ilimitados a massa da população, na qual sobrevivem marcas da horda primitiva.

Os filhos, que haviam sido expulsos da horda, unem-se, retornam e matam o pai, pondo fim à horda patriarcal. Reunidos em grupo, identificaram-se entre eles no ódio contra o pai e fizeram o que seria impossível fazerem sozinhos. Na sequência, por serem canibais, devoram o pai, assumindo, assim, a identificação com ele e adquirindo parte de sua força. Dessa forma, a refeição totêmica seria a repetição e a comemoração desse ato criminoso e memorável, que marcou o início das religiões, da organização social e das restrições morais das comunidades (2001j, 1913).

Na concepção freudiana, os filhos odiavam o pai, obstáculo aos anseios sexuais e de poder, e, ao mesmo tempo, o admiravam e o amavam. Com a morte do pai, os filhos tiveram remorso, decorrente do sentimento de culpa. A partir desse sentimento de culpa, ocorreu uma obediência adiada, proibindo a morte do totem e as relações sexuais com as mulheres libertas. A proibição do assassinato e do incesto corresponde aos dois desejos reprimidos do complexo de Édipo. Se assim não fosse, haveria uma guerra entre os irmãos, de todos contra todos, pois cada um gostaria de ter todas as mulheres para si, possuir o poder do pai. Embora desejasse, nenhum dos irmãos tinha força suficiente para ocupar com êxito o lugar do pai. Por isso, tiveram de estabelecer o contrato social, renunciando a esses impulsos. Para Freud, o complexo de Édipo possui caráter universal, em todas as gerações, em virtude dos referidos sentimentos ambivalentes em relação à figura paterna.

Além dos desejos reprimidos na horda primitiva, Kaës (2014) inclui o do canibalismo. Segundo esse autor, para a passagem de uma relação arrimada na força para um vínculo baseado na presença de uma autoridade, de um líder, assim como para festejar o crime comum – da morte do pai – e diluir o sentimento de culpa por essa morte, os irmãos tiveram de buscar um entendimento entre eles e garantir o contrato por meio da manutenção dos três interditos organizadores dessa comunidade: proibição ao incesto, ao assassinato e ao canibalismo. Conforme acrescenta Kaës (2014, p. 82),

> O pacto dos irmãos é estruturante na medida em que o ato de revolta fundante é transformado na instauração de um pacto civilizador e simultaneamente num momento de sentido. Ele é estruturante porque contém o avalista simbólico da aliança dos Irmãos e dos Filhos com o Pai. O pacto torna possível a transmissibilidade dos interditos e dos ideais comuns e, com isso, a superação do complexo de Édipo.

Para Enriquez (1990), em *Totem e tabu* Freud revela a presença do desejo de incesto em todas as sociedades. Mostra a importância de uma instância que exerça a interdição apta a impedir a satisfação pulsional e a permitir o vínculo permanente e inevitável entre o desejo e a lei, tanto em relação à sociedade, quanto em relação a cada indivíduo. Para que o grupo social exista, impõe-se a instauração de um sistema repressivo da coletividade.

As relações comunitárias, segundo Freud, se fundam a partir da conspiração contra um poder maléfico. Essa conspiração decorre do efeito do ódio compartilhado e da identificação mútua entre os irmãos que irão constituir o contrato social e fortalecer, assim, a coesão do grupo. Daí a hipótese freudiana, segundo a qual as sociedades se originam de um crime praticado em conjunto. O poder repressor social torna-se, então, necessário, porquanto os homens sempre desejarão transgredir as interdições primordiais, decorrentes do pacto entre os irmãos (Enriquez, 1990).

Sem essas interdições, os homens retornariam ao estado da natureza, baseado nas relações de força e de relações sexuais livres, ou seja, gerar-se-ia o estado de guerra de todos contra todos, segundo a perspectiva de Hobbes (2003), que se assemelha em alguns aspectos à visão freudiana de formação do pacto social.

De fato, na visão de Hobbes, no estado da natureza, antes da formação do pacto, os homens viviam com o objetivo de satisfação constante de seus desejos, sem limites externos, tal como o pai da horda primitiva e os filhos – subjugados pelo pai – antes do pacto de irmãos. Segundo Hobbes (2003, pp. 86-7),

> a competição pela riqueza, a honra, o mando e outros poderes levam à luta, à inimizade e à guerra, porque o caminho seguido pelo competidor para realizar o seu desejo consiste em matar, subjugar, suplantar ou repelir o outro [...] o medo da opressão predispõe os homens à antecipação ou a buscar ajuda na associação, pois não há outra maneira de assegurar a vida e a liberdade.

Há, contudo, necessidade de interdições e de um poder externo capaz de impedir o descumprimento do pacto, o que ocorre pela intimidação de todos, pois enquanto cada um quiser fazer tudo o quanto deseja, os homens permanecerão como estavam, no estado da natureza, em uma condição de guerra. Por esses motivos, a paz é uma coisa boa (Hobbes, 2003). Essas também são as razões pelas quais os irmãos da horda primitiva firmam o pacto, renunciando à satisfação de desejos primordiais, após a morte do pai.

2.5. As relações entre o narcisismo e o nazismo

Em *Introdução ao narcisismo* (1914), Freud noticia que o termo "narcisismo" foi criado por Paul Nacke, em 1899, para explicar a atitude de um indivíduo que trata seu próprio corpo como objeto sexual. Nessas circunstâncias, o narcisismo seria uma perversão capaz de englobar toda a vida sexual do sujeito. Nesse escrito, Freud se pauta em análise de pacientes parafrênicos, possuidores de duas características narcísicas, a megalomania e a falta de interesse no mundo e nos objetos externos. A esse respeito, a megalomania demonstra o desvio da libido do mundo externo para o *eu*.

Para Freud, existe uma oposição entre a libido dirigida a objetos externos – a libido objetal – e a voltada para o *eu* – a libido do *eu*. Quanto mais uma se intensifica, mais a outra se esvazia. Freud nos dá como exemplo o indivíduo apaixonado, que parece desistir de sua personalidade em prol da pessoa pela qual se apaixonou. Ele observa, também, no estado do sono, na paranoia, na esquizofrenia e na condição infantil primordial, a presença do narcisismo decorrente do investimento libidinal do *eu*, em oposição aos investimentos libidinais objetais. Como explica Fromm (1975b), para Freud, inicialmente, toda a libido está contida no *eu* (narcisismo primário). Em seguida, ela é investida em objetos externos, mas frequentemente é redirecionada novamente para o interior, formando o narcisismo secundário.

No entanto, Figueiredo (2014) adverte que, embora tal suposição pareça manter-se, o próprio Freud, nesse escrito de 1914, irá mencionar situações de investimentos objetais que podem ser incluídos como investimentos narcísicos. Figueiredo também ressalta, acertadamente, que o narcisismo primário é apenas uma construção teórica, pois ainda não existiria um *eu*, mas sim um estado primordial de total ausência de diferenciação entre o *eu* e os objetos. Já no narcisismo secundário ocorre um progresso na vida relacional, pois o indivíduo consegue investir em si como retorno da libido dirigida a um objeto externo.

Freud faz ainda referência à sua distinção original, relativa à primeira teoria pulsional, de pulsões sexuais (libido) e pulsões do *eu* (autoconservação), e descreve três situações para compreender o narcisismo: doenças orgânicas, hipocondria e vida erótica dos sexos. Na doença orgânica, o homem retira seu investimento libidinal objetal de volta para seu *eu*. Situação semelhante é constatada também no sono, no desejo único de dormir. Na hipocondria, o indivíduo retira seu interesse e sua libido de objetos, concentrando-os no órgão no qual acredita estar acometido por uma doença. Já na vida erótica dos sexos, Freud menciona o desenvolvimento normal da pessoa, no qual os primeiros objetos sexuais da criança são os que se preocupam com seus cuidados, como alimentação e proteção. Em fase posterior desse desenvolvimento, a libido irá direcionar-se para outros objetos externos. Ele descobriu, nos casos de perversão, que o indivíduo adota, como modelo de escolha posterior de objetos amorosos, não a mãe, mas figuras que se identificam com o próprio *eu*.

Segundo Figueiredo (2014), na ligação narcísica, o indivíduo vai buscar nos objetos o idêntico ou o semelhante. Vai amar aquilo que gostaria de ser, ou que foi, ou parte de si. Esses objetos, decorrentes de escolhas narcísicas, são os mais intensos e difíceis de serem afastados, como ocorre na melancolia, na qual a perda do objeto escolhido representaria uma mutilação para o sujeito. Além disso, as escolhas narcísicas, não obstante possuam identificação com o sujeito, são sempre ambivalentes, porque o objeto escolhido será outro e nem sempre poderá corresponder às expectativas do sujeito.

O desenvolvimento do *eu* pressupõe um distanciamento do narcisismo primário, mas propicia uma tentativa de recuperação do estado de plenitude presente nessa espécie de narcisismo. O indivíduo vai buscar nos objetos externos esse ideal do *eu* e obtém satisfação decorrente da realização desse ideal; por um lado, se o *eu* se torna empobrecido em decorrência dos investimentos nesses objetos externos, por outro, o *eu* também se enriquece ao realizar seu ideal. Uma parte da autoestima é primária, resultante do resquício do narcisismo primário. Outra decorre da onipotência ratificada pela realização do ideal do *eu*. Uma terceira parte é consequência da satisfação da libido do objeto (Freud, 2001d).

Nessas situações, podemos pensar nos indivíduos da classe média inferior, na Alemanha, que aderiram ao nacional-socialismo, obtendo satisfação por se adequarem integralmente à política desse regime, como ideal do *eu*, conforme veremos, especialmente, em *Psicologia das massas e análise do Eu* (1921). Ao analisar esse texto freudiano, Adorno (2006) menciona que ao escolher o *Führer* como seu ideal, o sujeito, embora ame a si mesmo, livra-se das frustrações da imagem de seu *eu* empírico. Embora o líder deva surgir como um super-homem, ele deve representar, simultaneamente, uma pessoa comum, como ocorreu com Hitler, para propiciar a identificação por parte dos indivíduos que compõem a massa. Isso faz com que os seguidores satisfaçam seu duplo desejo, de submeterem-se ao *Führer* e de almejarem ser, ao mesmo tempo, a autoridade. Portanto, o líder deve representar o "grande homem comum" (p. 177).

Como ressalta Figueiredo (2014), durante nossa vida nutrimos o desejo de retorno narcísico ao estado de beatitude, por meio do encontro com objetos que tenham relação com nossa existência. Embora durante a vida ocorra uma evolução do narcisismo em direção à relação objetal, existem movimentos regressivos, como no sono e em situações decorrentes de adoecimentos, perdas e decepções com objetos. Na melancolia, por exemplo, o problema é o indivíduo não conseguir retornar seu interesse para objetos externos, permanecendo fixado nessa regressão.

Ao final de *Introdução ao narcisismo* (1914), Freud anuncia aquilo que vai ser objeto de trabalho posterior – *Psicologia das massas e análise do Eu* (1921) –, ao mencionar que a questão relacionada ao ideal do *eu* afigura-se de grande importância para compreender a psicologia de grupo. Segundo ele, esse ideal possui conotação social, em relação à família, uma classe ou uma nação, além de sua característica individual.

Em *Luto e melancolia*, finalizado em 1915 e publicado somente dois anos depois, podemos constatar uma sequência do que Freud havia exposto em *Introdução ao narcisismo*. Tanto no luto como na melancolia ocorre uma grande frustração nas relações com objetos. No luto, geralmente, acontece uma reação diante da perda de uma pessoa amada ou da perda de uma abstração que havia ocupado o lugar dessa pessoa, como a pátria, a liberdade e o ideal. Pelas mesmas razões, em algumas pessoas a melancolia predomina no lugar do luto, motivo pelo qual Freud suspeita existir nelas uma patologia.

Como esclarece Figueiredo (2014), tanto no luto quanto na melancolia o indivíduo terá de recolher sua libido do objeto – pois este não mais existe – e voltar-se para si. No luto se dá uma identificação normal com o objeto perdido, enquanto na melancolia o luto é interrompido. Na melancolia, o objeto perdido havia sido alvo de uma escolha narcísica, que gerava um sentimento ambivalente de amor e ódio pelo objeto. Com a perda ou desaparecimento desse objeto, a identificação narcísica não vai ocorrer com a parte melhor do objeto perdido, mas sim com aquilo que ele possuía de pior. Embora Freud ainda não se refira à pulsão de morte, sua conclusão parece atribuir a esse *eu ideal* uma função mortífera. Há uma identificação do *eu* com o objeto ambivalente, ou seja, com o *eu ideal* depositado no objeto perdido (Figueiredo, 2014).

Da perspectiva freudiana, são características da melancolia um desânimo profundo, penoso, um intenso desinteresse pelo mundo externo, bem como a perda da capacidade de amar e desempenhar qualquer atividade, e ainda a perda da autoestima, resultando com isso uma recriminação voltada para o *eu*, que culmina com um sentimento delirante de punição. A pessoa se vê como culpada, como responsável direta pelo desaparecimento do objeto.

Outra diferença essencial entre luto e melancolia apontada por Freud (2001b, pp. 246-7) é que no luto é o mundo que se torna vazio e empobrecido, enquanto na melancolia é o próprio *eu* que se vê empobrecido, desprovido de qualquer valor, impossibilitado de realizações e detestável moralmente:

> a sombra do objeto caiu sobre o *eu*, que na sequência pode ser julgado por uma instância particular como um objeto, como um objeto abandonado. Dessa maneira, a perda do objeto transforma-se na perda do *eu*, e o conflito entre o *eu* e a pessoa amada, em uma bipartição entre o eu crítico e o *eu* alterado pela identificação[7] (tradução do autor).

Na 26ª Conferência, sobre a *Teoria da libido e o narcisismo* (1916-1917), Freud mantém a separação entre pulsões sexuais e

---

7. "La sombra del objeto cayó sobre el yo, quien, en lo sucessivo, pudo ter juzgado por una instancia particular como un objeto, como el objeto abandonado. De esa manaera, la pérdida del objeto hubo de mudarse en una pérdida del yo, y el conflito entre el yo y la persona amada, en una bipartición entre el yo crítico y el yo alterado por identificación."

pulsões do *eu* (de autopreservação), o que vai se alterar de forma consistente a partir do texto de 1923, *O Eu e o Id*, quando Freud passa a utilizar sua segunda teoria pulsional, arrimada no conflito entre pulsão de vida e pulsão de morte.

Ainda sob a primeira teoria pulsional, os investimentos energéticos dirigidos pelo *eu* aos objetos de seus desejos sexuais são denominados de libido. Os outros investimentos emanados das pulsões de autoconservação são chamados de interesse. Essa distinção possibilita a análise da diferença entre egoísmo e narcisismo. Na visão de Freud (2001a), o narcisismo é o complemento libidinal do egoísmo. No narcisismo ocorre ainda satisfação libidinal, o que não acontece no egoísmo. Da mesma forma, o altruísmo, oposto do egoísmo, não implica interesse objetal libidinal (prazer). A libido, por sua vez, permanece sempre como libido, seja dirigida a objetos, seja ao próprio *eu*, nunca se alterando para interesse egoísta e vice-versa. No entanto, conforme Figueiredo (2014), o egoísmo e o narcisismo podem estar juntos ou podem estar em oposição em determinadas situações. Assim, o interesse pode afirmar-se em prejuízo do prazer e vice-versa.

No desenvolvimento da libido, após o estádio inicial narcísico, a escolha objetal pode ser dirigida de acordo com dois tipos distintos: tipo narcísico, no qual o *eu* da pessoa é substituído por outro o mais semelhante possível, e o tipo de ligação, de apoio, no qual as pessoas são escolhidas porque satisfazem as necessidades vitais (Freud, 2001a).

Para compreender os aspectos psicanalíticos do nazismo, afigura-se importante a diferenciação dos conceitos de *eu ideal* e de *ideal do eu*, elaborada por alguns autores. Lagache, por exemplo, concebe o eu ideal como ideal narcísico de onipotência, formado com base no modelo de narcisismo infantil. O *eu ideal* fundamenta uma identificação do sujeito com personagens excepcionais da história ou da vida contemporânea, dotadas de orgulho e autoridade (Laplanche; Pontalis, 2001). Já o *ideal do eu* é uma expressão utilizada por Freud, apresentada em sua segunda teoria pulsional, constituindo um modelo no qual o sujeito busca conformar-se. O *ideal do eu* baseia-se nas identificações com os pais, com seus substitutos e com os ideais da coletividade. Como observam Laplanche e Pontalis (2001, p. 222), em *Psicologia das massas e análise do Eu* (Freud, 1921), a tarefa do *ideal do eu* é posta em primeiro plano, como formação psíquica distinta do *eu*, que explica "a fascinação amorosa, a dependência para com o hipnotizador e a submissão ao líder, caso em que uma pessoa estranha é colocada pelo sujeito no lugar do seu ideal do ego".

Como explica Renata Udler Cromberg (2015), no caso do vínculo do povo alemão com o *Führer*, durante o nazismo, seria melhor falar em idealizações inerentes ao plano narcísico do *eu ideal*, no qual o erotismo está ligado a um objeto altamente idealizado, levado à perfeição, em detrimento do *eu*, facilitando a submissão. As idealizações de si mesmo e do objeto facilitam as ideologias e hipnotismos. São o cimento que permite que as certezas elementares, requeridas para ensejar uma ação, assegurem a coesão do grupo e a integridade de um pensamento coletivo que deve permanecer imutável. Como conclui a autora, as leis rígidas do nazismo estão no plano do abuso de autoridade e do pai, do pai da horda primitiva, como objeto idealizado, cujas ideias delirantes excluem a alteridade e mantêm o povo hipnotizado e submisso como autômato, por meio de seus processos egoideais, que formam a massa coesa de um só corpo, a Alemanha-mãe da proteção ilimitada e a quem o povo deve proteger (Cromberg, 2015).

Na sequência, em *Psicologia das massas e análise do Eu* (1921), obra que analisaremos posteriormente, Freud vai fazer referência à Igreja e ao Exército, que estabelecem regras, como interdição de ligações eróticas horizontais entre seus membros, cuja transgressão põe em risco a homogeneidade do grupo, diante da produção de conflitos. Segundo Quinodoz (2007, p. 222), "quanto às pulsões sexuais diretas, elas obstaculizam a formação em grupo, como se constata quando dois amantes evitam a massa e se refugiam na solidão". Por isso, Freud sabia que a libido não poderia ser apenas ligação, como observa Figueiredo (2014). O que vai impedir o desligamento no interior de uma massa é o fato de que todos, de certa maneira, colocam seu ideal em um único lugar, em um *Führer*, possibilitando, assim, a unidade do grupo. Além disso, existem ligações eróticas verticais com o líder da massa, mas nessas ligações terá de ocorrer um erotismo com metas transformadas, nas quais o chefe fica em um lugar inacessível às ligações de desejos dos integrantes do grupo (Figueiredo, 2014).

Essas ligações eróticas deverão ser totalmente sublimadas. O vínculo entre o líder e o grupo deve ser transformado em um amor desprovido de sexualidade ostensiva. Em relação ao eixo vertical dessa relação erótica, o *Führer* representa o substituto e a encarnação do pai da horda primitiva, razão pela qual, em seu texto de 1921, Freud retoma seu pensamento exposto em *Totem e tabu* (Figueiredo, 1998-1999). Conforme Reich (2001, p. 58),

> na psicologia de massas, o *führer* nacionalista é a personificação da nação. E só se estabelece uma ligação pessoal com esse *führer* se ele realmente encarnar a nação em conformidade com o sentimento nacional das massas. Se ele souber como despertar os laços afetivos da família, nos indivíduos das massas, ele será também uma figura do pai autoritário.

Em grupo, deverá ocorrer o controle do narcisismo das pequenas diferenças entre seus membros, cujas rivalidades e hostilidades deverão ser projetadas para os estranhos ao grupo e para as minorias, que não partilham do mesmo ideal. A esse respeito, o pensamento de Kaës (2014, p. 63):

> O Ideal do Ego é uma formação comum à psique singular e aos membros do grupo ou meio social. No campo da psique, ele contém as proibições (os interditos) que sustentam as relações intersubjetivas. No campo social, ele é o aporte do narcisismo "das pequenas diferenças" entre os grupos, mas esse aporte não é sustentado senão pela adesão dos sujeitos ao ideal narcísico comum e compartilhado que fundamenta o contrato narcísico.

O ideal do ego, além de garantir o *narcisismo das pequenas diferenças*, obriga as pessoas do grupo a respeitarem o contrato em nome desse ideal (Kaës, 2014). Como observa Adorno (2006), Freud, em *Psicologia das massas e análise do Eu*, aponta a natureza profunda da dicotomia entre *in-group* e *out-group*. Por esse motivo, já em 1921, Freud foi "capaz de se livrar da ilusão liberal de que o progresso da civilização provocaria automaticamente um aumento da tolerância e uma diminuição da violência contra os *out-groups*" (Adorno, 2006, p. 178).

Entretanto, se por um lado o narcisismo das pequenas diferenças causa nos membros do grupo sentimentos de estranheza, repulsa e ódio aos excluídos, por outro, os afetos resultantes dessa estranheza, depositados e projetados nesses excluídos, podem ser os que outrora pertenciam aos próprios membros do grupo, que foram recalcados e retornam posteriormente alterados (Penna, 2012).

De acordo com a perspectiva freudiana, em grupo, um objeto é posto no lugar do ideal de todos, que se identificam por meio desse ideal projetado. Por via de consequência, o *eu* de todos se empobrece, esvaziando-se de amor-próprio. Em contrapartida, cresce o amor pelo líder, que se torna cada vez mais importante e valioso, aumentando a disposição da massa para a submissão. Os indivíduos se oferecem ao sacrifício diante desse objeto altamente idealizado, como ocorre na sugestão hipnótica (Freud, 2001i). O líder surge, então, como a garantia narcísica de todos, que mantém um vínculo erótico sublimado e concentrado no líder como objeto ideal; no entanto, se por um lado há o empobrecimento do *eu* nas massas, por outro, podemos pensar também no fortalecimento do narcisismo dos membros do grupo, pela crença ilusória de serem amados de forma homogênea pelo líder.

Em grupo, os indivíduos ficam hipnotizados pelo poder das palavras – como ocorreu, por exemplo, diante dos discursos proferidos por Hitler –, pela força de um objeto grandioso, representado pela figura do líder, proporcionando, assim, a preservação intersubjetiva do narcisismo primário de todos. Para Figueiredo (2014), é uma satisfação que pode levar o sujeito à morte, diante da posição de autoconservação acuada e esmagada, por um investimento libidinal intenso em uma figura que representa o narcisismo primário. Nesse contexto, o sujeito da massa é praticamente destituído das pulsões do *eu*, inteiramente dominado pela questão narcísica, incompatível com o egoísmo de cada membro (Figueiredo, 2014).

Como explica Figueiredo (2014), a grande mudança que Freud estabelece na segunda teoria pulsional é sua ideia de *supereu* no lugar do ideal do *eu*. O *supereu* surge como instância destrutiva, embora possa oferecer proteção e compensação para o *eu*. No *supereu* ficam depositadas a destrutividade que não se exteriorizou e a que foi posteriormente recolhida, motivo pelo qual Freud atribuiu ao *supereu* a própria cultura da pulsão de morte.

Posteriormente, com arrimo na segunda teoria pulsional, ao escrever sobre o problema econômico do masoquismo (1924), Freud vê o *eu* sendo atacado por uma instância intrapsíquica (supereu). Para ele, masoquismo é o *eu* submetido e tentando tirar algum prazer diante de um supereu despótico e sádico. No caso do masoquismo, a pulsão de morte e Eros se reúnem para produzir um sofrimento narcísico, que resulta de uma oposição entre supereu e *eu*, na qual o *eu* procura sobreviver submetendo-se e tendo prazer nessa submissão, na dor e no sofrimento (Figueiredo, 2014).

Já no sadismo, o *eu* identificou-se com o supereu e passou a funcionar com os outros como o supereu agia contra ele. Embora o *eu* tenha sido vítima, está identificado com a figura do agressor, utilizando outro como vítima. Nessa situação, Freud vai mencionar o gozo narcisista no sádico, afigurando-se cabível que ele mencionasse o gozo masoquista (Figueiredo, 2014).

Conforme acrescenta o referido mestre, quando o *eu* é reinvestido da pulsão de morte, podemos pensar em um narcisismo negativo. A título de exemplo, quando essa pulsão de morte interiorizada é projetada na forma de sadismo, Freud fala de gozo narcisista, que não tem relação com investimento libidinal de si mesmo, mas com a possibilidade de exercer sobre outros a destrutividade. Nesse caso, Freud não está associando o narcisismo apenas ao investimento libidinal do *eu*, mas a uma situação na qual deixa o *eu* satisfeito e realizado. Figueiredo cita como exemplo o gozo narcisista do criminoso ao destruir completamente sua vítima, sem investimento do *eu*. Seria um *narcisismo de morte*, no qual a satisfação é com a destruição (Figueiredo, 2014).

A esse respeito, Fromm (1992, p. 140) distingue o sadismo simples, cujo objetivo do sádico é o absoluto controle sobre o outro, do sadismo destrutivo, segundo o qual "o elemento 'anal' possessivo adquiriu a forma nociva da atração pela morte". Nesse último caso, ocorre uma coincidência entre o sadismo e o amor à morte (necrofilia), de acordo com a distinção de Fromm entre o amor à morte e o amor à vida (biofilia). Embora em regra o sádico não pretenda a destruição da vítima, pela perda do objeto de controle, que lhe proporciona prazer pelo desamparo e pela humilhação por ela sofrida, excepcionalmente pode obter essa satisfação pelo ato de matar, expressão última de sua onipotência (Fromm, 1992).

Na sequência, em *O futuro de uma ilusão* (1927), Freud mostra a contradição da vida dos indivíduos no meio social. Embora eles busquem estar em sociedade para fugir do sentimento de solidão, sentem o peso da repressão às pulsões e dos sacrifícios impostos pela civilização. Mas, como observa Figueiredo (2014), há uma compensação, pois o indivíduo garante uma realização narcísica compartilhada. Cada um se realiza no narcisismo comum, religioso ou não.

Na mesma linha de raciocínio, Quinodoz (2007, p. 251) menciona que o cumprimento dos ideais culturais de uma civilização "servem de exemplo e proporcionam aos indivíduos que os seguem uma satisfação de ordem narcísica que contrabalança eficazmente sua hostilidade em relação à civilização".

Em sua obra *O mal-estar na cultura* (1930), Freud também menciona uma compensação. A comunidade amparada nas leis se constitui a partir da renúncia aos impulsos. Em contrapartida, essas leis comunitárias garantem a segurança individual contra a violência e possibilitam a cultura e as relações amorosas (Kaës, 2014). Além disso, embora renuncie a desejos de satisfação dos impulsos, o sujeito se realiza ao adequar-se aos ideais comuns e aos ideais civilizatórios (Figueiredo, 2014).

2.6. A importância de *Psicologia das massas e análise do Eu* (1921) para a compreensão do nazismo

Em *Psicologia das massas e análise do Eu* (1921), Freud se volta para a preocupação do conflito existente entre a Psicologia Individual, relacionada com o homem considerado individualmente, em busca da satisfação de suas pulsões, e a Psicologia das Massas, segundo a qual o sujeito é visto como membro de uma raça, de uma instituição ou de uma nação.

Como explica Figueiredo, a partir de estudos desenvolvidos por psicólogos sociais do início do século XX, como Le Bon e McDougall, a respeito dos processos das massas, Freud pretende mostrar que esses processos necessitavam ser explicados por aqueles conceitos psicanalíticos utilizados para cuidar de fenômenos individuais, patológicos ou não. Para tanto, conforme acrescenta, "Freud nos oferece uma interpretação conjunta e articulada de processos sociais e individuais. Esta interpretação pretende se situar exatamente na imbricação essencial desses dois processos" (Figueiredo, 1998-1999, p. 37). Dessa ótica, segundo Ramos (2004, p. 79), em *Psicologia das massas e análise do Eu*, Freud "analisa o ego não como um indivíduo isolado, mas como membro da massa, apontando todas as características de repressão e empobrecimento das funções egoicas presentes sob tais condições".

Esse artigo de Freud, embora escrito vários anos antes da ascensão do nacional-socialismo ao poder, tem grande importância para a análise do nazismo, como veremos. De fato, *Psicologia das massas e análise do Eu* figura entre os estudos freudianos a respeito da manipulação da hostilidade em prol da comunidade, arrimada na exclusão dos portadores das diferenças, como observa Betty Fuks (2014, p. 24), para quem, nesse texto,

> Freud intuía o destino que tomariam as grandes ideologias do século XX, que se transformaram no que hoje conhecemos como totalitarismo, sistema político no qual o Estado promove, através da violência e da crueldade, a exclusão da alteridade, como forma de fortalecimento do poder.

Citando Le Bon, Freud demonstra a influência das massas na transformação do sujeito, que passa a atuar, a pensar e a sentir de forma distinta daquela da qual sentiria, atuaria ou pensaria se estivesse sozinho. Em grupo, o indivíduo adquire uma sensação imbatível de poder, apto a não se render a impulsos que seriam reprimidos caso não estivesse em grupo.

Isso ocorre porque, nas massas, desaparece o sentimento de responsabilidade capaz de reprimir esses impulsos. Na massa, ele tem comportamentos irracionais, carente de reflexão e de consciência, transformando-se em um autômato desprovido de vontade. O interesse pessoal desaparece para dar lugar à vontade do grupo, cujo sentimento e ato influenciam cada pessoa de forma contagiosa (Freud, 2001i).

Como veremos, é o que Fromm denomina de conformismo de autômato, em sua obra *O medo à liberdade* (1941). Sobre esse assunto, vale a análise do pensamento freudiano na visão de Enriquez (1990, p. 57):

> Somos levados a pensar que a massa, em qualquer circunstância, se deixa guiar quase que unicamente pelo inconsciente, enquanto o indivíduo se guia pela razão, ou pelo menos "reprime suficientemente suas tendências inconscientes", sob a condição de não as incorporar às massas.

Não é outra a visão de René Kaës, para quem as grandes massas exigem uma aliança que deve permanecer inconsciente para que se cumpram suas metas, em especial, "a coesão imaginária do conjunto do Eu dos sujeitos da ideologia e o todo que eles formam":

> O *corpus* ideológico mantém em sua unidade de *esprit de corpus* que relaciona cada um a outro, e cada um a todos [...] a ideologia não é só uma organização defensiva contra a dúvida e a incerteza, o saber inaceitável ou a falta de saber. Ela é, ao mesmo tempo, uma construção de certezas elementares reque-

ridas para ensejar uma ação, assegurar a coesão do grupo e a integridade de um pensamento coletivo que deve permanecer imutável (Kaës, 2014, p. 19).

A propaganda nazista atuou fundamentalmente sobre a gran de massa da população ariana. Os indivíduos, fascinados, tal como ocorre com a hipnose, foram guiados pelo nacional-socialismo, em um sistema fortificado pela reciprocidade entre os membros do grupo, e levados a cometer atos bárbaros, guiados pelos instintos cruéis, desumanos e destrutivos, o que encontra arrimo na perspectiva freudiana[8].

Nesse contexto, a grande massa da população se tornou submissa ao poder das palavras, nos discursos de Hitler, com gestos calculados, proferidos com solenidade perante multidões, em locais ornamentados com estandartes e bandeiras do Partido Nacional-Socialista.

Como ressalta Freud, as palavras do líder, no momento que são pronunciadas, causam em cada indivíduo da multidão uma expressão de respeito e fascínio, e todos se curvam ao comando do chefe. Dessa forma, o nacional-socialismo penetrou nas massas por meio de palavras, frases e expressões impostas pela repetição inúmeras vezes, e aceitas de forma mecânica e inconsciente (Klemperer, 2009).

....

8. Contudo, na visão de Adorno (1946, p. 2), "é altamente duvidoso se o que ocorre no fascismo é uma verdadeira hipnose, pois isso também pode ser uma metáfora fácil, que permite ao observador dispensar uma análise mais aprofundada do fenômeno. Provavelmente, a sobriedade *cínica* [destaque nosso] é muito mais característica da mentalidade fascista do que a intoxicação psicológica. Além do mais, todos que já tiveram a chance de observar as atitudes fascistas puderam notar que mesmo os estágios de entusiasmos coletivos, aos quais se refere o termo hipnose coletiva, possuem um elemento de manipulação consciente, seja pelo líder, seja pelo próprio indivíduo. Dificilmente pode-se ver nesses estágios o resultado de um contágio passivo. Falando psicologicamente, o ego tem um papel muito grande na irracionalidade fascista, para que se interprete o seu suposto êxtase como mera manifestação do inconsciente. Sempre existe algo de espúrio, de autoestilizado e auto-ordenado na histeria fascista. Isso demanda uma atenção crítica, se é para a teoria psicológica do fascismo não se render aos slogans irracionais que o próprio fascismo promove".

Considerada a ótica freudiana, a grande massa da população na Alemanha nazista foi guiada como um rebanho obediente, pelo poder mágico das palavras do chefe – em cujas ideias ele acreditava de forma fanática –, pela ilusão e pela realidade psíquica, sem capacidade de distinguir entre o falso e o verdadeiro. A consciência dos atos, a reflexão e a crítica desapareceram para os indivíduos dessa massa da população. Isso pode explicar, de certa forma, como grande massa da população alemã aderiu, de maneira irracional e irrefletida, à ideologia do nacional-socialismo e ao antissemitismo, que culminou com o Holocausto. Como descreve Hannah Arendt (1989, p. 411),

> a propaganda totalitária cria um mundo fictício capaz de competir com o mundo real, cuja principal desvantagem é não ser lógico, coerente e organizado. A coerência da ficção e o rigor organizacional permitem que a generalização sobreviva ao desmascaramento de certas mentiras mais específicas.

Funcionavam dessa forma também os discursos políticos do nacional-socialismo, proferidos por Hitler perante uma multidão de pessoas. Hitler tinha consciência de que as massas almejam ser dominadas, fascinadas pelo seu poder de persuasão (Fromm, 1974). Portanto, para o sucesso do nazismo, foi também fundamental o poder carismático do *Führer*, capaz de hipnotizar e conquistar multidões com seus discursos amplamente persuasivos.

> A análise do conteúdo dos discursos políticos mostra que eles pretendem menos demonstrar e argumentar, do que seduzir, atrair, fascinar por figuras de estilo, por variações de vozes, intensidade expressiva e, sobretudo, por repetições de fórmulas simples, que podem ser retomadas em coro pelo conjunto das massas. Os discursos funcionam como indicadores de ação e visam impedir qualquer reflexão contraditória (Enriquez, 1990, p. 58).

A exaltação da emoção em cada membro da massa da população foi bem retratada em documentários contendo discursos de Hitler, como *Arquitetura da destruição* (1992), dirigido por Peter Cohen, e *Triunfo da vontade* (1935), dirigido por Leni Riefenstahl, sobre os comícios de Nuremberg durante 1934. As pessoas perdem o senso da sua individualidade e formam um corpo único, cuja cabeça é representada pelo líder, que se confunde com a própria Alemanha. A sensação de segurança produzida pelo desejo de pertencimento ao grupo, como fuga à liberdade, bem observada por Fromm (1974), como veremos, faz com que os membros do grupo atuem em harmonia e em igualdade. Nesses comícios, Hitler e demais líderes do nazismo preparavam o terreno da ideologia do regime, consolidada pelas Leis de Nuremberg, de 1935, de conteúdo radical antissemita. Em um desses comícios, em 1938, de forma paranoica, Hitler acusou a comunidade judaica internacional da tentativa de extinguir os Estados arianos (Herf, 2014).

Como observa Freud (2001i, p. 81), a massa "impressiona os indivíduos como um poder irrestrito e um perigo sem salvação. Por um momento, ela substitui a sociedade humana global, que é portadora da autoridade e cujos castigos se temem e por amor à qual o indivíduo se impôs tantas inibições" (tradução do autor)[9].

Em grupo, os indivíduos permanecem desprovidos de iniciativa e atuam com semelhança de reação emocional. A mente grupal, ao substituir a mente individual, apresenta-se com característica racial e de preconceito. Os indivíduos não se sentem mais incompletos, como se sentiriam se estivessem sozinhos, pois são tomados pelo instinto gregário referido por Freud, apresentado pelas crianças.

Freud (2001i) entende a Igreja e o Exército como dois grupos artificiais, pois exigem certa força externa para mantê-los unidos, na crença, também, de que o líder forte ama cada membro do grupo sem qualquer distinção. Os membros do grupo estão vincula-

---

9. "Esta [a massa] impresiona a los individuos como un poder irrestricto y un peligro insalvable. Por un momento remplaza a la sociedad humana global, que es la portadora de la autoridad, cuyos castigos se temen y por amor de la cual uno se ha impuesto tantas inhibiciones."

dos por laços libidinais entre eles e em relação ao líder. Eles se comportam de forma uniforme e toleram as peculiaridades em cada indivíduo da massa. De acordo com Quinodoz (2007), a identificação dos sujeitos entre si, bem como a de cada um com o líder, possibilita a coesão interna do grupo, enquanto a perda desse vínculo afetivo provoca a dissolução do grupo, como se verifica na situação de pânico. Como exemplo, a ausência de ligação afetiva nas forças militares, que causa a perda de sua coesão. Em razão desse vínculo afetivo, o sujeito abre mão de sua singularidade, deixando-se sugestionar pela massa, por amor a seus membros e ao líder:

> No caso das massas artificiais, as vinculações eróticas se dariam em dois eixos. No eixo vertical, seus membros se ligam ao líder, ao chefe, ao substituto e encarnação atualizada da figura ancestral do chefe da horda, o pai primordial. Para esta elaboração, Freud retoma o texto fundante do seu pensamento cultural, *Totem e tabu*, de 1913 (Figueiredo, 1998-1999, pp. 37-8).

Entretanto, da perspectiva freudiana, os indivíduos que compõem a massa sofrem restrição à realização amorosa sensual, substituída pela identificação com o líder, posto no lugar de ideal – como substituto do narcisismo perdido da infância – perante o qual o ego se vê submetido. E é por meio dessa transformação que o grupo se mantém coeso e integrado com o laço social (Penna, 2012).

Para Freud, nas massas, o indivíduo deixa de ser livre e o amor ao líder representa um vínculo opressor. Esse líder propicia aos indivíduos o abrigo da ilusão, em vez da procura da verdade. Eles acreditam ser amados, fortalecendo ainda o narcisismo e a manutenção de ídolos. A hostilidade, a intolerância, a crueldade, o desprezo e o ódio, resultantes da ambivalência dos sentimentos, são projetados contra os estranhos ao grupo, considerados inimigos – como sucedeu no nazismo –, reforçando, com isso, a coesão do grupo e os laços de reciprocidade entre os indivíduos (Enriquez, 1990).

Freud considera que as alianças mútuas entre os membros do grupo decorrem do fenômeno da identificação entre eles e, principalmente, entre o grupo e seu líder, tomado como modelo. Sobre o assunto, assim escreve Penna (2012, p. 98):

> desse modo, um grupo é mantido unido pela força agregadora de Eros que faz com que o indivíduo abandone sua individualidade e suas demandas pulsionais para identificar-se horizontalmente com os demais membros do grupo, harmonizando-se com eles a ponto de impedir que as iniciativas individuais concorram com a reunião do grupo, levando-o à formação de um "indivíduo grupal".

A identificação é percebida como a mais remota expressão de um vínculo emocional com outro indivíduo. Ela se encontra presente no complexo de Édipo, segundo o qual o menino tem o pai como modelo, como seu ideal, enquanto com relação à mãe tem uma catexia de objeto sexual. O menino gostaria de ser como o pai, assumir o lugar deste e relacionar-se com a mãe, substituindo-o nessa relação; no entanto, como o pai se põe como obstáculo a essa relação incestuosa, sua identificação com o pai passa a ter caráter hostil. A identificação possui o condão de moldar o ego de um indivíduo segundo aquele tido como modelo (Freud, 2001i).

Todavia, há um aspecto duplo do ideal do *eu*, pois este não se exaure com o preceito segundo o qual o menino *deve ser* como o pai, porquanto abrange também, ao mesmo tempo, a proibição de *não poder ser* como o pai, de não poder fazer tudo o que o ele faz. Esse duplo aspecto decorre do fato de que o ideal do *eu* tem a missão de reprimir o complexo de Édipo (Freud, 2001c). Como explica Marcuse (1998), na visão freudiana o pai representa a figura responsável por estabelecer a subordinação do princípio do prazer ao princípio da realidade. A maturidade da criança ocorre segundo a rebelião e o confronto com o pai. Por esse motivo, a primeira socialização constitui obra da família, no âmbito privado; no entanto, para Marcuse, tal situação, na qual o *eu* e o *supereu* se originavam da luta com o pai, passou a não ocorrer, diante das mudanças da sociedade industrial, produzidas entre as duas grandes guerras mundiais. Com base nessas transformações, os comportamentos adequados para a criança são estabelecidos por autoridades externas, como vizinhos, professores, companheiros de brincadeiras, chefes dos bandos e o esporte. Conforme conclui o autor (1998, p. 100), isso "minou o papel do pai e a teoria psicanalítica do superego como herdeiro do pai". Nesse aspecto, o pensamento de Marcuse aproxima-se da tese de Fromm (1979), que considera a família como agente psíquico da sociedade, com função de transmitir para o indivíduo em formação as exigências sociais, como veremos neste estudo.

Para Freud, durante o desenvolvimento do indivíduo, mestres e autoridades, em especial a figura do líder, retomam o papel outrora exercido pelo pai. O modelo exercido por esses substitutos, assim como seus mandamentos, torna-se poderoso, como ideal do *eu* (superego), e exerce a censura moral sobre o indivíduo (Freud, 2001c). Dessa ótica, o *eu* fica dependente e submisso ao ideal do *eu*, representado pelo chefe e pelos seus mandamentos.

Diante do amor pelo líder, o *eu* torna-se cada vez mais despretensioso, enquanto o objeto amado fica a cada momento mais sublime e valioso, até absorver completamente o amor-próprio do *eu*, consumido pelo objeto (Freud, 2001i). O indivíduo integrante de um grupo substitui seu ideal do *eu* pelo ideal do grupo, materializado pela figura do chefe, como ocorreu com a massa da população alemã durante o regime nazista em relação ao *Führer*.

Para Freud (2001i), os indivíduos que compõem o grupo almejam ser dirigidos pela figura única do chefe, que permanece em nível superior a todas as pessoas, garantindo, assim, a existência do grupo. O indivíduo, na sua concepção, é um "animal da horda", comandada pelo chefe. O pensamento de Darwin, acolhido pela perspectiva freudiana, era a de uma horda governada despoticamente por um chefe poderoso.

Nas sociedades primitivas, essa organização constituiu os primórdios da organização social e, a nosso ver, reaparece nos regimes totalitários, como o nazismo, dirigidos por um chefe único, com poderes absolutos. Dessa ótica, do mesmo modo que no homem contemporâneo sobrevivem traços do homem primitivo, na massa sobrevivem traços da horda primitiva.

O líder totalitário, por sua vez, assim como o pai da horda primitiva, representava o poder absoluto, com total independência. O chefe ainda representa o temido pai da horda para o grupo, que tem necessidade de ser comandado pela autoridade e tem paixão pela figura autoritária, como sede de obediência, conforme sustenta Le Bon (Freud, 2001i). Segundo Quinodoz (2007), o chefe do grupo representa o pai temido da horda primitiva. Já o comportamento submisso dos indivíduos está em consonância com o estado psíquico regressivo dessa horda organizada. Nesse sentido, escreve Enriquez (1990, p. 58):

> Se retomamos a ideia de que a primeira ação comum que marcou o nascimento do grupo foi o assassinato do onipotente, então compreendemos que, participando da massa, cada indivíduo pode pensar em realizar aquilo que parecia impossível se ele estivesse sozinho.

Por esse motivo, pensamos que o comportamento da grande massa da população no nacional-socialismo deve ser analisado desse ponto de vista.

2.7. *O futuro de uma ilusão* (1927) e o poder de coerção sobre as massas

Em *O futuro de uma ilusão* (1927), Freud expõe o paradoxo da vida do homem em sociedade. Se, por um lado, o indivíduo tem dificuldade de lidar com a solidão, por outro, sente a opressão dos sacrifícios impostos pela cultura na vida em comunidade. A cultura tem de proteger-se e evitar as tendências destrutivas do indivíduo. Por isso, toda cultura vai de encontro à hostilidade dos indivíduos, impondo a eles sacrifícios e renúncias às suas pulsões (Quinodoz, 2007, p. 251).

Segundo Kaës, considerada a ótica freudiana, tanto em *O futuro de uma ilusão* quanto em *O mal-estar na cultura* (1930), a comunidade arrimada nas leis se constitui a partir da renúncia imediata dos impulsos. Em contrapartida, essa comunidade de direito torna-se a garantia da segurança individual contra a violência e possibilita a cultura e as relações amorosas (Kaës, 2014).

Como vimos em nosso estudo, desde o artigo *Moral sexual civilizada e doença nervosa moderna* (1908), a questão relativa à repressão dos impulsos na vida civilizada está presente no pensamento de Freud, para quem os desejos pulsionais denegados são justamente aqueles recusados pelos irmãos da horda primitiva, ou seja, o desejo do incesto, do canibalismo e de matar. Todavia, tais sacrifícios, decorrentes da repressão dos impulsos são, em regra, impostos por uma minoria – detentora do poder – que determina de forma coercitiva tais repressões. Para exercer essa função repressora, os chefes das massas têm de estar dotados de independência e poder de coerção (Freud, 2010a).

Com o passar dos tempos, essa coerção externa é interiorizada, na medida em que é incluída entre os mandamentos do supereu; no entanto, como explica Freud (2010a, pp. 47-8),

> a maioria dos homens obedece às respectivas proibições culturais apenas quando pressionada pela coerção externa, ou seja, apenas ali onde esta pode se fazer valer e enquanto pode ser temida. Isso também é verdadeiro para as chamadas exigências morais da cultura que se dirigem a todos de igual maneira. A maior parte daquilo que se experimenta em relação à falta de seriedade moral das pessoas entra aqui. Um número imenso de homens aculturados, que recuaria horrorizado diante do assassinato e do incesto, não se priva de satisfazer sua cobiça, seu gosto de agredir e seus apetites sexuais; não deixa de prejudicar os outros por meio da mentira,

da fraude e da calúnia caso possa permanecer impune e fazê-lo.

Para Freud (2010a), cada nação sente-se orgulhosa de suas realizações em nome da cultura e de seus ideais. Cada uma se sente superior às outras diante de realizações diferentes e recebe autorização para menosprezar as outras culturas, o que compensa essas classes – que correspondem à grande massa da população – pelos prejuízos sofridos em face das classes mais privilegiadas. Por isso, ocorre, segundo ele, a identificação dos oprimidos com os que os dominam, porque, tal como ocorreu na Alemanha nazista, classes menos privilegiadas, que compunham a grande massa da população, sentiam-se compensadas pelo poder de desprezar outras culturas, excluídas do regime, apesar de essas classes estarem inteiramente submetidas às restrições e determinações do nacional-socialismo.

2.8. O mal-estar na cultura (1930)

Enriquez comenta, em *O futuro de uma ilusão* (1927), que Freud mantinha a esperança da reconciliação do homem consigo mesmo e com seus semelhantes. A cultura seria um conjunto de renúncias consentidas pelo homem, que lhe possibilitariam a vida em sociedade, o trabalho intelectual e a solidariedade humana. A cultura protegeria os indivíduos contra os perigos da natureza e estabeleceria regras que possibilitariam a vida em comunidade. Já em *O mal--estar na cultura* (1930), não se vislumbra mais essa reconciliação entre os homens, nem uma crença em uma civilização compatível com o desenvolvimento científico. Em que pesem os empenhos de Eros, a pulsão de morte sempre venceria (Enriquez, 1990).

Para Freud, "pelo fato de restringir as pulsões sexuais e agressivas dos indivíduos com o objetivo de manter a coesão da sociedade, a civilização entra em conflito com seus membros tomados individualmente que, caso se revoltem, podem destruí-la" (Quinodoz, 2007, p. 257). Assim, se por um lado a civilização se mantém pela renúncia aos impulsos sexuais e agressivos, por outro, tais restrições produzem a hostilidade do indivíduo contra ela.

Nesse texto de 1930, Freud retoma um aspecto importante exposto em *Moral sexual civilizada e doença nervosa moderna* (1908), ao mencionar a repressão ao impulso sexual imposto pela cultura *atual*, que permite somente as relações sexuais arrimadas em uma única convenção indissolúvel entre o homem e a mulher, destinada à reprodução. Essa cultura *atual* afastaria a sexualidade para fins exclusivos de prazer.

Em *O mal-estar na cultura*, Freud critica a exigência ideal da sociedade aculturada, impossível de ser cumprida, de amar o próximo como a si mesmo. O indivíduo só tem condições de amar uma pessoa se ela o merecer por alguma razão, seja pela identificação com ela, seja por considerá-la mais perfeita do que ele. Nessa última situação, essa pessoa será amada como ideal do *eu* (1930) – como ocorreu em relação à massa da população alemã atraída pela figura carismática do líder. Isso já não ocorre diante de uma pessoa estranha ou sem significação afetiva, porquanto não seria justo colocar essa pessoa no mesmo patamar da pessoa amada. Esse indivíduo estranho, além de não ser merecedor de amor, teria direito à hostilidade e até ao ódio, segundo a perspectiva freudiana. Há ainda outra exigência da sociedade aculturada mais inexplicável, qual seja, *amarás os teus inimigos*, semelhante ao "credo *quia absurdum*" (Freud, 2010b, p. 122).

Todavia, em uma carta-resposta endereçada a Einstein, intitulada *Por que a guerra?* (1933 [1932]), Freud apresenta um novo enfoque do referido mandamento bíblico. Nessa carta, contra a destruição, Freud propõe a contraposição por Eros à pulsão destrutiva, nos seguintes termos:

> Tudo quanto estabeleça ligações de sentimentos entre os homens poderia exercer um efeito contrário à guerra. Tais ligações podem ser de duas classes. Em primeiro lugar, vínculos como os que existem com um objeto de amor, embora sem metas sexuais. A psicanálise não tem motivo para envergonhar-se

> por falar aqui de amor, pois a própria religião diz: "Ama teu próximo como a ti mesmo", embora seja mais fácil fazer essa afirmação do que cumpri-la. Outra espécie de ligação de sentimento é a que produz identificação. Tudo que estabeleça relações comunitárias essenciais entre os homens produzirá esses sentimentos comuns, essas identificações. Sobre elas descansa em boa parte o edifício da sociedade humana[10] (Freud, 2001h, p. 195; tradução do autor).

Fromm conclui, ao analisar essa carta, com arrimo na segunda teoria pulsional freudiana, que,

> na teoria de Eros, o quadro é inteiramente diferente. O homem não é mais concebido como primordialmente isolado e egoísta, como *l'homme machine*, mas sim como um ser, antes de tudo relacionado com os outros, impelido pelos instintos de vida que fazem com que se una com os outros. A vida, o amor, o desenvolvimento são uma e mesma coisa, mais profundamente arraigados, e mais fundamentais do que a sexualidade e o "prazer" (Fromm, 1980, pp. 88-9).

Freud não chegou a presenciar o Holocausto, pois morreu em 1939, antes da Segunda Grande Guerra; no entanto, em *O mal-estar*

....

10. "Todo cuanto establezca ligazones de sentimiento entre los hombres no podrá menos que ejercer un efecto contrario a la guerra. Tales ligazones pueden ser de dos clases. En primer lugar, vínculos como los que se tienen con un objeto de amor, aunque sin metas sexuales. El psicoanálisis no tiene motivo para avergonzarse por hablar aquí de amor, pues la religión dice lo propio: 'Ama a tu prójimo como a ti mismo'. Ahora bien, es fácil demandarlo, pero difícil cumplirlo. La otra clase de ligazón de sentimiento es la que se produce por identificación. Todo lo que establezca sustantivas relaciones de comunidad entre los hombres provocará esos sentimientos comunes, esas identificaciones. Sobre ellas descansa en buena parte el edificio de la sociedad humana."

na cultura conclui que o ser humano possui uma hostilidade primária, uma tendência agressiva em seus impulsos, capaz de colocar em perigo a sociedade aculturada. Cita como exemplos os horrores durante a Primeira Guerra Mundial. Segundo Freud, "o próximo não é apenas um ajudante e um possível objeto sexual, mas uma tentação para satisfazer nele a agressão, explorar sua força de trabalho sem recompensá-lo, usá-lo sexualmente sem o seu consentimento, apropriar-se de seus bens, humilhá-lo, causar-lhe dor, torturá-lo e matá-lo. *Homo homini lupus*" (2010b, pp. 123-4).

Embora a cultura almeje o monopólio da força e da violência para a punição dos criminosos, por meio da legislação imposta no âmbito social, afastando dos indivíduos essa tarefa, esse monopólio não se afigura suficiente para reprimir as expressões mais sutis da agressividade humana. Além disso, como a coesão do grupo se forma diante da hostilidade aos estranhos à massa, bem como aos inimigos internos e externos – que podem ser destruídos –, essa hostilidade constitui importante válvula de escape para grande massa da população, oferecida por um círculo cultural mais restrito. Essa hostilidade reforça a coesão interna da comunidade.

Conforme Kaës (2014, p. 14), a aliança, construída contra um inimigo ou estrangeiro, "une aqueles que ela vincula, ela exclui aqueles que ela rejeita. Ela permite que sejam identificados os excluídos: eles estão fora da aliança, da comunidade, do grupo". A título de exemplo, Freud cita o povo judeu que, embora tivesse prestado serviços relevantes para a cultura e para os povos nos quais teve acolhida, sofreu grandes perseguições, em especial, durante o regime nazista, que se fortaleceu e se arrimou no antissemitismo, em sua meta de dominação mundial (Freud, 2010b).

Como vimos na primeira parte deste capítulo, aos judeus foram atribuídas, equivocadamente, as mazelas da sociedade ariana, motivo pelo qual eles foram objeto de perseguição maciça, que culminou com o Holocausto durante a Segunda Grande Guerra.

É importante para a compreensão psicanalítica do acolhimento em massa dos objetivos do nacional-socialismo por parte dos arianos a menção de Freud sobre o "perigo da miséria psicológica das massas", que não conseguem dominar os impulsos. Quando há identificação entre os membros da massa, esse perigo é reforçado, em especial quando existe um chefe que representa essa massa e expressa seus impulsos, como ocorreu na Alemanha nazista.

Na visão de Freud, existe uma disposição inata do homem para a maldade, para a agressividade, para a destrutividade e para a crueldade. No seu entender, o impulso agressivo e natural do ser humano, oposto ao de Eros, responsável pela repartição do domínio do mundo, "a hostilidade de cada um contra todos e de todos contra um" encontra-se em oposição ao programa da cultura, de unir a humanidade a serviço de Eros (Freud, 2010b, pp. 141-2). Em *O mal-estar na cultura*, Freud introduz explicitamente a pulsão de morte como de agressividade, bem como a destruição como feição da pulsão de morte (Enriquez, 1990, p. 108).

2.9. Moisés, o monoteísmo e a compreensão psicanalítica do antissemitismo

A obra *Moisés e a religião monoteísta* (1939) foi parcialmente escrita em Viena e finalizada em Londres, onde Freud se exilou pouco antes de sua morte, para escapar da perseguição aos judeus imposta pelo nazismo[11].

Nessa obra, Freud reforça não só sua condição de perseguido judeu, como também expõe aspectos psicanalíticos importantes do antissemitismo. De fato, sua preocupação com as perseguições aos judeus foi explicitamente comentada em *Moisés e a religião monoteísta*, ao indagar o seguinte: "Diante de novas perseguições, pergunto-me como os judeus se tornaram o que são e por que atraíram para si este ódio inextinguível?"

....
11. Como informa Quinodoz (2007, pp. 297-8), "no dia 3 de junho de 1938, Freud, sua esposa Martha e sua filha Anna deixaram Viena rumo a Londres, via Paris, pelo Expresso do Oriente. Freud fez uma escala remarcada de um dia em Paris com Marie Bonaparte, e foi acolhido calorosamente na sua chegada a Londres. Tinha deixado em Viena quatro irmãs que não conseguiriam autorização de saída e que morreram alguns anos mais tarde em campos de extermínio nazistas".

Freud observou – a exemplo de pensadores da Escola de Frankfurt, como Adorno e Horkheimer – que vivia em uma época na qual o progresso estabeleceu um pacto com a barbárie. Segundo seu entendimento, no caso do povo alemão, as ideias progressistas poderiam conviver com a recaída em uma barbárie praticamente pré-histórica. Dessa forma, como comenta Ramos, "a barbárie presente nos movimentos de massa sugere, a quem se esforce para compreendê-la, a falência das leis objetivas e a realização indiscriminada dos impulsos de morte até então latentes" (Ramos, 2004, pp. 25-6).

Como ressalta Fuks (2014, pp. 26-7), em *Moisés e a religião monoteísta*, Freud

> denuncia a pretensão delirante do Nacional-Socialismo de garantir às massas, às custas da recusa da condição de estrangeiro que habita o homem, uma identidade plena, não fragmentada. À política fundamentada no ideal de uma identidade advinda do sangue e do solo baseada no idêntico – a raça, em última análise –, Freud contrapõe os achados psicanalíticos da irredutível divisão do eu.

Não se pode negar a importância da análise das causas do antissemitismo nessa obra de Freud, que afirmava sua origem judaica sem se tornar religioso, quando ascendia cada vez mais o antissemitismo na Europa ocidental. Como ressalta Fuks, nessa obra, Freud pretendeu discorrer a respeito do antissemitismo no registro do *narcisismo das pequenas diferenças*, como resultado de uma ideologia de segregação dos judeus por parte dos arianos.

Segundo a autora (2000, p. 91),

> mesmo pensando sobre a origem da segregação e do racismo a partir da diferença judaica, Freud, em última instância, sustenta e demonstra que o ódio ao judeu, o racismo e o segregacionismo situam-se de maneira inequívoca na dimensão agressiva do sujeito em frente à diferença do outro.

Nesse texto, Freud retoma seu pensamento contido na obra *Psicologia das massas e análise do Eu*, já analisada, segundo o qual a coesão de um povo, de um grupo ou de uma nação ocorre pela hostilidade aos povos diferentes, por ela subjugados. Dessa ótica, no que se refere ao nazismo, a grande massa da população, fascinada pelos jogos de identificação com o líder, perseguiu os excluídos "movida pela crença na hegemonia do eu e pelo esvaziamento da dimensão da alteridade" (Fuks, 2000, p. 92).

Pretendemos, em nossa pesquisa, examinar algumas diferenças apontadas no povo judeu, consideradas por Freud como causas determinantes do antissemitismo. Em uma conferência anterior, intitulada "Nós e a morte", Freud mencionou que todas as referências expostas na Bíblia judaica são dirigidas à vida, não considerando a necessidade de uma garantia de vida após a morte. Como comenta Fuks (2000), a religião judaica não produz ilusões a respeito de uma vida *post mortem*, ao dar prioridade à vida como meio para o enfrentamento do desamparo, o que trouxe graves consequências e motivos de perseguição aos judeus.

Dentre as causas do antissemitismo, que culminou com a pulsão destrutiva ao povo judeu, Freud destaca que Moisés seria um egípcio, um estrangeiro tanto para os judeus como para outros povos. Moisés, sendo egípcio, havia descido de sua posição aristocrática até os judeus, tornando-o seu povo escolhido. Segundo Freud (2001f), além da condição de estrangeiro de Moisés, foi a religião por ele fundada, para o povo escolhido, que tornou os judeus orgulhosos e, por isso, passíveis de recompensa e distinção e, finalmente, de um império universal. Essa última fantasia, abandonada há muito tempo pelos judeus, perdura até hoje entre os inimigos dos judeus, que creem no "juramento dos sábios de Sião".

Além disso, para o nacional-socialismo, só poderia existir um povo escolhido por Deus, o alemão, e não o judeu, circunstância que reforça o antissemitismo nazista. Dessa ótica, como conclui Fuks (2007, p. 66),

> o discurso do *Führer* alemão é exemplar, pois permite perceber com clareza que o judeu era, a um só

tempo, o que ele guardava de mais íntimo e o que lhe era mais estranho: um estranho estrangeiro. "O judeu habita em nós: porém é mais fácil combatê-lo sob sua forma corporal do que sob a forma de um demônio invisível", confidenciou certa vez Adolph Hitler a Herman Rauching.

Freud (2001f) expõe sua tese de que os outros povos não superaram o ciúme e a inveja contra os judeus, que se apresentaram como povo primogênito e predileto de Deus. Os judeus se consideram o povo escolhido por Deus. Por isso, são mais confiantes e orgulhosos, o que também provoca ciúmes em outros povos. Quando se torna favorito do pai temido e admirado, essa circunstância provoca ciúmes nos irmãos. Da perspectiva freudiana, as massas têm grande necessidade de serem conduzidas por um chefe capaz de ser admirado, ao qual elas se submetem sem restrições. Esse chefe corresponde ao anseio pelo pai percebido pelos indivíduos que compõem a massa.

Segundo Enriquez (1990, p. 138),

> Moisés oferece (aos judeus) um presente suntuoso: um grandioso Deus que permite a cada pessoa participar da sua grandeza e de experimentar satisfações narcísicas importantes, um Deus que, ao eleger seu povo, inspira confiança em todo o grupo, um Deus que, favorecendo a renúncia interior, assegura o "prêmio do prazer", alcançado através das dificuldades que fazem de cada indivíduo um herói, como Moisés; um Deus, enfim, que permite a cada pessoa se investir como ser pensante, e ter acesso à palavra divina, ao Livro (o saber absoluto) e ao comentário. A "onipotência do pensamento" encontra assim seu apogeu [...] povo eleito, eles encontram no martírio os elementos de uma fé inabalável; povo disperso, eles se reencontram na palavra e no livro.

Na visão de Freud, um dos fundamentos para o ódio aos judeus é o fato de eles serem minorias entre outros povos e serem distintos das nações estrangeiras nas quais convivem. Os sentimentos de grupo exigem hostilidade contra minoria externa, e o menor número encoraja essa sua supressão. Existem nos judeus *pequenas diferenças* capazes de desencadear a hostilidade por outros grupos. Os judeus

> desafiam todas as opressões e nem as mais cruéis perseguições conseguiram destruí-los. Ao contrário, mostram atitudes aptas a garantirem capital para o sustento e, quando permitido, prestam valiosas contribuições a todas as espécies culturais[12] (Freud, 2001f, p. 88; tradução do autor).

Pela ótica freudiana, outra diferença apontada no judaísmo, a justificar o antissemitismo, é o costume da circuncisão entre os judeus, visto com horror e como estranho por parte dos que não a praticam. Para Fuks (2000, p. 92),

> desde o final do século XIX, a imagem do pênis cincunciso, considerado como alterado, danificado ou incompleto, esteve no centro da definição do judeu. A maioria das fantasias que mais tarde tornaram-se esteio do antissemitismo girava em torno da ideia de que a circuncisão era um processo de feminização do varão judeu, que deixava seu órgão sexual degenerado e altamente comprometido com as doenças sexualmente transmissíveis.

Esse costume estava associado ao pânico da feminização da cultura europeia e, por isso, ao medo de sua judeização. Para Hitler, isso representava uma ameaça de emancipação da mulher e um perigo para a masculinidade e para a contaminação do sangue nór-

---

12. "desafían todas las opresiones, y ni las más crueles persecuciones han conseguido desarraigarlos; antes bien, muestran aptitud para afianzarse en la ganancia del sustento y, toda vez que les es permitido, prestan valiosas contribucines a todos los logros culturales."

dico (Fuks, 2000). Além desses aspectos, na concepção de Freud, a circuncisão traz uma vivência semelhante à visão do sexo feminino. Ambos conduzem ao medo e à fantasia inconsciente à castração. Conforme ressalta Fuks (2000), em psicanálise, o horror à castração denota a angústia pela diferença, origem comum entre o antissemitismo e o medo da feminização.

Diante do costume da circuncisão, os que não a adotam se deparam com a perda da virilidade, que representava uma ameaça ao projeto nazista, segundo o qual a história judaica do êxodo constante, com seus deslocamentos geográficos, constituía um sinal negativo para a nação (Fuks, 2007). Renato Mezan (1986, p. 59) acrescenta ainda a relação entre o tema da castração, como fantasia inconsciente do ser humano, e o complexo de Édipo, segundo o qual "o menino deseja inconscientemente sua mãe, mas não realiza o incesto porque teme, da parte do pai, a castração, isto é, o corte do seu pênis".

Mezan faz ainda referência ao papel religioso e social da circuncisão, designando a criança a ela submetida como membro de um grupo judaico. A circuncisão permite que uma série de fantasias, defesas e angústias não permaneçam somente no interior da psique, mas que sejam elaboradas e integradas a outras redes significativas. No seu entender, um aspecto relevante do rito religioso da circuncisão é o social, porquanto se cuida de uma prática social, cujo objetivo é a introdução na cultura da psique da criança, para designá-la, por meio de uma marca corporal visível, "como membro *deste* grupo e não 'daquele'" (Mezan, 1986, p. 65). Essa é mais uma circunstância que reforça o *narcisismo das pequenas diferenças*, da perspectiva freudiana, em relação ao judeu.

Essas são algumas causas do antissemitismo apontadas por Freud em *Moisés e a religião monoteísta*. Nessa obra, Freud retoma o tema exposto em *Totem e tabu* (1913), no qual a onipotência do chefe da horda primitiva era representada pela negação de amor aos filhos. Já no texto de 1939, Moisés revive o que Enriquez (1990) denomina de "horda invertida", pois, nessa obra, o onipotente escolhe, elege, ama e apresenta a legislação, além de introduzir os escravos, seus seguidores, no mundo da cultura.

Nessa obra, Freud altera a versão do mito de Moisés, atribuindo a esse líder a origem egípcia, em vez da judaica. Além disso, na obra, Moisés termina sendo assassinado pelo povo escolhido, a exemplo do pai da horda primitiva. Como conclui Quinodoz (2007), houve, nos meios psicanalíticos, a identificação de Freud com Moisés, porquanto Freud temia não só o desaparecimento da psicanálise, como se sentia ameaçado, não só pelo nazismo, como também por seus discípulos.

2.10. Uma síntese das contribuições freudianas para a compreensão do nazismo

Pela leitura dos chamados textos sociais[13] de Freud, constatamos uma significativa contribuição de seu pensamento no sentido de compreender os aspectos psicanalíticos do nazismo. Em *Moral sexual civilizada e doença nervosa moderna* (1908), verificamos claramente a importância de seus conceitos para o entendimento da problemática da política sexual estabelecida pelo nacional-socialismo. Embora sua obra tivesse sido escrita muito antes da ascensão desse regime na Alemanha, a perspectiva freudiana nos ajuda a compreender como as restrições à vida privada das pessoas, em especial aos limites impostos à pulsão sexual pelo nazismo, tornaram a massa da população mais submissa, facilitando sua manipulação pela liderança desse sistema totalitário, que impedia e inibia qualquer manifestação contrária a ele.

Sobre esse assunto, em decorrência da ideologia da pureza da raça, a legislação do Terceiro Reich regulamentou não só as formas de casamento permitidas, mas também um programa de eugenia, para eliminar pessoas com deficiências físicas e mentais. Considerada a perspectiva freudiana, podemos concluir que um número

---

13. Para Renata Udler Cromberg (2015), os chamados textos sociais de Freud são trabalhos nos quais o autor busca no social um novo conceito metapsicológico para a compreensão do aparelho psíquico. Como Freud alerta na Introdução a *Psicologia das massas e análise do Eu* (1921), o outro do social integra o psiquismo.

expressivo de indivíduos teve de abrir mão da satisfação de pulsões sexuais diante da política nazista, o que contribuiu para a produção de *homens fracos e submissos* (1908), além de mais controláveis pelas lideranças.

Esse fenômeno foi reforçado pelo antissemitismo sexual imposto pelo nazismo, em especial pelas Leis de Nuremberg (1935), que impediam as relações entre arianos e judeus. As mulheres tiveram de restringir ainda mais a liberdade sexual, já imposta pela moral da época, pois deviam estar inseridas em um programa de procriação com vistas à pureza da raça ariana. Os jovens, por sua vez, tinham toda uma educação voltada para o regime nazista e para a submissão irrestrita ao *Führer*.

Como ressaltamos no breve relato sobre o nazismo, a ideia da supremacia da raça alemã contribuiu para o crescimento do antissemitismo nesse regime. Hitler via o povo judeu como adversário dos alemães. No seu entender, os judeus debilitavam e corrompiam não só a pureza racial ariana, como também as instituições alemãs (Marrus, 2003). No início da ascensão do nacional-socialismo, os judeus ocupavam lugares em vários setores da sociedade alemã, no campo da política, das artes e da economia, o que reforçou o antissemitismo e as perseguições por eles sofridas.

Já em seu artigo sobre o *Caso Schreber* (1911), Freud analisa aspectos psicanalíticos da paranoia, com base nas declarações delirantes contidas nas *Memórias de um doente dos nervos* (1903), de Daniel Schreber. A partir da perspectiva freudiana, que serviu de alicerce para interpretação de outros autores, concluímos haver íntima relação entre as *Memórias* e a fase pré-nazista do final do século XIX ao início do XX. Dentre esses autores posteriores a Freud, Santner, em sua obra *A Alemanha de Schreber* (1997), vislumbrou nas *Memórias* de Schreber uma fonte importante para analisar a estrutura social paranoide, capaz de fundamentar aspectos essenciais do nacional-socialismo.

Para Freud, foram o complexo paterno e as fantasias de desejo homossexual os elementos principais nos quais a doença de Schreber se centralizou. Segundo ele, inicialmente Schreber resistia à relação libidinal com seu médico, expressada pelo medo à homossexualidade. Entretanto, quando a figura do médico foi substituída pela de Deus, *representante do pai de Schreber*, este já não podia mais resistir à relação libidinal diante do poder divino. Por via de consequência, a feminização deixa de ser aviltante e torna-se compatível com a *ordem do mundo*. Schreber torna-se, então, Redentor, com a missão de salvar a sociedade em que vivia – *a alemã* – da degeneração moral pela qual passava.

Essa missão de salvar a Alemanha assemelha-se àquela atribuída a si por Hitler, em seu livro *Minha luta*. Como explica Canetti, as *Memórias* de Schreber são consideradas precursoras das memórias de Hitler, vistas por Canetti como outra autobiografia paranoica. Ambos buscaram defender suas posições elevadas de redentores da sociedade ariana por meio da soberania absoluta. Os dois acreditavam ser o povo ariano o escolhido por Deus e não o povo judeu. Além disso, tanto um quanto o outro tinham pavor à feminização atribuída aos judeus, uma das razões do antissemitismo nazista.

Pela análise das *Memórias*, vimos que o doutor Daniel Moritz Schreber, pai de Schreber, era médico ortopedista, admirado pelos nazistas. Seus livros em favor da educação harmoniosa dos jovens, sobre cultura física e trabalhos manuais, com o objetivo de melhorar a saúde, tornaram-no famoso e tiveram influência marcante em seus contemporâneos na segunda metade do século XIX e início do XX. Moritz Schreber construía instrumentos ortopédicos com o objetivo de conseguir postura perfeita, mas esses instrumentos, na verdade, eram torturantes.

Segundo Ferreira Netto, o pai de Schreber pretendia curar os defeitos da natureza e criar um novo homem, sadio de corpo e de espírito. Sentia-se também um redentor, para criar uma nova alma alemã, aperfeiçoando a obra divina. Essa crença do pai de Schreber guardava semelhança com a ideologia nazista da pureza da raça ariana e de sua superioridade, como vimos na primeira parte de nosso estudo. Essa crença também foi repetida por Daniel Schreber, como se constata no relato dos delírios contido nas *Memórias*.

Para Freud, o pai de Schreber tinha qualidades positivas, além de ser reconhecido e famoso na Alemanha, o que justificava sua transfiguração em Deus por parte do filho, de quem havia sido prematuramente afastado pela morte. Entretanto, essa interpretação freudiana foi contestada a partir da segunda metade do século XX. Vários estudiosos do *Caso Schreber* não concordam com a interpretação freudiana a respeito do pai de Schreber. Como vimos, para Santner, o pai de Schreber era *mais pai* do que os pais comuns, em virtude de seu excesso de poder, de influência e de autoridade.

Niederland, por sua vez, visualizou um estreito vínculo entre a tirania imposta pelo pai de Schreber à sua família e a tirania da Alemanha nazista. Na mesma linha de raciocínio, Schatzman concluiu que os livros do pai de Schreber possibilitam compreender a estrutura de caráter nazista. Já a crise de Schreber retratou as crises sociais e culturais da Alemanha que iriam alicerçar a ascensão do nazismo.

Diante do pensamento desses autores, posteriores a Freud, podemos concluir com Ferreira Netto ter sido o autoritarismo causador da falha da função paterna, cuja autoridade é necessária na relação pai-filho, a causa da paranoia de Schreber, que surgiu quando ele teve de responder pela função paterna, ao assumir a presidência do Tribunal de Apelação (Ferreira Netto, 2010). Essa falha da função paterna pode ser verificada em uma sociedade na qual o líder exerce seu poder com autoritarismo, ou seja, com *excedente de autoridade*, diante de uma grande parcela da população que se torna submissa, como ocorreu na sociedade alemã durante o nazismo.

Na opinião de Santner, o medo da homossexualidade – *referido por Freud* – foi somente um dos resultados da degeneração do poder e da autoridade simbólica vivida na Alemanha por Schreber, que o ameaçava com a transfiguração de um ariano na figura do "judeu errante", circuncidado, símbolo dos discursos antissemitas que iriam fundamentar o nazismo.

Como vimos neste estudo, Santner conclui ter sido a crise de investidura do cargo de Juiz da Corte de Apelação a razão primordial para o desenvolvimento paranoico de Schreber, em uma época de degeneração cultural e social na Alemanha, que contribuiu para a ascensão do nacional-socialismo. Essa crise, segundo Santner, possibilitou a Schreber ultrapassar a linha divisória que o separava de seus diferentes, especialmente dos judeus, considerados feminilizados pela cultura alemã da época.

Para Santner, considerada a importância dessa interpretação, o fato de Freud não se atentar para – nem fazer referência – a dimensão judaica dos delírios de Schreber tem *status* de sintoma. Talvez Freud, de origem judaica, receasse ser visto do outro lado da linha divisória, marcada pela cultura ariana, a exemplo de Schreber. A esse respeito, a indagação de Santner (1997, p. 138) a respeito da situação paradoxal de Freud: "como podia alguém que ocupava o lugar estrutural do sintoma oferecer um saber abalizado sobre a cura?". Tal contradição, segundo Gilman e Geller, impossibilitou Freud de visualizar a dimensão judaica nos delírios de Schreber, recalcada no discurso científico freudiano. Dessa ótica, "Schreber passou a representar para ele (Freud) suas próprias angústias acerca de sua identidade de médico e varão judeu na cultura da Viena do fim de século" (Santner, 1997, p. 138).

A par disso, na nossa visão, duas circunstâncias merecem ser consideradas. Por um lado, Freud publicou seu texto a respeito do Caso Schreber no início do século XX, quando a psicanálise sofria forte resistência na sociedade vienense. Por isso, por ser de origem judaica, por cautela e proteção, talvez não quisesse vincular seu saber psicanalítico à questão judaica, conservando, dessa maneira, a independência da psicanálise diante de questões religiosas e raciais. Por outro lado, conquanto a questão judaica ligada ao antissemitismo estivesse presente nos delírios de Schreber, a questão judaica ganhou relevância anos depois, com a ascensão e consolidação do nazismo, bem como após a constatação das graves consequências desse regime. Por isso, as críticas à interpretação freudiana do Caso Schreber somente se destacaram a partir da segunda metade do século XX.

Todavia, como verificamos em nossos estudos, antes e depois da ascensão do nacional-socialismo ao poder, Freud publicou vários textos que contribuíram para a compreensão psicanalítica do nazismo e do antissemitismo. Em *Moisés e a religião monoteísta* (1939), no epílogo de sua obra e vida, em Londres, a salvo da perseguição nazista, Freud não deixa de mencionar as causas principais do antissemitismo, dentre elas a questão judaica relativa à feminização. Nesse livro, Freud aponta como uma das razões para o antissemitismo o costume da circuncisão entre os judeus, visto com horror e como estranho por parte dos que não a praticam, o que complementa seu pensamento a respeito das causas do nazismo e do antissemitismo, em sua obra analisada em conjunto.

Em *Totem e tabu* (1913), Freud faz menção à teoria segundo a qual as proibições seriam necessárias para evitar que as pessoas fossem contaminadas por intermédio do contato. Diante do desejo reprimido, o transgressor que satisfaz o desejo torna-se ele próprio um tabu, pela influência de que os outros possam imitá-lo. As interdições seriam assim explicáveis, porquanto haveria forte inclinação por parte do inconsciente para a realização do ato proibido, ou seja, as interdições são dirigidas contra os anseios mais potentes dos homens.

Considerada essa perspectiva, os judeus eram vistos como estranhos aos arianos, embora integrassem a massa da população. Essa estranheza poderia, paradoxalmente, atrair, de um lado, ódio e hostilidade por parte do grupo partidário do regime totalitário, fortalecendo a coesão do nacional-socialismo, que excluía a alteridade. Essa coesão contribuiria para tornar a massa ariana mais submissa e manipulável pelo *Führer*, aumentando ainda a identificação amorosa com ele. Diante dessa identificação e a constatada dentre os membros da massa ariana, ocorre o que Freud denomina de "perigo da miséria psicológica das massas", o que explica a razão pela qual os arianos liberaram fortemente seus impulsos hostis contra os estranhos à ideologia nazista.

De outro lado, as diferenças apontadas em relação ao povo judeu poderiam despertar libido superior por parte dos arianos, justamente em razão de suas diferenças em relação aos judeus, em detrimento do regime totalitário. Isso pode ser explicado pelo fato de que nos grupos sociais o fortalecimento e a união se dão justamente devido à redução da libido entre seus membros. Em contrapartida, a libido reprimida no interior do grupo é canalizada em direção aos diferentes. Não fosse assim, não haveria necessidade de impor legislações tão rígidas impedindo as relações amorosas entre arianos e não arianos.

Além disso, a perseguição antissemita poderia ser também explicada pela inveja dos arianos em relação ao povo judeu, que alcançou a felicidade em terras estranhas. Embora desprovidos de poder político e da propriedade fundiária e industrial, os judeus tiveram sucesso em diversos setores sociais e, principalmente, na circulação de mercadorias, e eram considerados precursores do capitalismo moderno.

Em seus estudos a partir de *Introdução ao narcisismo* (1914), Freud nos mostra a ambivalência do indivíduo em relação ao ideal do eu. Conquanto o indivíduo se torne empobrecido pelo investimento em objetos externos, sente-se recompensado pela realização desse ideal. Por essa ótica, para a grande massa da população ariana, embora submissa ao nazismo, houve uma satisfação decorrente da submissão ao líder nazista e do respeito às normas do nacional-socialismo.

Na medida em que os indivíduos da massa põem seu ideal no *Führer* – representante do pai autoritário e da garantia narcísica de todos –, permanece garantida a unidade do grupo. Essa unidade é garantida também pelo *narcisismo das pequenas diferenças*, segundo o qual as rivalidades e as hostilidades entre os membros do grupo são projetadas para uma minoria ou para os estranhos, como ocorreu em relação aos judeus, que não partilham do mesmo ideal. Nessas circunstâncias, cada indivíduo que compõe a massa permanece praticamente destituído das pulsões do *eu*, plenamente submetido à questão narcísica, como conclui Figueiredo (2014).

Em *Psicologia das massas e análise do Eu* (1921), Freud vê semelhança entre as massas e a horda primitiva. Para ele, ambas desejam ser comandadas por um líder despótico, como ocorreu no nacional-socialismo, cujo *Führer* dirigia a massa com poderes ilimitados. Cada indivíduo da massa, desprovido de reflexão, de consciência e do senso de responsabilidade, sentiu-se imbatível, sem restrição aos impulsos inconscientes que seriam reprimidos caso estivesse sozinho. Nas massas, tal como ocorreu na população alemã que aderiu ao nacional-socialismo, existia uma aliança inconsciente para que suas metas ideológicas fossem cumpridas e o pensamento coletivo imutável predominasse.

A coesão da massa foi ainda reforçada pela propaganda nazista. Os indivíduos fascinados, como se estivessem hipnotizados pelos discursos do *Führer*, foram guiados pelo nacional-socialismo, em um sistema fortificado pela reciprocidade entre os membros do grupo, e levados a cometer atos bárbaros, guiados pelos instintos cruéis, desumanos e destrutivos, que culminaram com a *solução final*. De fato, se esses impulsos bárbaros estavam reprimidos no interior do grupo, permaneciam latentes e puderam atuar diante dos judeus, vistos como estranhos e inimigos da raça ariana. Assim, a hostilidade e a intolerância foram projetadas contra os judeus, porquanto considerados inimigos. Daí a presença da hipótese freudiana, segundo a qual, na Alemanha, as ideias progressistas poderiam coexistir com a recaída em uma barbárie praticamente pré-histórica.

De fato, como constatamos pela leitura de Freud, embora a cultura almeje o monopólio da força e da violência para a punição dos criminosos, por meio da legislação imposta no âmbito social, afastando dos indivíduos essa tarefa, esse monopólio não se afigura suficiente para reprimir as expressões mais sutis da agressividade humana. Por isso, se por um lado a massa da população ariana estava submetida a leis rígidas impostas pelo nazismo, por outro, toda a agressividade e a hostilidade reprimidas puderam ser canalizadas contra os judeus, constituindo importante válvula de escape em prol da coesão interna da massa alemã para o sucesso do regime totalitário.

Pela perspectiva freudiana, verificamos que a Alemanha nazista, orgulhosa de sua cultura e da ideologia de seu regime, viu-se superior às outras nações e aos outros povos. Isso fez com que os arianos se sentissem com direito de menosprezar outros povos, como ocorreu em relação ao povo judeu e outras nações sobre as quais o nazismo almejava exercer seu domínio. Isso aconteceu não obstante o povo judeu tivesse prestado relevantes contribuições culturais à Alemanha, como Freud comentou (1930).

Assim, a grande massa da população ariana, formada pela classe média inferior e pela classe operária, movida pelo sentimento de superioridade cultural e racial diante de povos distintos, como o judeu, embora submetida inteiramente às restrições impostas pelo regime nazista, pôde compensar os prejuízos sofridos pela desigualdade em face das camadas superiores e privilegiadas da sociedade, o que encontra arrimo no pensamento freudiano (Freud, 2010a).

Por isso, da ótica freudiana, uma das razões para o ódio aos judeus é o fato de eles constituírem minorias entre outros povos e serem diferentes das nações estrangeiras, para as quais emigraram e conviveram por longo período.

Os sentimentos de grupo exigem hostilidade contra minoria externa, e o menor número encoraja essa sua supressão. Existem nos judeus *pequenas diferenças* capazes de desencadear a hostilidade de outros grupos.

Entretanto, como bem observado por Freud (2001f), os judeus foram capazes de resistir a todas as formas de opressão e de sobreviver às mais cruéis perseguições ao longo da história. Por onde passaram, apesar das opressões e preconceitos sofridos, os judeus conseguiram, por meio do trabalho e dos esforços empreendidos, reunir capital suficiente para o seu sustento, além de prestarem significativas contribuições às diversas culturas (Freud, 2001f).

Guiados pelos discursos de Hitler e demais lideranças do regime, os indivíduos foram conduzidos de forma fanática, sem reflexão, movidos pela realidade psíquica, desprovidos da capacidade de avaliar o falso e o verdadeiro. As mentes individuais foram substituídas pela mente grupal, cujo preconceito revela sua característica principal. Da perspectiva freudiana, constatamos que na massa ariana os indivíduos substituíram seu ideal do *eu* pelo *ideal do grupo*, materializado pela figura do *Führer*. Esse ideal do grupo foi apto a sustentar o narcisismo das pequenas diferenças por parte dos arianos, marcando as fronteiras entre a tolerância aos seus membros e a intolerância, em especial, diante do povo judeu, pelos seus costumes e diferenças. Essa intolerância conduziu os envolvidos, movidos pelo ideal do grupo e desprovidos de reflexão, à perseguição maciça dos judeus até chegar à *solução final*, com o Holocausto.

Considerada a ótica freudiana, a massa da população ariana, com a ascensão do nazismo, quis ser comandada pelo *Führer*, que representava a força e permanecia em nível superior a todos, garantindo, assim, a coesão interna alemã. Esse aspecto coincide com a visão de Freud, segundo a qual o indivíduo continua sendo um "animal da hora", comandado por um chefe com poderes ilimitados (Freud, 2001i). No mesmo sentido, a figura do soberano, constituído pelo pacto, na perspectiva de Hobbes.

Para Freud, a organização das sociedades primitivas, chefiadas por um pai ciumento e com poderes ilimitados, constituiu os primórdios da organização social e ressurge nos regimes totalitários, exemplo do que ocorreu na Alemanha nazista, cujo *Führer* possuía poderes absolutos, com total independência. Desse modo, a grande massa da população e a engrenagem do sistema militar nazista possuíam uma sensação de pertencimento a um grupo forte e poderoso, comandado pelo líder. Nesse contexto, a autonomia individual cedia diante da mente grupal.

Na sequência, em sua obra *Moisés e a religião monoteísta* (1939), Freud faz referência expressa ao antissemitismo e nos mostra a intensão delirante do nazismo, em especial a recusa de uma identidade não fragmentada do indivíduo, bem como a política baseada na identidade da raça ariana, proveniente do solo e do sangue alemão, como observou Fuks. Nessa obra, Freud pretendeu discorrer a respeito do antissemitismo no registro do *narcisismo das pequenas diferenças*, como resultado de uma ideologia de segregação dos judeus por parte dos arianos. Para tanto, retorna à sua ideia anterior, contida em *Psicologia das massas e análise do Eu*, segundo a qual a coesão de uma nação – como ocorreu na Alemanha nazista – se deu por meio da hostilidade aos povos distintos, em detrimento total do sentido de alteridade (Fuks, 2000).

Em *Moisés e a religião monoteísta* (1939), Freud aponta, dentre as causas determinantes do antissemitismo, a condição dos judeus como povo escolhido por Moisés. Essa condição de povo escolhido tornou os judeus orgulhosos e despertou ciúme em outros povos, como o alemão. Além disso, o fato de os judeus tornarem o povo escolhido e predileto de Deus teve repercussão significativa na questão antissemita na Alemanha, pois, para o nacional-socialismo, só poderia existir um povo escolhido, o alemão. Da perspectiva freudiana, os favoritos do pai sempre despertam ciúmes nos irmãos, despertando a hostilidade.

Uma diferença significativa apontada por Freud, no judaísmo, a justificar o antissemitismo, é o costume da circuncisão entre os judeus, visto com horror e estranheza por parte dos que não a praticam, em razão do medo da emasculação na cultura europeia. Como observa Fuks, para Hitler, esse costume judaico representava uma ameaça de emancipação da mulher e um perigo para a masculinidade e para a contaminação do sangue nórdico (Fuks, 2000). Além disso, a circuncisão designa o indivíduo desde sua infância como pertencente ao povo judeu, por meio de uma marca corporal visível, o que reforça o aspecto relativo ao narcisismo das pequenas diferenças (Mezan, 1986).

Essas nossas considerações sobre a perspectiva freudiana para a compreensão do nazismo e do antissemitismo, do ponto de vista psicanalítico, nos servirão de base para o exame dos aspectos psicanalíticos de Fromm sobre esses temas no próximo capítulo.

CAPÍTULO 3

Aspectos psicanalíticos do nazismo no pensamento de Erich Fromm

3.1. Notas introdutórias ao pensamento de Erich Fromm

Erich Fromm desenvolveu pesquisas que envolviam uma teoria social e psicanalítica a partir das teorias marxistas e freudianas, em especial a respeito da análise do caráter autoritário, objetivo essencial do Instituto de Pesquisa Social de Frankfurt por mais de dez anos. Como informa Funk (2009), já em 1929 Fromm havia esboçado seu pensamento sociológico e psicológico em um breve escrito, no qual sustentou a preocupação da psicanálise com o desenvolvimento do indivíduo e sua relação com o entorno mais próximo e íntimo. Para Fromm, além de possuir uma estrutura econômica, política e social, a sociedade possui uma estrutura "libidinosa", presente em todo indivíduo socializado (Funk, 2009).

Posteriormente, em sua obra *Ter ou ser?* (1976), Fromm esclarece ter substituído a expressão *estrutura libidinal* – empregada desde 1932 – por *caráter social*, para designar o produto da combinação da estrutura socioeconômica com a estrutura psíquica individual, uma das distinções essenciais entre os pensamentos de Freud e Fromm. Para Fromm, por exemplo, o ódio ou o sadismo têm origem nas exigências econômicas e sociais, que se relacionam com a dependência do indivíduo e não como resultante dos seus instintos:

> Os instintos que motivam o comportamento social não são, como Freud supõe, sublimação dos instintos

sexuais, mas produto do processo social ou, melhor dizendo, reações do ser humano a determinadas constelações sob as que têm de satisfazer seus instintos[1] (Funk, 2009, p. 78; tradução do autor).

Esse enfoque sociopsicológico de Fromm encontrou resistência unânime no Instituto de Pesquisa Social de Frankfurt, o que motivou seu desligamento em 1939.

Na década de 1940, Fromm havia se afastado não só do instituto, como também da teoria ortodoxa freudiana. Havia abandonado a teoria da libido e outras ideias essenciais do pensamento de Freud, como a do complexo edipiano, o que justificou chamá-lo de revisionista (Jay, 2008). Marcuse, por exemplo, menciona, entre os revisionistas de Freud, Erich Fromm, Karen Horney e Harry Satck Sullivan. Segundo Marcuse (1968, pp. 212-3), as principais críticas dos revisionistas são as seguintes:

> Freud subestimou flagrantemente a extensão em que o indivíduo e sua neurose são determinados por conflitos com o respectivo meio. A "orientação biológica" de Freud levou-o a concentrar-se no passado filogenético e ontogenético do indivíduo: ele considerou o caráter como essencialmente fixado entre o quinto e sexto ano de vida (se não antes), e interpretou o destino do indivíduo em termos de instintos primários e suas vicissitudes, especialmente a sexualidade. Em contraste, os revisionistas transferiram a ênfase "do passado para o presente", do nível biológico para o cultural, da "constituição" do indivíduo para o seu meio.

Todavia, conforme Fromm (1970), embora ele, Horney e Sullivan tivessem tecido críticas à teoria da libido freudiana, as diferenças entre ele, de um lado, e Horney e Sullivan, de outro, eram

---

[1]. "Los instintos que motivan el comportamiento social non son, como Freud supone, sublimación de los instintos sexuales, sino producto del proceso social."

maiores do que as semelhanças, principalmente a respeito do aspecto cultural. Explica Fromm (1970, pp. 31-2): "Horney e Sullivan concebiam os padrões culturais no sentido antropológico tradicional, ao passo que a minha abordagem se faz no sentido de uma análise dinâmica das forças econômicas, políticas e psicológicas que constituem a base da sociedade".

Como veremos neste capítulo, Fromm rejeitou também a teoria freudiana das pulsões de vida e de morte, presente em Freud a partir da segunda teoria pulsional, em substituição à primeira teoria pulsional freudiana, segundo a qual havia pulsão erótica e de autoconservação.

Em 1941, nos Estados Unidos, para onde havia emigrado em 1934, Fromm foi professor nas Universidades de Nova York, Colúmbia e Michigan. Lecionou também na Universidade do México, de 1949 a 1965. Nos Estados Unidos, publicou a obra principal de nosso estudo, intitulada *O medo à liberdade* (1941), resultado de suas pesquisas anteriores. No prefácio a essa obra, Fromm ressalta sua preocupação com o significado da liberdade para o homem moderno, diante da crise social e cultural da época. Como sua obra foi publicada em 1941, ele certamente tinha sua visão voltada para os acontecimentos que antecederam a Segunda Grande Guerra, em especial, as razões culturais, psicológicas e sociais que propiciaram a ascensão do nacional-socialismo na Alemanha e suas consequências dos pontos de vista individual e social. Por essa razão, nossa escolha dessa obra como referência para os demais escritos de Fromm sobre os temas de nossa pesquisa.

Esse livro, como explica Fromm (1974), é resultante de estudos anteriores sobre a estrutura do caráter do homem moderno e das interações entre fatores psicológicos e sociológicos, o que o aproxima, em intenções, dos chamados textos sociais de Freud. Além disso, *O medo à liberdade* pode ser também considerado resultado de reflexões sobre outros estudos desenvolvidos, em conjunto, por Fromm e outros autores integrantes do Instituto de Pesquisa Social de Frankfurt, em especial da obra conjunta *Studien über Autorität und Familie* [Estudos sobre autoridade e família] (1936). Na parte dessa obra intitulada "Sozialpsychologischer Teil" [Seção sociopsicológica], Fromm descreve os aspectos psicanalíticos do autoritarismo, de grande importância para nosso estudo sobre o nazismo. Nesse escrito, conclui que as tendências sadomasoquistas devem ser consideradas, em grande escala, como resultado de uma autonomia capitalista sobre a estrutura libidinosa dos indivíduos. Por esse motivo, muitos se submetem aos superiores, de uma forma masoquista, ou submetem os inferiores de uma maneira sádica (Funk, 2009).

Fromm buscou analisar o sadomasoquismo a partir do conceito de autoridade irracional, dele excluindo os componentes eróticos. Segundo o autor, o sadismo e o masoquismo constituem mecanismos de fuga usados pelo indivíduo para escapar do sentimento de impotência e de solidão, não constituindo fenômenos oriundos da sexualidade. Com explica Jay (2008), tanto o masoquismo quanto o sadismo têm como objetivo a simbiose com os demais indivíduos, produzindo a perda da integridade e da individualidade, em virtude da dissolução do *eu* no outro.

Neste capítulo utilizaremos a obra conjunta de Fromm, em especial *O medo à liberdade*, para compreender suas ideias e verificar como o pensamento de Freud foi por ele recepcionado. E embora nosso foco principal sejam os aspectos psicanalíticos nos temas analisados, a teoria psicanalítica desenvolvida por Fromm teve também influência marcante do pensamento de Marx, como veremos no decorrer do nosso estudo.

Para Fromm (1974), o indivíduo constitui a base do processo social, com seus impulsos, medos e paixões, que irão norteá-lo no sentido de assumir condutas positivas ou negativas perante o laço social. Para compreender esse processo social, afigura-se imprescindível a análise da dinâmica dos processos psicológicos individuais, que não se desenvolvem apartados da cultura da época, porquanto, no seu entender, o indivíduo é modelado pela cultura.

Segundo o autor, a liberdade, tão almejada nos períodos anteriores ao individualismo do século XVIII, constitui um fardo para o homem contemporâneo, que, conquanto tenha atingido sua liberdade externa, não conquistou sua liberdade interna, capaz de desenvolver suas potencialidades intelectivas, emocionais e sensoriais. De fato, a liberdade trouxe para o homem contemporâneo um sentimento de solidão, que lhe causa angústia e impotência, além de isolamento em relação à massa da população da qual participa. Esse isolamento o conduz à busca de mecanismos e alternativas para lidar com esses sentimentos. A esse respeito, nas palavras de Adorno (1995, p. 108):

> Antes, é de supor que o fascismo e o horror a que deu origem vincularam-se com o fato de que as antigas autoridades do Império, já em plena decadência, foram derrubadas, mas sem que as pessoas estivessem psicologicamente preparadas para a autodeterminação. Demonstraram não estar à altura da liberdade que lhes caiu do céu.

Os referidos mecanismos, denominados por Fromm de *mecanismos de fuga*, como veremos, podem conduzir o homem a novas dependências ou submissão – como ocorreu, por exemplo, em relação à grande massa da população alemã, após a Primeira Grande Guerra, que aderiu ao nacional-socialismo. No seu entender, contudo, o homem tem a oportunidade de conduzir-se para a conquista da plena liberdade positiva, por meio de conscientização e compreensão das "forças totalitárias" do fascismo (Fromm, 1974, p. 10).

Dessa perspectiva, em face da questão da liberdade individual e da modelação do homem pela cultura, a análise do fascismo – nele incluído o nazismo como movimento totalitário – não se limita apenas a suas causas econômicas e sociais, embora essas causas tivessem também contribuído para a ascensão desse regime. Afigura-se necessário também o estudo aprofundado do aspecto humano individual, especificamente o aspecto psicológico. Sobre o assunto, Fromm objetiva em *O medo à liberdade* (1974, p. 15) "analisar os fatores dinâmicos da estrutura do caráter do homem moderno que o levaram a querer desistir da liberdade nos países fascistas e que predominam de forma tão generalizada entre milhões de nossa própria gente".

Os estudos desenvolvidos por Fromm no Instituto de Pesquisas Sociais de Frankfurt a partir da década de 1930, anteriores à publicação da obra *O medo à liberdade*, levaram-no a concluir que os sistemas políticos surgidos após a Primeira Grande Guerra afastaram os ideais iluministas, passando a controlar a vida social e pessoal do homem, como ocorria na fase absolutista, na qual o indivíduo era governado por uma autoridade externa sem quaisquer restrições. Sua conclusão referia-se expressamente ao fenômeno ocorrido na Alemanha, onde milhões de pessoas estavam dispostas a abrir mão da liberdade – e a aderir ao nacional-socialismo – da mesma forma que buscaram lutar pela liberdade durante a Primeira Grande Guerra. Por esse motivo, Fromm chega a indagar se haveria um desejo inato de submissão a uma autoridade, semelhante ao desejo inato de liberdade. Em *O medo à liberdade*, Fromm irá justamente demonstrar que esse desejo inato de submissão do homem moderno propiciou a ascensão dos regimes totalitários no século XX.

A intenção do autor em *O medo à liberdade* transcende, contudo, a análise dos aspectos psicológicos no contexto social, da ascensão do nazismo, e também averigua como se formam as forças autoritárias nesse contexto, sem afastar ainda os fatores econômicos e ideológicos na sociedade. De qualquer forma, para Fromm, os aspectos psicológicos estarão sempre presentes, ainda que possam interagir com aspectos econômicos e ideológicos. O autor crê na conscientização desses aspectos como caminho para a prevenção futura contra o fascismo, porquanto na primeira metade do século XX a grande massa da população não estava preparada, do ponto de vista prático ou teórico, para compreender os anelos da submissão a um poder totalitário, capaz de violação e desprezo aos direitos fundamentais dos mais debilitados.

Nossa pesquisa não se limita à análise de *O medo à liberdade,* já que enfocamos praticamente todos os escritos de Fromm ao longo de sua vida, alguns publicados em obras póstumas, após seu falecimento em 1980, na Suíça, onde viveu seus últimos anos. Ele, sem dúvida, nos deixou relevante contribuição para a compreensão psicanalítica do nazismo e de suas trágicas consequências para a humanidade. Seus estudos a esse respeito são importantes para nossa pesquisa, porque se relacionam àquilo que se tornou o interesse primordial de Fromm durante toda a sua vida, ou seja, "compreender as leis que governavam a vida do homem individual e as leis da sociedade – ou seja, do homem em sua existência social" (Fromm, 1979, p. 14).

Como informa Funk (2009), duas semanas antes de sua morte, em 18 de março de 1980, Fromm explicou, em uma entrevista, que sua maior preocupação, desde os seus dezesseis anos, era refletir, por um lado, sobre a razão pela qual os homens, convertidos em massa, atuam e se deixam ser manipulados de maneira tão irracional. Por outro lado, pretendia analisar os meios pelos quais os seres humanos podiam escapar dessa manipulação, para atingir a liberdade e a alteridade. Tais preocupações, sem dúvida, foram reforçadas pelo fato de Fromm ter vivido e sofrido diretamente os efeitos da ascensão do nazismo na Alemanha, que o obrigaram a emigrar para os Estados Unidos em 1934. Dos cinco irmãos de sua mãe, dois foram vítimas do Holocausto.

O conjunto da obra de Fromm reveste-se de atualidade, pois, considerado seu pensamento, o nacional-socialismo do Terceiro Reich e o Holocausto, os atentados terroristas e as guerras atuais configuram uma frustração da tendência primária ao crescimento e à biofilia (Funk, 2009). Conforme mencionamos na "Introdução" de nosso livro, tomando a obra conjunta de Fromm, dividimos nosso estudo em itens, por assuntos, sem preocupação cronológica com seus escritos. Ao final, apresentaremos uma conclusão à parte, com uma articulação direta com a ideia central desta pesquisa, acerca da importância da contribuição psicanalítica desse autor para a compreensão do nazismo e do antissemitismo nele inserido.

3.2. As relações entre o indivíduo e o laço social

Apesar de Fromm ressaltar a importância dos estudos de Freud para a compreensão do psiquismo – em especial para o entendimento da estrutura do caráter como reação às influências da primeira infância e do mundo externo –, mostra-nos também diferenças principais entre o seu pensamento e o do pai da psicanálise. Freud, de maneira diversa da sua, acolheu o entendimento clássico de separação rígida entre indivíduo e sociedade, sustentando – a exemplo de Hobbes – que o indivíduo é naturalmente antissocial.

Por essa razão, na concepção freudiana, a sociedade tem de reprimir os impulsos básicos do homem, que se convertem em aspirações valorizadas culturalmente, tornando-se a base da cultura humana. Freud denominou sublimação a transformação da supressão desses impulsos em condutas civilizadas. Na visão de Fromm (1974), o vínculo estabelecido entre indivíduo e sociedade é fundamentalmente estático na concepção freudiana, segundo a qual o indivíduo só se altera se a sociedade exerce pressão significativa sobre seus impulsos naturais, exigindo maior sublimação. A sociedade também pode permitir maior satisfação dos impulsos, em detrimento da cultura.

Para Freud, o homem necessita dos outros somente para a satisfação de seus desejos instintivos, e não encontra na relação com a sociedade uma primazia social. Na perspectiva marxista, acolhida por Fromm, o homem é essencialmente um ser social e só se completa como homem mantendo vínculo com outros indivíduos e com a natureza. Segundo Fromm (1979, p. 119),

> essa necessidade de conviver com os outros é a sua (do homem) paixão mais forte do que o sexo e mais forte mesmo que o desejo de viver. É o medo do isolamento e ostracismo, e não da "castração", que faz com que a consciência do tabu seja recalcada, pois representaria ser diferente, isolado e, portanto, sofrer ostracismo.

Na visão freudiana, analisada por Fromm, a cultura é condicionada pela ausência de satisfação parcial dos impulsos, ocasionando uma reação ou sublimação. A satisfação sem limites aos impulsos conduziria à barbárie. Com frequência, a sublimação não alcança seu objetivo e o indivíduo tem de arcar com a neurose para seu desenvolvimento cultural. O conflito existente entre os impulsos e a cultura de qualquer espécie não é semelhante ao conflito entre os impulsos e a forma capitalista da sociedade ou de uma estrutura social repressiva (Fromm, 1970).

O indivíduo surge completamente aparelhado com impulsos que lhe são dados biologicamente, que precisam ser satisfeitos, por meio de ações e relações com outros objetos (Fromm, 1974). A relação com o outro, nesse enfoque, não é um fim em si, mas considerada um meio para atingir uma finalidade, qual seja, a da satisfação dos impulsos. Fromm não concorda com essa tese freudiana, ao sustentar que o problema decisivo da Psicologia é a espécie de relação do indivíduo com a sociedade e não o exame da satisfação ou frustração de determinadas necessidades instintivas. Por esse motivo, não considera estática a relação entre indivíduo e sociedade[2].

Assim, não obstante existam algumas necessidades comuns a todos os indivíduos, dentre as quais a fome, a sede e a satisfação sexual,

> os impulsos que contribuem para as diferenças de caráter dos homens, como amor, ódio, a sede de poder e anseio de submissão, fruição do prazer sensual e o medo deste, são todos produto do processo social. As mais belas, assim como as mais feias, inclinações do homem não são parte de uma natureza humana fixa e recebida biologicamente, mas provêm do processo social que forma o homem (Fromm, 1974, p. 20).

Segundo essa visão, a sociedade possui uma função criadora e não meramente supressora dos impulsos. Fromm (1970) nos dá

---

2. Em sentido contrário, a seguinte manifestação de Marcuse (1968, p. 219), ao defender a posição freudiana: "para além de todas as diferenças entre as formas históricas de sociedade, Freud viu a inumanidade básica e comum em todas elas, assim como os controles repressivos que perpetuam, na própria estrutura dos instintos, a dominação do homem pelo homem. Em virtude dessa sua profunda intuição, o 'conceito estático de sociedade', de Freud, está muito mais próximo da verdade do que os conceitos dinâmicos sociológicos dos revisionistas".

como exemplo a diferença entre, de um lado, uma sociedade guerreira e, de outro, uma sociedade pacífica, alicerçada na cooperação. Na primeira, ocorrerá um caráter social favorável aos impulsos agressivos, em detrimento dos impulsos de amor e compaixão, que serão reprimidos. Já na segunda, ocorrerá justamente o oposto.

Nesse sentido, o autor nos mostra os impulsos sádicos e destrutivos em sociedades cujas condições são prejudiciais ao desenvolvimento essencial dos indivíduos. Na sua visão, além das necessidades condicionadas fisiologicamente, o homem tem uma não corporal de evitar a solidão, para evitar a desintegração mental e propiciar uma sensação de pertencimento, consubstanciado na identificação com os outros, em uma sociedade de ideias, valores e padrões. O homem, ao tornar-se indivíduo, tem duas opções para relacionar-se com o mundo exterior: pela espontaneidade do amor e do trabalho produtivo ou pela busca de segurança, por meio de vínculos capazes de comprometer sua liberdade e a integridade do *eu* (Fromm, 1974).

Fromm (1970) não concorda também com o modelo inicial de homem exposto por Freud, relativo à primeira teoria pulsional, segundo a qual o indivíduo é considerado a partir de um sistema fechado, impulsionado por duas forças: a autopreservação e os impulsos sexuais. O homem econômico clássico é um ser isolado e autossuficiente, que tem de se relacionar com outros para poder trocar bens no mercado de produtos, enquanto o *homo sexualis* freudiano precisa relacionar-se para satisfazer suas necessidades fisiológicas e libidinais. Assim, da ótica inicial freudiana, a necessidade de relações entre as pessoas decorre exclusivamente do escopo comum de satisfação de impulsos.

Para Fromm, ao menos até os anos 1920, o inconsciente freudiano estava relacionado especialmente à sexualidade reprimida. Freud restringia sua crítica social a essa repressão. A esse respeito, a obra freudiana *Moral sexual civilizada e doença nervosa moderna* (1908), conforme analisamos (cap. II). Na sua visão, a sociedade, embora não fosse satisfatória, correspondia ao modelo definitivo do progresso humano, sem possibilidade de melhora em suas características fundamentais. Inicialmente, Freud havia negligenciado o exame da agressividade. Somente quando expôs sua tese sobre os instintos de vida e de morte, a destrutividade ganhou importância entre os psicanalistas de sua época (Fromm, 1970). De forma diversa, como veremos, a tese de Fromm (1975b, p. 114) "é a de que a destrutividade e a crueldade não são impulsões instintivas, mas sim paixões enraizadas na existência total do homem".

De maneira semelhante ao pensamento de Freud, contido em *Moral sexual civilizada e doença nervosa moderna* (1908), Fromm sustenta que a repressão dos impulsos sexuais havia contribuído para o enfraquecimento do indivíduo no sentido de exprimir-se e agir espontaneamente em todas as esferas da sua vida. Esse enfraquecimento certamente concorreu para a submissão do indivíduo ao poder externo, como aconteceu no nazismo. De forma semelhante, Reich (2001) ressalta a identificação da repressão sexual na estrutura dos indivíduos com a força secundária que apoia a ordem autoritária. No seu entender, o interesse autoritário retira sua força da sexualidade reprimida.

Posteriormente, contudo, em sua obra *A crise da psicanálise* (1970), Fromm passou a sustentar que em meados do século XX o problema deixou de ser a repressão ao impulso sexual, porquanto com o desenvolvimento da sociedade consumista o sexo passou a ser também um artigo de consumo. Nessa sociedade, a gratificação sexual imediata passou a fazer parte do padrão de consumo, adaptado às exigências econômicas dessa nova espécie de sociedade.

Em seu livro *Análise do homem* (1947), Fromm ressalta que parte significativa dos anseios humanos não pode ser explicada pela força dos instintos. Mesmo que satisfeitos os desejos sexuais, a fome e a sede, o homem "não está satisfeito". Ele aspira a poder, amor, destruição e põe em risco sua existência em prol de ideais políticos e religiosos. O autor dá como exemplo aquilo que ocorreu, por exemplo, na época do nacional-socialismo na Alemanha, ou seja, "devoção fanática de partidários de sistemas ditatoriais de conquista e dominação" (Fromm, 1978a, p. 50).

Na sua visão, a função criadora por parte do meio social varia de uma época para outra e de uma espécie de sociedade para outra. Se, por um lado, a sociedade exerce influência marcante sobre o caráter humano, por outro, o fator humano constitui elemento dinâmico no contexto social. Assim, para Fromm (1978a, p. 30),

> o homem não é uma folha de papel em branco em que a cultura pode escrever seu texto: é uma entidade com sua carga própria de energia estruturada de determinadas formas, que, ao ajustar-se, reage de maneira específica e verificável às condições exteriores.

Para o autor, a base essencial do caráter humano não é considerada a partir das várias espécies de organização da libido, mas sim em tipos específicos de relações entre o indivíduo com o meio exterior. E essa relação pode ocorrer de várias maneiras. Nas suas relações com os outros, o homem é capaz de amar ou de odiar, de contribuir para construir um sistema alicerçado na igualdade ou no autoritarismo, assim como de basear-se na liberdade ou na dominação. A forma peculiar de relacionamento é que irá demonstrar o caráter humano (Fromm, 1978a). Como destaca Funk (2009), inúmeras inclinações emocionais do homem, que correspondem ao seu caráter, são de cunho social, decorrentes de necessidades que fundamentam a economia, a cultura e a própria sociedade.

Fromm (1963, p. 41) ressalta:

> Freud, procurando a força motivadora básica das paixões humanas e desejos humanos, acreditou tê-la encontrado na libido. Mas, por mais poderosos que sejam o desejo sexual e todos os seus derivativos, não são, de forma alguma, as forças mais poderosas no interior do homem, e sua frustração não causa a perturbação mental. As mais poderosas forças motivadoras do comportamento do homem resultam da condição de sua existência, a "situação humana".

Constatamos, portanto, essas diferenças essenciais entre os pensamentos de Freud e Fromm, uma vez que da perspectiva frommiana o caráter é formado a partir da existência do homem em sociedade e de suas relações com os outros indivíduos. A espécie de sociedade e suas condições econômicas vão ter relevância para a constituição desse caráter. Para Fromm, o homem, desde seu nascimento, além das necessidades animais de seu corpo, como alimentar-se, é dirigido ao longo da sua vida por necessidades humanas, decorrentes das relações do indivíduo em sociedade. No seu entender, a consciência humana necessita de princípios que somente são desenvolvidos no decorrer do crescimento cultural.

3.3. A "psicologia social analítica"

Nesta parte do nosso estudo, vamos analisar a proposta de Fromm de uma teoria psicanalítica apta à análise do grupo social. Ele parte da visão freudiana quanto ao estudo da vida instintiva e do inconsciente individual para investigar o comportamento social. Freud tem sua preocupação voltada para a repressão individual e o inconsciente individual; Fromm, por sua vez, de uma perspectiva marxista, se interessa pelo inconsciente social e pela repressão da realidade social de um grupo específico. Para o autor, "o conceito do inconsciente social parte da noção do caráter repressivo da sociedade e se refere àquela parte específica da experiência humana que uma determinada sociedade não permite que atinja a consciência" (Fromm, 1979, p. 109). Esse conceito guarda íntima relação com a Psicologia Social Analítica frommiana e se difere substancialmente da noção de inconsciente coletivo concebida por Jung, para quem

> o inconsciente coletivo é a camada mais profunda do inconsciente e corresponde a uma imagem do mundo que levou eras e eras para se formar. Nessa imagem cristalizaram-se os arquétipos ou as leis e princípios dominantes e típicos dos eventos que ocorreram no ciclo de experiências da alma humana (Grinberg, 1997, p. 135).

Já os arquétipos compõem uma origem comum da humanidade da qual surge a consciência. Eles representam possibilidades herdadas da imaginação humana, formadas de ideias mitológicas, a partir de personagens significativos de épocas passadas da nossa existência (Grinberg, 1997).

No entender de Fromm, as sociedades empregam grande esforço para não permitir que seus integrantes ou pessoas de determinada classe social tenham consciência de impulsos que possam ser socialmente danosos. Nesse contexto, os conteúdos do inconsciente social se alteram, diante das variadas formas de estrutura social, dentre as quais, agressividade, rebeldia, dependência e solidão. O impulso reprimido necessita ser conservado mediante repressão e substituído por ideologias que o deneguem ou, então, que sustentem sua contrariedade (Fromm, 1984b).

Existe ainda outra diferença marcante entre os pensamentos psicanalíticos freudianos e os frommianos, de orientação marxista. Para o pai da psicanálise, os desejos incestuosos constituem o conteúdo mais significativo a ser reprimido, e a causa efetiva da repressão era o medo da castração. Já para Fromm (1984b), o maior temor do homem é o medo do ostracismo, da solidão, que conduz o indivíduo aos mecanismos de fuga, os quais serão analisados adiante. Por meio da ameaça de ostracismo, a sociedade consegue manter as exigências a serem reprimidas. Ao longo de suas obras, constatamos essa ideia de fuga da solidão como condição primordial para a submissão e a ausência de liberdade do homem, reforçadas nos regimes totalitários, como ocorreu no nazismo.

Por esse motivo, Fromm rejeita a universalidade do complexo de Édipo proposta por Freud. Como ressalta Jay, a força desse complexo ganhou terreno nas sociedades de cunho patriarcal, na qual o filho passou a ter o papel de provedor da velhice do pai. O amor entre eles podia transformar-se em ódio diante da possibilidade de insucesso do filho naquele papel. Por sua vez, o amor materno, conforme Jay (2008, p. 144), era incondicional e menos sensível a pressões sociais. Na sociedade contemporânea, entretanto, a força da mãe real estava desgastada. Ela já não era vista como provedora, mas como alguém que precisava de proteção. Isso, argumentou Fromm, também se aplicava aos substitutos maternos como o país e o *Volk* (povo).

Essa distinção, destacada por Fromm, entre patriarcado e matriarcado, essencial para a compreensão psicanalítica da adesão das massas ao nacional-socialismo, foi também um dos motivos de seu afastamento dos demais membros do Instituto de Pesquisa Social, no final dos anos 1930.

Como explica Rouanet, no âmbito freudiano clássico, a relação com o pai é encontrada na origem da formação do caráter. A renúncia à mãe como objeto de amor, no pacto edípico, determina a identificação com o pai e com as normas positivas e negativas vinculadas à autoridade paterna. No superego, instância psíquica, encontram-se as duas dimensões autoritárias pós-edipianas, o que pode e o que não pode ser feito. Como as normas paternas identificam-se com as normas sociais, há uma correlação entre a normatividade intrapsíquica e a normatividade social; entre, de um lado, o socialmente proibido e exigido e, de outro, o psiquicamente proibido e exigido. Tais estruturas de formação do caráter conduzem o indivíduo a querer, de forma automática, aquilo que é socialmente desejado, acolhendo a repressão por parte do laço social (Rouanet, 2001).

Todavia, Fromm não concorda com Freud, na medida em que a tese do pai da psicanálise conduz à manutenção da sociedade de classes e assegura a precondição para que se mantenha o poder totalitário em detrimento da cultura em geral, como conclui Rouanet. Por isso, para Fromm, o mecanismo do recalque e a função do superego devem ser aferidos de acordo com o contexto socioeconômico relacionado a cada espécie de sociedade (Rouanet, 2001).

Fromm mantém, contudo, a distinção freudiana entre a repressão aos impulsos por meio de uma ação consciente do eu e o recalque, sempre inconsciente. A primeira é utilizada pelo poder, por meio de seu aparelho repressivo, produzindo uma intimidação, consubstanciada no medo à punição. A segunda ocorre por meio do recalque causado pelos imperativos inconscientes do superego e pelas identificações projetivas com a autoridade externa. O recalque mantém o impulso e sua supressão inconsciente, não produzindo qualquer ressentimento contra a instância repressiva (Rouanet, 2001).

A "psicologia social analítica" proposta por Fromm estabelece uma relação próxima entre a psicanálise e a sociologia, pois da mesma forma que a psicanálise se interessa pelo indivíduo no contexto social, a sociologia também se interessa pelo aspecto individual. De fato, "como a Psicologia diz sempre respeito a um indivíduo socializado, também a sociologia trata sempre com um grupo de indivíduos cuja estrutura e mecanismos psíquicos têm de ser levados em consideração" (Fromm, 1970, p. 139).

Em sua proposta de uma psicanálise social analítica, Fromm (1979) procura reunir a base da teoria freudiana com os conceitos marxistas, interessando-se pelo materialismo histórico. Existem, contudo, diferenças marcantes entre Freud e Marx. Para o pai da psicanálise, o homem é formado essencialmente por sua experiência no âmbito familiar, sem considerar a família como agente e representante da estrutura de determinada sociedade. Já para Marx, a organização de uma sociedade constitui fator decisivo na formação do sujeito. Segundo ele, são as forças históricas que ganham destaque no processo evolutivo socioeconômico do homem, enquanto para Freud essas forças estão arrimadas na libido (fisiológicas) ou nos instintos de vida e de morte (biológicas) (Fromm, 1979).

Da perspectiva frommiana, embora a família seja sempre uma agência psicológica da sociedade, seu papel irá variar segundo os valores sociais a serem incutidos nos indivíduos. Nesse sentido, como explica Rouanet (2001), Fromm distingue o caráter exigido por uma sociedade matriarcal daquele determinado por uma sociedade patriarcal. Também ocorre uma distinção entre os traços caracterológicos determinados pelo capitalismo liberal e os exigidos pelo capitalismo monopolista. O pai representa uma autoridade delegada pelo poder externo. Como educador, o pai figura como mero mandatário da sociedade[3]. Desse modo, a família da classe média alemã produziu de forma maciça o caráter sadomasoquista do capitalismo monopolista do nacional-socialismo. Na visão frommiana, além do papel essencial da família, o trabalho da ideologia do nazismo foi desenvolvido por outras instâncias, como a escola, a mídia e outras instituições civis (Rouanet, 2001).

Para Fromm (1965), os freudianos perceberam o inconsciente individual, mas não visualizaram o inconsciente social; os marxistas ortodoxos, ao contrário, consideraram os fatores inconscientes no comportamento social, mas foram cegos no tocante à motivação individual. Essas situações levaram a uma degradação da teoria e da prática marxistas, enquanto o fenômeno inverso conduziu ao desgaste da teoria psicanalítica. Por isso, embora Fromm tenha sofrido influência de Freud e Marx, aparta-se deles ao criar sua própria teoria psicanalítica. Fromm (1970) nos mostra a necessidade de a psicanálise superar seu conformismo positivista, transformando-se em uma teoria crítica das acomodações sociais que corrompem e deformam os indivíduos. Ela deverá analisar os fenômenos sociais responsáveis pela patologia social, em especial, a alienação, a ansiedade e a solidão.

Reich (2001) explica que embora Marx tivesse considerado o homem vivo e produtivo como o primeiro agente da história e da política, deixou de investigar o aspecto psicológico do caráter desse homem atuante. Isso se deve à formação sociológica de Marx e à inexistência da psicanálise em sua época. Conforme conclui, "ao incorporar os *insights* da psicanálise, a sociologia atinge um nível superior e consegue compreender muito melhor a realidade porque, finalmente, compreende a natureza da estrutura do homem" (2001, p. 26).

....

3. Segundo Marcuse (1968, p. 208), "Fromm salienta que a ideia de uma cultura matricentrista – independentemente de seu mérito antropológico – visiona um princípio da realidade engrenado não no interesse da dominação, mas no de relações libidinais gratificadas entre os homens".

Embora as teorias freudianas e marxistas possam combinar-se na Psicologia Social Analítica proposta por Fromm, além das distinções já apontadas, é importante mencionar a crença de Freud na capacidade do homem de suportar as repressões sem alterar a sociedade, enquanto para Marx "a realização do homem universal e plenamente consciente só pode ocorrer juntamente com as modificações sociais que levam a uma nova organização econômica e social verdadeiramente humana da humanidade" (Fromm, 1979, p. 108).

Fromm (1979) vê a família como agente psíquico da sociedade, com função de transmitir para o indivíduo em desenvolvimento as exigências sociais. Essas funções são exercidas de duas formas: pela influência do caráter dos pais, como expressão do caráter social, sobre os filhos; e pela modelação do caráter dos filhos segundo uma direção socialmente almejada. No seu entender, embora Freud não tivesse considerado o homem isolado do laço social, rejeitou a ideia de uma Psicologia Social, em que o objeto fosse um complexo social com psiquismo próprio. Para Freud, somente os indivíduos, mesmo em grupo, possuem propriedades psíquicas, como visto no segundo capítulo desta pesquisa, ao analisarmos o texto freudiano *Psicologia das massas e análise do Eu* (1921).

O objetivo de Fromm (1979), nas pesquisas expostas em suas obras, era compreender as normas que governam o homem individualmente e as leis sociais que moldam o indivíduo na sua existência social. Já da ótica freudiana, o indivíduo é impulsionado pela libido constante, reduzida pela liberação da satisfação, pelo prazer. O princípio do prazer, contudo, encontra-se em permanente conflito com o princípio da realidade, e o equilíbrio entre esses dois princípios é condição para a sanidade.

Para Fromm (1970), os fenômenos contemplados pela Psicologia Social devem ser compreendidos como processos que abarcam a acomodação ativa e passiva dos instintos ao contexto socioeconômico de determinado grupo social. Embora em alguns aspectos o instinto seja biológico, é modificável principalmente por fatores econômicos, e a família é o veículo principal por meio do qual a situação econômica influencia a formação da psique individual.

Nesse sentido,

> a tarefa da Psicologia Social é explicar as atitudes e ideologias psíquicas compartilhadas e socialmente relevantes – e suas razões inconscientes, em particular – em função da influência das condições econômicas sobre os impulsos da libido (Fromm, 1970, pp. 146-7).

Segundo o autor, o materialismo histórico afigura-se importante para a análise da Psicologia Social. Embora ele não seja uma teoria de cunho psicológico, apresenta algumas implicações psicológicas, pois para o materialismo histórico são os homens os autores da sua própria história. Além disso, as necessidades motivadoras das condutas e sentimentos dos homens incitam o desenvolvimento histórico e a crescente atividade econômica. No seu entender,

> em relação à Psicologia, o fator econômico desempenha um papel no materialismo histórico somente na medida em que as necessidades humanas – primordialmente, a necessidade de autopreservação – são amplamente satisfeitas através da produção de bens (Fromm, 1970, p. 149).

O materialismo histórico considera a história como resultante do processo de adaptação ativa e passiva do indivíduo, por intermédio de seu trabalho, às condições naturais circundantes. Na visão de Fromm (1987), a psicanálise pode concorrer para a percepção global do materialismo histórico, ao fornecer uma compreensão da natureza do homem, como um dos fatores operantes no laço social. Nesse sentido, a natureza humana tem o condão de modificar o processo social. As necessidades do homem o conduzem a modificar seu entorno para satisfazer suas pulsões. E ao mudar seu entorno social e natural, o homem modifica também seu aparato psíquico, com alterações no *eu* e no *superego*. Toda vez que as necessidades humanas são maiores que a possibilidade de satisfazê-las ocorre intensidade das tendências de alteração do contexto social (Fromm, 1987).

A psicanálise tem a capacidade de demonstrar que as ideologias, ou racionalizações, são resultantes de desejos, impulsos, interesses e necessidades em grande parcela inconscientes. Embora os impulsos instintivos possuam uma base biológica determinada, suas quantidades e conteúdos sofrem influência determinante da situação e classe econômica do indivíduo. Cabe à psicologia social analítica mostrar como ocorrem as interações naturais e sociais, a partir dos impulsos dos homens, considerados produtos das suas próprias ideologias, na visão marxista. Em suma, ela pode nos dar uma ampla compreensão da forma como as ideologias são fabricadas (Fromm, 1970).

Já para Reich (2001), o estudo da sociedade deve ser feito de duas perspectivas. Embora a estrutura psíquica tenha origem na existência econômica, o aspecto econômico deve ser analisado com utilização de métodos distintos daqueles usados para averiguar a estrutura do caráter. Em relação à análise econômica, devem ser utilizados métodos de economia social, enquanto para a análise do caráter devem ser empregados métodos biopsicológicos.

A psicologia social analítica proposta por Fromm (1970) investiga as raízes dos vínculos libidinais da maioria dominante na Sociedade, a fim de demonstrar nesses vínculos uma continuação ou repetição da atitude psíquica infantil dos filhos em relação aos pais, em especial na sociedade burguesa. Tal relação, no seu entender, encontra-se socialmente condicionada.

Portanto, na visão de Fromm (1984b, p. 20), seguindo a perspectiva marxista, uma psicologia social deve analisar a evolução de forças psíquicas como um "processo de interação constante entre as necessidades do homem e a realidade social e histórica de que ele participa [...] deve ser uma psicologia crítica, particularmente crítica da consciência do homem".

Para a psicologia social proposta por Fromm, existe algo que escapa ao conceito puramente marxista, pois não se cuida apenas de analisar os interesses econômicos e sociais do homem, mas também de constatar as íntimas necessidades do homem, suas paixões e finalidades em sua existência humana. A integração desses fatores – econômicos e sociais de um lado, e paixões humanas de outro – irão constituir o caráter social (Fromm, 2011b).

As observações de Fromm sobre a psicologia social analítica são importantes para compreender regimes totalitários como o nazismo. No seu entender, por exemplo, as relações com um líder proletário identificado com sua classe são distintas daquelas existentes com um *Führer* que governa com autoritarismo e onipotência. Sobre esse assunto, Fromm faz uma crítica à teoria freudiana. Embora analisasse os fatores libidinais nas relações com o líder, Freud considerou tanto o líder quanto a massa de forma abstrata, sem atentar para a situação concreta, levando em conta a universalidade dos processos psíquicos em descompasso com a realidade. Já as pesquisas realizadas por Fromm sobre os fenômenos sociais – em especial aquela realizada nos anos 1930 sobre personalidade autoritária –, têm como objeto o exame das atitudes psíquicas compartilhadas e importantes do ponto de vista social, em face da adaptação ativa e passiva dos impulsos às condições sociais e econômicas (Fromm, 1970).

A psicologia social frommiana esclarece como os traços comuns de caráter dos indivíduos podem ser influenciados pela natureza de uma sociedade da qual são integrantes, como ocorreu entre as duas grandes guerras mundiais, antes da ascensão do nazismo. A formação do caráter dos membros da sociedade envolve adaptação da estrutura libidinal a uma estrutura social. Essa influência ocorre de forma especial, inicialmente por parte da família e depois pela relação do indivíduo em sociedade. Para a adaptação ao considerado normal e saudável em uma estrutura social, existe o que Fromm (1970, p. 41) denomina de "prêmio social":

> a renovação criadora da Psicanálise só é possível se superar o seu conformismo positivista e voltar a ser uma teoria crítica e provocante, no espírito do humanismo radical. Essa Psicanálise revista conti-

nuará descendo cada vez mais profundamente no submundo do inconsciente; será uma crítica de todos os arranjos sociais que pervertem e deformam o homem; e preocupar-se-á com os processos que possam culminar na adaptação do homem à sociedade. Especificadamente, examinará os fenômenos psicológicos que constituem a patologia da sociedade contemporânea: alienação, ansiedade, solidão, o medo de sentimentos profundos, a falta de atuação, a ausência de alegria.

Da perspectiva frommiana, tais sintomas preenchem o espaço outrora ocupado pela repressão sexual no de Freud. A teoria psicanalítica deve compreender os aspectos inconscientes dos referidos sintomas, tanto no laço social, quanto na família.

3.4. Os vínculos incestuosos

Na visão de Fromm (1963), Freud, ao considerar maior relevância ao aspecto sexual do desejo incestuoso, vê no desejo da criança alguma coisa natural em si mesma. Por isso, Freud desvia-se da verdadeira questão relativa à profundidade e à intensidade do vínculo afetivo e irracional com a mãe, ou seja, do desejo de retornar ao útero materno, de permanecer uma parte da mãe e do medo de deixá-la totalmente. Pela teoria freudiana, segundo o complexo de Édipo, o desejo incestuoso é impedido de satisfação pela presença do pai, considerado rival da criança. Para Fromm (1963), contudo, o desejo incestuoso apresenta-se como oposição às exigências da vida adulta.

Dessa perspectiva, o vínculo incestuoso com a mãe pressupõe não somente o anseio pelo seu amor, como também o temor dela, porquanto esse temor é o resultado da dependência que debilita a força e impede a independência do indivíduo (Fromm, 1964). Enquanto para Marx o problema da independência conduz à crítica à sociedade burguesa, para Freud, a questão da autonomia está relacionada diretamente à sua teoria do complexo de Édipo. Como observa Fromm (1978b, p. 122),

Freud, acreditando que o caminho da sanidade mental está na superação incestuosa em relação à mãe, afirmou que a saúde mental e a maturidade são baseadas na emancipação e independência. Mas para ele esse processo era iniciado pelo medo da castração do pai, e terminava incorporando as ordens e proibições paternas no próprio eu (superego). Por isso, a independência continuava parcial (ou seja, apenas em relação à mãe); a dependência do pai e das autoridades sociais continuava, através do superego.

Em *Totem e tabu* (1913), como vimos no primeiro capítulo, Freud considera um passo fundamental, para a passagem da vida primitiva para a civilizada, a rebelião dos filhos e o consequente assassinato do pai da horda primitiva. A partir daí, os filhos estabelecem um pacto segundo o qual são proibidos assassinatos contra os rivais e o incesto. No complexo de Édipo, conclui Fromm (1979), a criança segue um caminho semelhante.

Como observa Fromm, para Freud, existe no ser humano, na sequência de seu desenvolvimento, uma orientação oral-receptiva, seguida da oral-agressiva e desta para a sadicoanal. A patologia mais séria ocorre quando há uma fixação primitiva de uma dessas fases; no entanto, da perspectiva frommiana, cada uma dessas orientações tem diversos níveis de regressão, variando do normal ao mais primitivo e patológico. Por isso, Fromm sugere determinar a patologia segundo o grau de regressão em cada orientação (orientação oral-receptiva, oral-agressiva ou sadicoanal). Quanto mais intensa e profunda a regressão, mais essas orientações tenderiam a convergir. Em caso extremo, "elas convergiriam para formar a síndrome de deterioração, como ocorreu em relação a Hitler, extremamente narcisista e profundamente atraído pela morte e pela destruição" (Fromm, 1967, p. 120).

Se por um lado o nascimento implica deixar a proteção do ventre materno, por outro, crescer significa sair da esfera da proteção materna. Na vida adulta, contudo, não desaparece inteiramente a nostalgia dessa situação de proteção experimentada,

mesmo considerada a grande distinção entre a criança e o adulto (Fromm, 1963).
Segundo Fromm (1995, p. 30),

> a *união simbiótica* tem seu modelo biológico na relação entre a mãe grávida e o feto. São dois e, contudo, um. Vivem "juntos" (sym-bio-sis), necessitam um do outro. O feto é a parte da mãe, recebe dela tudo de que necessita; a mãe é seu mundo, em suma: alimenta-o, protege-o, mas também a própria vida dela é acrescida por ele. Na união simbiótica *psíquica*, os dois corpos são independentes, mas a mesma espécie de ligação existe psicologicamente.

Na vida adulta, a simbiose incestuosa produz resultados semelhantes aos da necrofilia e do narcisismo excessivo. A mãe representa a primeira personificação do poder, que transmite segurança por assegurar a grande certeza, embora não seja a única a desempenhar esse papel. Posteriormente, durante o desenvolvimento da criança, sua relação de proteção com a mãe é substituída pela família ou por todos os que compartilham do mesmo sangue e do mesmo solo. Ulteriormente, quando ocorre a extensão do grupo, a raça, a nação, a religião ou até mesmo os partidos políticos transformam-se em "mães", representando a garantia de amor e proteção (Fromm, 1967). A exemplo do que ocorreu no nacional-socialismo, são considerados humanos os que partilham do mesmo solo ou do mesmo sangue, enquanto o estranho é visto como um bárbaro ou inimigo.

Constatamos, portanto, que na visão de Fromm o desejo incestuoso não recebe sua energia da atração sexual pela mãe, mas sim da ânsia de continuar sob sua proteção simbólica no ventre materno ou de permanecer recebendo os nutritivos do seio materno. A relação com a mãe, contudo, é somente a forma mais embrionária de todos os vínculos sanguíneos, que proporcionam ao indivíduo a sensação de pertencimento a determinado grupo. Isso porque a pessoa que não pertence ao grupo é por este considerada estranha e perigosa. Por esses motivos, Fromm enxerga no nazismo um exemplo significativo de fixação incestuosa, não só pelo seu caráter idolátrico, como também pela exclusão de outras nações estranhas ao nacional-socialismo.

Esse sistema político teve também grande acolhida por proporcionar aos seus simpatizantes a sensação de pertencimento e de segurança. Para escapar do medo do isolamento, o homem encontrou refúgio na idolatria do sangue e do solo, cuja expressão significativa foi justamente o nacional-socialismo, alicerçado no racismo (Fromm, 1963). A esse respeito, cabe destacar que Hitler, antes de liderar esse regime, era uma pessoa desprovida de raízes e de pertencimento a determinada classe social. Não se identificava com a classe operária, nem com a burguesia. Era um indivíduo psicologicamente e sociologicamente solitário. Por isso, as únicas raízes que conseguiu experimentar com o regime nazista foram relacionadas à raça e ao sangue ariano (Fromm, 1975b).

Todavia, se por um lado o nazismo proporcionava sensação de segurança para a grande massa da população ariana, por outro, fazia com que cada indivíduo se sentisse insignificante diante das metas almejadas pelo sistema político. Cada um foi conduzido a projetar todos os seus poderes na figura do *Führer*, transformado em objeto de adoração, perante o qual todos tinham de submeter-se (Fromm, 1963).

Nesse contexto, o chefe idolatrado reveste-se de suma importância, por representar a supremacia de valores humanos, além de propiciar à massa o desejo de retorno para a terra-mãe, de posse, de fama e de poder, como substituto da família. O apego à submissão ao líder afigura-se incompatível com a autonomia do indivíduo, que transfere para o *Führer* suas qualidades e paixões, em uma relação de dependência absoluta (Fromm, 1975b).

Em oposição a essa visão simbiótica, Fromm faz referência ao amor amadurecido, no qual ocorre uma união entre dois seres, com a preservação da individualidade de cada um. O amor supera o sentimento de isolamento. Conforme conclui, "no amor, ocorre o paradoxo de que dois seres sejam um e, contudo, permanecem dois" (1995, p. 32).

3.5. As tendências destrutivas e o nazismo

Fromm (1974) comenta também a diferença entre o seu pensamento e o de Freud a respeito das tendências destrutivas. Para ele, Freud constatou não ter dado a devida importância aos impulsos destrutivos na sua hipótese original, segundo a qual as motivações fundamentais do comportamento do homem eram o impulso sexual e o de conservação. Por isso, Freud,

> acreditando, posteriormente, que as tendências destrutivas eram tão importantes quanto as sexuais, passou a imaginar que há dois anelos básicos encontrados no homem: um impulso dirigido para a vida e que é mais ou menos idêntico à libido sexual, e um instinto de morte, cuja meta é a destruição mesma da vida. Supôs que o último pudesse misturar-se com a energia sexual e voltar-se contra o próprio *eu* ou contra objetos extrínsecos ao *eu*. Presumiu, ainda, que o instinto de morte está implantado em uma qualidade biológica intrínseca a todos os organismos vivos e, portanto, parte necessária e imutável da vida (Fromm, 1974, p. 148).

Como conclui Fromm (1970), em 1920 houve uma transformação teórica em Freud – certamente decorrente das práticas cruéis e desumanas verificadas na Primeira Guerra Mundial. O conflito básico entre o *eu* e os impulsos libidinais transformou-se em conflito entre instintos de vida e de morte, acatado como origem da destrutividade humana, conduzida tanto contra o próprio indivíduo quanto para objetos externos. Enquanto o instinto de vida busca a integração e a união, o de morte almeja a desintegração e a destruição. Tais impulsos não estão mais localizados em qualquer zona do organismo, porquanto operam sem nenhuma estimulação orgânica especial.

Da ótica freudiana, esses instintos estão em permanente conflito e se embaralham reciprocamente, com a vitória final do instinto de morte. O homem, como campo de batalha desse conflito, nunca consegue se libertar da sinistra opção de destruir os outros e a si próprio. Na antiga teoria freudiana, a agressão era fator importante, embora submissa aos impulsos da libido e de autopreservação. Já na nova teoria, a destrutividade se encontra em oposição aos impulsos da libido e do *eu* (Fromm, 1970).

Para Fromm (1974), a hipótese freudiana do instinto de morte, por um lado, merece acolhida, por considerar o poder das tendências destrutivas, negligenciadas anteriormente nas teorias do pai da psicanálise. Por outro lado, de forma diversa da ótica freudiana, Fromm visualiza grande variação não só a respeito do peso da destrutividade entre os indivíduos de uma cultura determinada, como também do grau de destrutividade em diferentes grupos sociais. A título de exemplo, foi mais relevante para a ascensão do nazismo o peso da destrutividade na classe média inferior na Europa do que nas camadas superiores da sociedade e na classe operária (Fromm, 1974).

Sobre o assunto, como ressalta Rouanet (2001), da perspectiva frommiana, a estrutura libidinal de uma sociedade não é independente das relações de poder. Essa estrutura é resultante da ação exercida pelo contexto econômico que atua sobre as tendências pulsionais. É ela que impõe os vínculos afetivos entre as classes dirigentes, que conduzem as classes oprimidas a aceitar a submissão. É essa estrutura que irá determinar historicamente o caráter dos indivíduos de uma camada social.

Reich (2001), por sua vez, menciona a revolta e, ao mesmo tempo, o respeito e a submissão em relação à autoridade, como características básicas da classe média baixa, formada por indivíduos economicamente precários. No seu entender, o nacional-socialismo pode ser considerado um movimento dessa classe social, contrária à grande empresa e ao capitalismo.

Fromm (1974) também sustenta a variação do grau de destrutividade em cada indivíduo, de forma proporcional à intensidade com que sua vida foi dificultada, ou seja, proporcional ao impedimento do desenvolvimento e extensão das capacidades do homem, em seus aspectos sensuais, intelectuais e emocionais. Dessa perspectiva, a destrutividade manifesta-se como resultante de uma vida não vivida. Para ele, se considerada a ótica freudiana, teríamos de aceitar a presença de uma destrutividade constante contra os outros e contra si mesmo; no entanto, conforme percebemos, pelas observações de Fromm, o grau de destrutividade varia de indivíduo para indivíduo e entre grupos sociais distintos[4].

Fromm discorda da hipótese freudiana da presença dos instintos de vida e morte em cada indivíduo, ao concordar com a suposição defendida por muitos biólogos e filósofos, como Spinoza, no sentido de que todo homem possui uma qualidade inerente a toda substância viva, qual seja, perseverar na existência e lutar contra a morte. Somente raras vezes o homem se volta para a autodestruição. No seu entender, "unificação e crescimento integrado são característicos de todos os processos vitais, não só no atinente a células, mas também com referência a sentimentos e pensamentos" (Fromm, 1967, p. 49). No entanto, curiosamente, o próprio autor admite a presença na maioria das pessoas de orientações tanto biofílicas quanto alicerçadas na necrofilia, importando apenas qual dessas orientações afigura-se dominante. Naqueles nos quais a orientação para necrofilia predomina, vagarosamente terão suprimido o aspecto baseado na biofilia (Fromm, 1967).

Diferentemente da teoria freudiana, Fromm sustenta a contradição, presente entre Eros e a destruição, decorrente de uma dualidade existente no homem e não como dois instintos inerentes e biológicos. Para ele, existe no indivíduo a perseverança em direção à vida. Sua contradição surge quando o indivíduo falha nesse objetivo. No seu entender (1967, p. 54),

....

4. A respeito da destrutividade, como fundamento psicológico para o fascismo, assim se manifesta Adorno (1946, p. 5): "os programas são vagos e abstratos, as realizações, espúrias e ilusórias, porque a promessa expressa pela oratória nazista não é senão a própria destruição. Não é acidental que todos os agitadores fascistas repitam que catástrofes de algum tipo estão para acontecer. Embora eles alertem sobre o perigo iminente, parece que eles e seus ouvintes excitam-se com a ideia do destino inevitável, sem sequer distinguir claramente entre a destruição de seus inimigos e a sua".

o instinto de morte representa *Psicopatologia* e não, como na opinião de Freud, parte da Biologia normal. O instinto de vida, pois, constitui a potencialidade primária do homem; a de morte, uma potencialidade secundária. A potencialidade primária desenvolve-se se estiverem presentes as condições apropriadas à vida.

Assim, como observa Jay (2008, p. 148), ao analisar o pensamento de Fromm, "se não existia um impulso inato para destruir, então o sonho dos profetas hebreus – aquela 'visão da paz universal e da harmonia entre as nações', que emocionara tão profundamente o jovem Fromm – poderia ser alcançado".

Há, portanto, uma oposição entre o amor à vida, biologicamente normal, e o amor à morte, como uma perversão patológica. O que vai importar é a intensidade da biofilia e da necrofilia. Conquanto a maioria das pessoas não seja amante da morte, em momento de crise "podem cair sob a influência dos slogans e ideologias daqueles que, evidentemente, encobrem e racionalizam o seu verdadeiro anseio: o de destruição" (Fromm, 1970, p. 191). Isso pode explicar em parte por que a massa da população ariana, em momento de crise econômica e social – *em especial a partir da década de 1920* – foi atraída pela propaganda e pela ideologia do nacional-socialismo, responsável pela destrutividade.

Fromm (1967) menciona a relação dos conceitos freudianos, de caráter sadicoanal e de instinto de morte, com a necrofilia, do ponto de vista psicanalítico. No seu entender, os necrófilos, cujo exemplo puro é a pessoa de Hitler, gostam da morte e são fascinados pela destruição. Embora Hitler demonstrasse, durante os anos de sucesso do nazismo, seu interesse pela destruição exclusiva dos inimigos, esse objetivo destrutivo estendeu-se para o povo alemão, para aqueles que o rodeavam e para si próprio, no momento de declínio:

> a influência de homens como Hitler e Stalin reside exatamente em sua ilimitada capacidade e disposição para matar. Por isso foram eles amados pelos

necrófilos. Quanto aos restantes, muitos os temiam, e preferiram admirar em vez de tomar consciência de seu medo; muitos outros não sentiram a qualidade necrófila daqueles líderes, e viram neles os construtores, salvadores, bons pais (Fromm, 1967, p. 43).

Sobre a necrofilia, Fromm comenta como ocorreram a ordem e as mortes burocráticas nos campos de extermínio, nos quais as vítimas incapazes de realizar tarefas úteis eram selecionadas e encaminhadas para as câmaras de gás, sob o pretexto de que se tratava de uma finalidade higiênica. Havia um processamento metódico das vítimas, e os carrascos não precisavam presenciar as mortes, nem tinham de matar com as próprias mãos. Nesse processo técnico, desapareciam os limites da destruição, porquanto ninguém destrói de forma direta, ao utilizar somente máquinas com fins programados (Fromm, 1975b). Como exemplo, os campos de Auschwitz, nos quais um grupo de judeus, subjugados, tinha a incumbência da gestão das câmaras e dos fornos crematórios. Segundo Agamben (2008, p. 34):

> Eles deviam levar os prisioneiros nus à morte nas câmaras de gás e manter a ordem entre os mesmos; depois arrastar para fora os cadáveres, manchados de rosa e de verde em razão do ácido cianídrico, lavando-os com jatos de água; verificar se nos orifícios dos corpos não estavam escondidos objetos preciosos; arrancar os dentes de ouro dos maxilares; cortar os cabelos das mulheres e lavá-los com cloreto de amônia; transportar depois os cadáveres até os fornos crematórios e cuidar da sua combustão; e, finalmente, tirar as cinzas residuais dos fornos.

Considerado o ponto de vista de Fromm, constatamos a importância, para a manutenção do regime nazista, da existência de pessoas intensamente necrófilas, impregnadas de ódio, que se manifestam favoráveis às guerras e à destruição em massa, como ocorreu em relação ao extermínio de judeus nos campos de concentração. Sem a presença de líderes e submissos com caráter necrófilo, um sistema político baseado no terror não tem o condão de sobreviver, pois normalmente o ser humano tem uma tendência natural para a biofilia e não para a destruição (Fromm, 1975b).

Dentre as condições propícias à biofilia, aptas a afastar a necrofilia, Fromm destaca as seguintes (1967, pp. 55-6):

> Contato afetuoso e cordial com outras pessoas durante a infância; liberdade, e ausência de ameaças; ensino – antes pelo exemplo do que por sermões – dos princípios conducentes à harmonia e vigor interior; orientação na "arte de viver"; influências estimuladoras dos outros e reação a estes; um estilo de vida que seja genuinamente interessante.

Para ele, o amor à vida, em oposição à necrofilia, se desenvolverá em um contexto social no qual haja segurança, justiça e liberdade, segundo o qual cada indivíduo possui a possibilidade de tornar-se ativo e responsável na sociedade, em vez de autômato. Em contrapartida, podemos concluir que um ambiente totalitário, como o do nacional-socialismo, propicia o crescimento da necrofilia e, consequentemente, das tendências destrutivas.

A questão central é a oposição entre a biofilia e a necrofilia como alternativas e não como duas tendências biológicas paralelas, segundo a teoria freudiana. A necrofilia e a biofilia encontram-se frequentemente juntas no mesmo indivíduo. O que importa é a intensidade de cada uma. Para Fromm (1970, p. 191),

> a maioria das pessoas não é amante da morte. Mas elas podem ser influenciadas, especialmente em épocas de crise, pelos necrófilos desesperados – e os amantes da morte são sempre desesperados. As pessoas podem cair sob a influência dos slogans e ideologias daqueles que, evidentemente, encobrem e racionali-

zam seu verdadeiro anseio: o de destruição. Os amantes da morte falam em nome da honra, da ordem, da propriedade, do passado; mas, por vezes, também em nome do futuro, ou da liberdade e justiça. A Psicanálise nos ensina a sermos céticos sobre o que um homem diz, porque as suas palavras revelam usualmente, na melhor das hipóteses, apenas a sua consciência; e nos ensina a ler nas entrelinhas, a ouvir com o "terceiro ouvido", a ler no rosto dele, nos seus gestos e em cada expressão do seu corpo.

A psicanálise pode também nos ajudar a identificar os necrófilos, por meio de suas máscaras e ideologias, bem como a conhecê-los como realmente são e não através de seus discursos. Por isso, acreditamos na importância da contribuição psicanalítica para compreender o nazismo e identificar a ideologia destrutiva defendida por chefes autoritários.

3.6. A necrofilia em Eichmann

Fromm (1967) destaca que o necrófilo é, em regra, organizado, obsessivo, frio e presunçoso. Sua característica fundamental é seu amor pela morte e pela destruição, e não pela vida (biofilia). Ele nos dá o exemplo do fascínio pela ordem e as mortes burocráticas por parte de Eichmann, cujos valores supremos eram a obediência hierárquica e o perfeito funcionamento da organização nazista. Eichmann dirigiu o transporte de judeus em trens para os campos de extermínio como teria transportado mercadorias, sem qualquer preocupação de conduzir seres humanos para a morte. Por isso, como conclui o autor, não há relevância em saber se Eichmann odiava ou não as vítimas do Holocausto. Na visão de Hannah Arendt (1999, p. 165), o importante para Eichmann era cumprir seu dever e obedecer às ordens e às leis, representadas pelas palavras do *Führer*, cujos pronunciamentos orais eram "as leis do mundo".

Segundo Fromm (1969, p. 178),

> Eichmann tornou-se subitamente mais "compreensível", um "ser humano" mais ou menos "conhecido". Na verdade, Eichmann tornou-se mais humano porque podemos reconhecer nele o mesmo desumanismo que existe em nós. Essa nova forma de inumanidade, qualquer que seja a opinião sobre Eichmann como indivíduo, não é a crueldade nem a destrutividade. É mais inumana do que isso, embora talvez mais inocente se essa fosse a palavra. É a atitude de completa indiferença e falta de preocupação; é a atitude de burocratização total que administra homens como se fossem coisas.

Essa visão de Fromm a respeito de Eichmann, sobre sua indiferença e burocratização de suas condutas, antes do julgamento desse comandante nazista, em Jerusalém, parece antecipar o conceito de Hannah Arendt, de *banalidade do mal*, como veremos.

Posteriormente, Fromm acrescentou o seguinte (1984a, p. 17):

> O caso de Adolf Eichmann é simbólico de nossa situação e tem um significado que vai muito além daquele com que se preocuparam seus acusadores no tribunal de Jerusalém. Eichmann é um símbolo do homem da organização, do burocrata alienado para quem homens, mulheres e crianças se transformaram em números [...] o homem da organização perdeu a capacidade de desobedecer e nem sequer tem consciência do fato de que obedece. Nesse ponto da história, a capacidade de duvidar, de criticar e de desobedecer talvez seja tudo o que se coloca entre o futuro da humanidade e o término da civilização.

Conforme comentamos, essas interpretações de Fromm a respeito de Eichmann aproximam-se do entendimento de Hannah Arendt, que formulou seu conceito sobre a *banalidade do mal*, inicialmente exposto em sua obra publicada em 1963, baseada no julgamento de Adolf Eichmann em Jerusalém. Segundo a autora (1999), Eichmann se recordava de ficar com a consciência pesada quando não cumpria a ordem recebida, de embarcar para a morte nos campos de extermínio, com cuidado meticuloso, milhões de pessoas, incluindo crianças. O que acalmava sua consciência era constatar que não havia absolutamente ninguém contrário à *solução final*.

Assim como Eichmann, o *Kommandant* do campo de Auschwitz, Rudolf Höss, também agia como um cumpridor atento das ordens superiores. Era capaz de conciliar dois aspectos aparentemente opostos de sua vida. Podia acompanhar as execuções em massa de judeus nas câmaras de gás e, logo depois, em sua residência nas proximidades, jantar em casa com a mulher e os filhos, aos quais se dedicava como um bom pai, como se nada tivesse acontecido (Harding, 2014). Em Nuremberg, em 1946, ao ser indagado pelo major e psiquiatra Leo Goldensohn, se estava angustiado sobre sua conduta em Auschwitz, Rudolf Höss respondeu ter achado que agira corretamente, pois apenas obedecia às ordens e não havia matado ninguém pessoalmente. Conforme acrescentou: "Eu era apenas o diretor do programa de Auschwitz. Foi Hitler quem ordenou, por intermédio de Himmler, e foi Eichmann quem me deu as ordens quanto aos transportes" (Harding, 2014, p. 234). Em sua última carta à esposa, antes de ser executado, Höss reconheceu ter sido "engrenagem na monstruosa maquinaria alemã de destruição", bem como "um autômato que obedecia cegamente a qualquer ordem" (Harding, 2014, p. 246).

Em sua obra anterior, *Origens do totalitarismo* (1951), Arendt havia acolhido o conceito kantiano do "mal radical", inato, baseado na superfluidade de alguns indivíduos, verificado nos campos de extermínio. Na visão kantiana, no mal radical o indivíduo não segue a lei moral e opta consistentemente pela imoralidade. Porém, a partir da análise de Eichmann, no julgamento de Jerusalém, ela constatou que o totalitarismo não produz necessariamente monstros, mas sim indivíduos incapazes de refletir e de pensar por si próprios, bem como incapazes de compreender a imoralidade de suas condutas. Seguem apenas as normas estabelecidas pelo regime nazista, sem refletir sobre suas ações. Essa situação foi denominada por Arendt de "banalidade do mal", pois Eichmann foi cegamente guiado pela ideologia nazista, sem refletir sobre suas ações (Fry, 2010). Em relação a ele, houve o que Adorno e Horkheimer (1985) mencionam como a perda do objeto da consciência moral, na qual a responsabilidade por si e pelos outros é substituída por sua colaboração e contribuição ao regime.

Para Hannah Arendt (2007d), a partir do julgamento de Eichmann, o mal jamais é radical, apenas extremo. Não tem profundidade, nem dimensão demoníaca, mas se espalha como um micróbio pela superfície. O raciocínio vê-se frustrado porque não há nada de profundo nesse mal. Só existe a banalidade. Somente o bem é dotado de profundidade e pode ser radical (1963b). Conforme acrescenta, só podemos resistir ao mal se formos capazes de não nos deixar arrastar pela superfície das coisas e se formos capazes de pensar e de refletir. Por isso, quanto mais superficial for uma pessoa, mas probabilidade terá de ser agarrada pelo mal (1963c).

Segundo a autora (1963a), Eichmann não era um monstro. Muitos eram, como ele, "assustadoramente normais", o que tornava sua ação apavorante, pois praticava seus delitos em circunstâncias que o impossibilitavam saber ou sentir que agia de modo incorreto. Ele jamais percebeu o que fazia.

Luiz Meyer, em seu escrito *Mente totalitária* (2013), ao analisar a distinção entre mal radical e banalidade do mal, exposta por Hannah Arendt, explica que o mal radical está arrimado na onipotência individual – em descompasso com a verificação fática – dos condutores e mentores do regime. Já o mal banal, praticado pelos seguidores do regime, caracterizar-se-ia como forma de ausência de pensamento e entrega da própria mente – incluída a memória e a capacidade de reflexão – ao *Führer* e ao regime. Meyer (2013, pp. 5-6), contudo, considerava redutiva a divisão entre mal radical e banal,

> pois na verdade a estrutura totalitária funciona concentricamente, organizando seus membros em ca-

madas circulares que vão se sobrepondo, de modo que para cada uma delas há sempre outra que a procede e sucede. Assim, os mentores da camada mais central, praticantes do mal *radical*, terão seus seguidores, praticantes do mal *banal*, aqueles que compõem a camada imediatamente subsequente. Mas estes, por sua vez, serão a representação do mal radical para a camada que vem logo a seguir. Tudo se passa como se a brutalidade do escalão que compõe cada círculo de mal *radical* pudesse ser relativizada pela presença vizinha do mal *banal*. Na verdade trata-se de uma manobra que visa dissolver responsabilidades já que é a articulação das duas modalidades, funcionando harmonicamente, que mantém a eficácia do sistema.

O *Führer* e os mentores e líderes nazistas seriam portadores do *mal radical*, enquanto os subordinados, encarregados de toda a máquina burocrática de destruição, embora tivessem também tarefas relevantes para o regime totalitário, representariam a banalidade do mal. Assim, a visão de Meyer sobre Eichmann – *incumbido do transporte organizado de judeus para os campos de extermínio* – encontra-se em consonância com o conceito de Hannah Arendt de *mal banal*.

A respeito desse conceito de Hannah Arendt, Conrado Ramos (2015) questiona se a psicanálise não poderia ir além da concepção de banalidade do mal para investigar o gozo dos nazistas no sistema burocrático de desumanização e de destruição. No mesmo sentido, é o pensamento já comentado de Noemi Jaffe (2012), para quem, nos meios de destruição, havia prazer e verdade por parte dos nazistas ativos. Essa ideia afigura-se em consonância com a ótica de Adorno e Horkheimer, segundo a qual os meios de destruição e o ódio tornam-se *fetichizados* e absorvem o prazer, em detrimento dos objetivos, circunstância provocada pela formalização da razão, como "mera expressão intelectual do modo de produção maquinal" (1985, p. 87).

Renato Mezan (2011a, p. 270), por sua vez, chama a atenção para a necessidade de distinguir entre a massa que seguiu a liderança política e os membros do partido nazista, sobretudo os encarregados de executar as ordens de Hitler, consideradas legislação suprema no Terceiro Reich. Para o autor, a "mola secreta do delírio nazista", de maneira diversa de outros regimes totalitários, reside na "erotização da morte". No seu entender,

> a morte – dos outros e de si mesmo – é assim o centro em torno do qual gravita a ideologia nazista: o discurso sobre o sangue e a raça, que pareceria apelar às forças da vida, na verdade oculta um fascínio por ela, o qual, graças à organização impecável do aparelho de matar, produziu em poucos anos setenta milhões de cadáveres (Mezan, 2011a, p. 272).

Conforme conclui, "a erotização da morte serviu de veículo dos impulsos agressivos e como escudo para se defender das ameaças vislumbradas em toda e qualquer alteridade – política, ideológica, ética, qualquer uma" (Mezan, 2011a, p. 273). Como podemos constatar, essa erotização da morte se aproxima do conceito de necrofilia, de Erich Fromm, qual seja, o amor e o fascínio pela morte, em prejuízo da biofilia, do amor pela vida.

3.7. As relações entre o narcisismo e o nazismo

A análise que Fromm (1967) faz do narcisismo parte do conceito de Freud acerca do narcisismo primário, no qual a criança não possui relação com o mundo exterior. Na evolução normal, ela passa a ampliar suas relações com o mundo externo. Em muitos casos, a relação libidinosa com objetos externos retorna novamente para o *eu*, configurando o narcisismo secundário. Nos casos mais graves de narcisismo secundário, a situação do adulto se equipara à do bebê. Enquanto para o bebê o mundo externo ainda não surge como real, para a pessoa insana o mundo externo deixou de ser

real. Fromm compara essa situação com a ilusão paranoide, segundo a qual emoções subjetivas, como medo ou desconfiança, tornam-se objetivas para o paranoico.
Segundo Fromm (1963, p. 47),

> o narcisismo primário é um fenômeno normal, harmonioso com o desenvolvimento fisiológico e mental normal da criança. Mas o narcisismo também existe em períodos posteriores da vida (*narcisismo secundário*, segundo Freud), se a criança em crescimento malogra em desenvolver a capacidade para amar, ou torna a perdê-la.

De acordo com a explicação frommiana, o conceito de narcisismo tem sido utilizado também com referência à personalidade normal ou para a personalidade neurótica, nos casos em que a experiência do indivíduo, seu corpo, seus anseios, seus sentimentos e atributos são sentidos como reais, enquanto os demais indivíduos e tudo aquilo que não faça parte de sua pessoa não são interessantes, nem considerados reais ou importantes. Fromm (1975b, p. 273) afirma:

> Frequentemente, a pessoa narcisista consegue um senso de segurança em sua convicção subjetiva quanto à sua perfeição, à sua personalidade sobre os outros, às suas qualidades extraordinárias, e não como resultado de seu relacionamento com os outros ou através de qualquer trabalho real ou realização devida apenas a seus méritos.

Essa convicção íntima relaciona-se com sua própria identificação, motivo pelo qual a pessoa se sente profundamente comprometida em sua identidade se seu narcisismo está ameaçado. Nesse caso, ela reage com intenso ódio ou raiva. Para a pessoa narcísica,

> o único setor que parece inteiramente real para ele é sua própria pessoa. Seus sentimentos, pensamen-

tos, ambições, desejos, corpo, família, tudo o que ele ou ela é, ou que lhe pertence. O que pensa é verdadeiro porque o pensa e até suas más qualidades são belas porque são suas. Tudo o que se relaciona com ele ou ela tem cor e plena realidade. Tudo o mais, coisas e pessoas, é pardacento, feio, sem cor e quase inexistente (Fromm, 1980, p. 45).

O autor observa elevado grau de narcisismo entre líderes políticos, em especial aqueles que atuam sobre as grandes massas. Como ele se sente intimamente convicto da sua grandiosidade e de sua missão – embora não efetivamente comprovadas como ser humano –, apresenta-se seguro perante a massa da população, atraída pela segurança e certeza das ações desse líder, como ocorreu com Hitler, que necessitava de reconhecimento e aplausos para satisfação de seu equilíbrio psíquico (Fromm, 1975b). Em regra,

> o atrativo da pessoa narcísica reside no fato de retratar ela uma imagem do que a pessoa comum gostaria de ser: é segura de si mesma, não alimenta dúvidas, sente-se sempre senhora da situação. A pessoa comum, em contrapartida, não possui essa certeza, está frequentemente assediada de dúvidas e é propensa a admirar os outros como superiores a ela. A pessoa narcisista é, por assim dizer, o que a pessoa comum quer ser (Fromm, 1980, p. 45).

Da perspectiva frommiana, é importante, também, estabelecer distinção entre o narcisismo compatível com a cooperação social e com o grau necessariamente biológico de sobrevivência, e o narcisismo exacerbado. É possível ainda transferir o narcisismo individual para o grupo, para a nação e para a religião. Nesse caso, o objeto do narcisismo é o grupo ao qual o indivíduo pertence. Sua afirmação de que seu país, sua nação e seu grupo são os mais importantes e maravilhosos não soa insana, pois demonstra um ato de lealdade e patriotismo, além de parecer uma avaliação real e racional, pois encontra eco na grande massa que compõe o grupo. Para tanto, a propaganda ideológica do nazismo é de suma importância social. Além disso, por um lado, o narcisismo em grupo propicia sua coesão interna e sentimentos de solidariedade entre seus membros, enquanto o grupo adversário é desvalorizado e se torna objeto de toda hostilidade agressiva[5]. Por outro, produz satisfação para seus integrantes, em especial em relação àqueles que, individualmente, não teriam motivos para se sentir orgulhosos ou valorizados. Dessa ótica, segundo Fromm (1975b, p. 276),

> as classes sociais que usufruem mais a vida são menos fanáticas (o fanatismo é uma qualificação característica do narcisismo em grupo) do que aquelas que, como as camadas mais baixas da classe média, sofrem de escassez em todas as áreas materiais e culturais e levam uma vida de tédio permanente.

Fromm (1967) menciona Hitler como exemplo de pessoa extremamente narcísica, que certamente teria desenvolvido uma psicose caso não tivesse sucesso em convencer milhões de pessoas da sua autoimagem vitoriosa. Hitler era pessoa interessada em si, nos seus desejos e na sua vontade. Os objetos externos só tinham importância na medida em que eram úteis aos seus esquemas e desejos. Suas fantasias foram levadas muito a sério, a ponto de transformar a realidade externa sobre o milênio do Terceiro Reich para

---

5. A esse respeito, na interpretação de Adorno (1951, p. 181), "o *ganho* narcisista fornecido pela propaganda fascista é óbvio. Ela sugere continuamente, e às vezes de maneiras bastante maliciosas, que o seguidor, simplesmente por pertencer ao *in-group*, é superior, melhor e mais puro que aqueles que estão excluídos. Ao mesmo tempo, qualquer tipo de crítica ou autoconsciência é ressentida como uma perda narcísica e provoca fúria. Isso explica a reação violenta de todo fascista contra o que julga *zersetzend*, aquilo que desmascara seus próprios valores obstinadamente mantidos, e também a hostilidade das pessoas preconceituosas contra qualquer tipo de introspecção. Concomitantemente, a concentração de hostilidade no *out-group* elimina a intolerância no interior do grupo, com o qual a relação, de outro modo, seria altamente ambivalente".

adaptar-se ao seu subjetivismo. Hitler conseguia impressionar a grande massa da população, proporcionando-lhe uma sensação de certeza acerca do conteúdo de seus discursos, os quais eram considerados razoáveis, por serem acolhidos por milhões de pessoas, embora não fossem dotados de racionalidade. Por isso, não se pode afastar os dons de Hitler de conduzir a massa da população a compartilhar de suas ideias e ilusões. Seus dons não são observados em pessoas comuns (Fromm, 1967)[6], o que explica a exaltação de milhões de pessoas, que visualizaram em Hitler a figura do redentor e salvador da Alemanha, nele depositando todas as esperanças.

Sobre esse assunto, o pensamento de Renato Mezan (2011a, p. 269):

> Um dos maiores sucessos de Hitler foi ter compreendido que as massas desesperadas, como as que vagueavam pela Alemanha após a derrota na guerra de 1914, seriam presa fácil de alguém que soubesse mobilizar seus temores mais profundos, e ao mesmo tempo oferecer garantias de que eles não se realizariam, porque o Pai não permitiria. A retórica do ditador, secundada pelas demonstrações de que segui-lo significa se beneficiar da ordem e de segurança (desfiles a passo de ganso, coreografia milimetricamente estudada para produzir o maior efeito, bandeiras desfraldadas nas manifestações, como vemos no documentário *Triunfo da vontade*, de Leni Riefenstahl), cumpria exatamente essa função.

---

6. Para Adorno (1946, p. 3), "o caráter fictício da oratória propagandista, a distância entre a personalidade do locutor e o conteúdo e caráter de seus proferimentos são próprios do papel cerimonial por ele assumido e dele esperado. Entretanto tal cerimônia é simplesmente a revelação simbólica de identidade que os ouvintes sentem e pensam, mas não podem expressar. Realmente o que eles querem que ele faça não é convencê-los, nem, em essência, levá-los ao frenesi, mas, antes, ter suas próprias mentes reveladas". Conforme acrescenta (1946, p. 5), "a concordância de sentimentos e opiniões entre o locutor e o ouvinte, acima mencionada, é estabelecida pela insinuação, que, assim, serve para confirmar a identidade entre o chefe e seus seguidores".

Além de uma pessoa extremamente narcísica, sadomasoquista e destrutiva, Hitler era um político hábil e possuía dons e capacidades que poderiam explicar seu sucesso. Seu poder de impressionar, convencer e influenciar as pessoas o transformou em um dos oradores mais populares de Munique antes da ascensão do nacional-socialismo. Sua memória privilegiada, capaz de lembrar-se de dados técnicos detalhados, impressionava seus generais. Embora o Talmude seja uma obra extensa e difícil, Hitler era capaz de lembrar-se de sentenças dele retiradas para alicerçar sua versão antissemita, dando a impressão de ser um profundo conhecedor desse texto. Na verdade, sua intenção com a leitura de várias passagens de livros não era a de adquirir conhecimento, mas sim de persuadir um grande número de pessoas (Fromm, 1975b).

Todavia, uma pessoa extremamente narcisista, como Hitler, embora possuísse uma inteligência manipulativa, foi passível de cometer erros cruciais e equívocos, porque seu narcisismo o conduziu a superestimar seus desejos e pensamentos, afastando-se da realidade. Nesse aspecto, aproximou-se da explicação de Fromm, no sentido que a pessoa narcísica tende a imaginar que o resultado já foi alcançado, porque ele era o resultado de sua vontade e de seu pensamento. Além disso, uma pessoa narcísica glorifica-se e não tem capacidade de ver seus defeitos e limitações (Fromm, 1980).

Fromm (1980) sustenta que, no narcisismo coletivo, ocorrem fenômenos semelhantes aos verificados no narcisismo individual. Na transformação do narcisismo individual no narcisismo em grupo, Fromm constata que o orgulho de pertencimento ao grupo é eficaz para os desfavorecidos economicamente e desprovidos de cultura. Esse é um aspecto do racismo na Alemanha nazista, na qual a classe média inferior demonstrava orgulho de ter a "imagem inflada de si mesma como o mais admirável grupo do mundo, e de ser superior a qualquer grupo racial que é escolhido como inferior" (Fromm, 1967, p. 88).

Por isso, o narcisismo de grupo postula satisfação como o narcisismo individual, proporcionada, de um lado, pela ideologia comum da supremacia do grupo do qual o indivíduo faz parte e, de outro, pela inferioridade dos outros grupos. Em uma relação narcísica excessiva, quando ocorre a transferência do plano individual para a nação, como substituta da figura da mãe, a nação torna-se o centro de tudo. Para ela deve-se tudo, por ser tão extraordinária e admirável (Fromm, 1967).

Conforme podemos constatar, isso ocorreu em relação aos indivíduos que integravam a grande massa da população alemã, logo após a Primeira Grande Guerra. Decaídos em seu prestígio social e familiar, grande parte dos arianos transferiu seus narcisismos individuais para a nação, passando com isso a sentir-se engrandecido e superior a outros povos, dada a sensação individual de pertencimento a um grupo poderoso.

O grupo com narcisismo exacerbado almeja um chefe com quem possa se identificar. O chefe, considerado onipotente, consciente, sagrado e portador de poderes superiores a todos, passa a ser admirado pelos indivíduos que nele projetam seu narcisismo. O ato de submissão ao *Führer* implica uma identificação e uma relação simbiótica. Já o narcisismo do líder, convencido de sua magnitude, desprovido de julgamento racional, atrai o narcisismo da massa submissa (Fromm, 1967).

Segundo Reich (2001, p. 60),

> quanto mais desamparado o indivíduo da massa se tornou, em consequência da sua educação, mais acentuada é sua identificação com o *führer*, isto é, mais a necessidade infantil de proteção é disfarçada sob forma de um sentimento em relação ao *führer*. Esta tendência à identificação constitui a base psicológica do narcisismo nacional, isto é, a autoconfiança que cada homem individualmente retira da "grandeza da nação". O indivíduo reacionário da classe média descobre-se no *führer*, no Estado autoritário.

O amor narcisista, contudo, desaparece diante daquele considerado estranho ao grupo ao qual o indivíduo se acha vinculado de forma narcísica. O estranho não faz parte da sua família ou da sua nação. Por esse motivo, como explica Fromm, o amar o outro, sem narcisismo, implica amá-lo sem considerar as diferenças e não por ser uma pessoa igual. Quando o Novo Testamento preceitua que devemos amar nosso inimigo, isso só acontece se o narcisismo for derrotado (Fromm, 1967).

3.8. O caráter individual e o caráter social

Em relação ao caráter do indivíduo, que determina seu comportamento em face do laço social, Fromm (1974) faz uma distinção entre a adaptação estática, que não altera a estrutura do caráter – implicando apenas novos hábitos –, e a adaptação dinâmica, em que há o fator dinâmico na estrutura do caráter, por exemplo, a hostilidade reprimida diante de um pai repressor, que se torna temido e obedecido sem qualquer reserva, em uma estrutura familiar burguesa.

Segundo Fromm, o poder externo e autoritário no laço social aparece para a criança na figura dos pais e, no caso especial, na figura patriarcal do pai, como transmissor da autoridade externa da sociedade. Isso porque a autoridade paterna está alicerçada na estrutura da autoridade social como um todo. Ao identificar-se com o pai, com seus mandamentos e interdições, o supereu da criança se reveste de atributos do poder alicerçados na moral. Uma vez estabelecido o supereu, ocorre um mecanismo inverso. O supereu passa a ser projetado em direção aos detentores da autoridade vigente na sociedade, em detrimento de uma crítica racional. Desse modo, o supereu não se afigura como instância independente da sociedade na qual o indivíduo convive, da mesma forma que a criança interioriza o poder paterno. Já a renovação do supereu no adulto depende da interiorização do poder externo de forma contínua (Fromm, 1987).

Fromm (1974) denomina de individuação o processo crescente de desprendimento do indivíduo de seus vínculos primários. Estes, embora façam parte do desenvolvimento natural do indivíduo, implicam uma falta de individualidade. Como exemplo de vínculos primários, os laços entre o filho e a mãe, entre o integrante de uma comunidade primitiva e o clã ou entre o homem medieval e sua igreja. Os vínculos primários, embora tolham a liberdade do indivíduo, proporcionam-lhe uma sensação de pertencimento, que afasta a de isolamento.

A sensação de solidão na vida adulta provoca o surgimento de impulsos em busca de uma autoridade externa, em substituição aos vínculos primários. Para Fromm, a busca do indivíduo de escapar do isolamento e da ansiedade, em detrimento do crescimento do *eu*, são *mecanismos de fuga*. A saída positiva, distinta dos mecanismos de fuga, para evitar a sensação de isolamento e de ansiedade, ocorre pelo relacionamento espontâneo do indivíduo com a natureza e com os outros homens, além do amor e do trabalho produtivo. Essa saída positiva não se dá por meio de vínculos primários, mas sim pela liberdade e independência do indivíduo (Fromm, 1974). Somente o vínculo capaz de combinar, em uma relação dialética, a proximidade entre as pessoas e a manutenção de suas independências, é capaz de contribuir para o processo de desenvolvimento dos indivíduos.

Além disso, na medida em que o homem pode compreender a realidade por si próprio e não como um dado fornecido pelo contexto social, menos submisso ele estará diante desse consenso social e menos sujeito às ameaças pelas transformações sociais. Para Fromm (1968, p. 82),

> a solução da fraternidade é a única que satisfaz as duas necessidades do homem: estar intimamente relacionado e ao mesmo tempo ser livre, ser parte do todo e ser independente. É uma solução que tem sido experimentada por muitos indivíduos e também por grupos, religiosos ou seculares, que foram e são capazes de criar laços de solidariedade juntamente com a individualidade e a independência irrestritas.

Na sua concepção, o processo de individuação, que possibilita a relação do indivíduo com os outros, considerando sua independência e o sentimento de fraternidade, não implica submissão a um grupo, a uma pessoa, a Deus ou a uma instituição, nem dominação. Pela submissão, o homem transcende sua existência individual para tornar-se parte de um objeto externo superior a ele, sentindo sua identidade por meio do poder ao qual se submete. Na dominação, almeja tornar os outros indivíduos partes de si, ultrapassando assim sua existência individual. Tanto na submissão, quanto na dominação, ocorre a natureza simbiótica da relação, em contraposição à liberdade e à individuação (Fromm, 1963).

Todavia, da perspectiva frommiana, o homem não é o único responsável por essa escolha positiva de liberdade e autonomia, em vez da busca aos *mecanismos de fuga*, porquanto o processo de individuação está condicionado a condições econômicas, sociais e políticas. Se essas condições são desfavoráveis, a liberdade torna-se um fardo insuportável, como ocorreu na época da depressão econômica na Alemanha, na década de 1920, que propiciou a ascensão do nazismo. Fromm (1974) observou essa impossibilidade de condições externas – sociais, econômicas e políticas – *para emancipar o indivíduo dos vínculos primários* (*individuação*), que houve na Europa e levou os indivíduos a uma fuga da liberdade, em busca de submissão a novos vínculos, ou ao conformismo de autômato, marcado pela indiferença total. No decorrer de seu pensamento, Fromm sempre acreditou que a busca pela submissão propiciou que a grande massa da população ariana se identificasse com o nacional-socialismo depois da Primeira Grande Guerra[7].

Ao final de sua obra *O medo à liberdade* (1941), Fromm ressaltou seu interesse pelo caráter social, definido como estrutura de

---

7. Sobre esse assunto, o pensamento de Marcuse (1999, p. 126): "desde 1923 haviam cessado os esforços militantes para estabelecer uma sociedade verdadeiramente democrática e veio então em seu lugar um espírito difuso de resignação e desespero. Não é de admirar, então, que a liberdade não fosse um preço alto demais em troca de um sistema que oferecia total segurança a cada membro de cada família alemã. O nacional-socialismo transformou o sujeito livre em economicamente seguro; eclipsou o perigoso ideal de liberdade com a realidade protetora da segurança".

caráter comum à maior parte da massa, resultante das experiências básicas e de estilo de vida de determinado grupo. Em sua obra posterior, *Psicanálise da sociedade contemporânea* (1963, p. 86), define mais precisamente o caráter social como "núcleo da estrutura do caráter compartilhada pela maioria dos indivíduos da mesma cultura, diversamente do caráter individual, que é diferente em cada um dos indivíduos pertencentes à mesma cultura"[8].

A esse respeito, a explicação de Rouanet (2001, p. 54) sobre a concepção frommiana de caráter social:

> Constitui um padrão normativo, em função do qual o processo de socialização modela as personalidades individuais. O interesse do grupo (ou da classe dominante) é formulado sob a forma de ideologia, a qual se cristaliza como caráter social, e este, internalizado no curso do processo de socialização, produz um caráter individual tão próximo quanto possível do padrão normativo típico, proposto pelo caráter social. Cada sociedade premia a produção daqueles traços de caráter que são socialmente necessários [...] ao fazer o que a sociedade exige, e ao abster-se do que a sociedade proíbe, o indivíduo deve ter a ilusão de que está agindo autonomamente.

Para Fromm, incabível fazermos uma referência geral à sociedade, mas sim a estruturas sociais distintas, que permanecem fixas em determinado contexto histórico, como ocorreu, por exemplo, na sociedade ariana durante o nacional-socialismo. No seu entender,

> os membros da sociedade e (ou) as várias classes ou grupos por *status* nela existentes têm de comportar-se da maneira que lhes permita funcionar no sentido exigido pelo sistema social. A função do ca-

---

[8]. Em sentido semelhante, ver Fromm, 1979, p. 77.

ráter social consiste em modelar as energias dos membros da sociedade de forma tal que sua conduta não seja assunto de decisão consciente quanto a seguir ou não a norma social, mas uma questão de desejarem comportar-se como têm de comportar-se, encontrando, ao mesmo tempo, prazer em proceder da forma exigida pela cultura (Fromm, 1963, p. 87).

A respeito da diferença entre a psicologia individual e a social – destinada à análise dos fenômenos ocorridos em grupo –, Fromm (1978b, p. 12) explica essa diferença mais quantitativa do que qualitativa nos seguintes termos:

> A primeira [quantitativa] leva em conta todos os determinantes que afetam a sorte do indivíduo, e com isso chega a um quadro, completo ao máximo, da sua estrutura psíquica. Quanto mais se amplia a esfera da investigação psicológica – ou seja, quanto maior o número de homens cujos traços comuns permitem um agrupamento – tanto mais devemos reduzir as proporções de nosso exame da estrutura psíquica total dos membros individuais do grupo.

Dessa ótica, uma investigação ampla na psicologia de grupo torna limitada a análise de cada indivíduo em grupo. No entender de Fromm, "o fator fundamental na formação do caráter social é a prática da vida tal como foi constituída pelo modo de produção e pela estratificação social dele resultante" (1984b, p. 22). Em outras palavras, "o caráter social é forma em que a energia humana é moldada para seu uso como força produtiva no processo social" (1984b, p. 23).

Por exemplo, em seus estudos anteriores, no final da década de 1920 e início da década de 1930, no Instituto de Pesquisa Social de Frankfurt, Fromm observou nos operários e empregados arianos, às vésperas do Terceiro Reich, a presença de caráter autoritário. Conforme concluiu, esses operários tinham neles, intensamente enraizados, o respeito e o desejo pela autoridade consagrada. Tais estudos comprovam a concorrência desse caráter social para a ascensão do nacional-socialismo. No seu entender, um discurso arrimado em uma ideologia sedutora, em virtude de descrições sádicas de episódios políticos – *a nosso ver, como os discursos de Hitler* –, exerce profunda atração na massa da população submissa (Fromm, 1974).

A constatação desse comportamento verificado nos operários arianos decorreu de uma primeira pesquisa empírica realizada pelo Instituto de Pesquisa Social de Frankfurt e dirigida por seu então diretor Horkheimer, na qual Fromm teve importante papel, ao conduzir e avaliar as pesquisas de cunho psicanalítico. Publicada em alemão em 1980 e em espanhol em 2012, sob o título *Obreros y empleados en vísperas del Tercer Reich: un análisis psicológico-social*, consistia em 3.300 questionários contendo 271 perguntas cada, coletados entre 1929 e 1931. Seu objetivo principal era investigar dentre trabalhadores e empregados alemães a possibilidade de ascensão do nazismo. Os primeiros resultados dessa pesquisa confirmaram as piores suspeitas do rumo autoritário em direção ao nazismo por parte do povo alemão. Essas revelações e o crescente autoritarismo levaram os membros do Instituto ao exílio, para salvarem suas vidas, como observou Fernando Peirone, em nota à edição espanhola da referida obra (Fromm, 2012). A pesquisa se desenvolveu no momento de transição da República de Weimar para o Terceiro Reich e era baseada em fundamentos de uma psicanálise de cunho social, liderada por Fromm.

Em entrevista posteriormente publicada, Fromm afirmou ter constatado, na massa da população, em torno de 10% de pessoas com caráter autoritário. Por volta de 15% da população possuía caráter antiautoritário, ou seja, indivíduos que nunca seriam nazistas, embora pudessem não arriscar suas vidas em prol dessa convicção. Para ele, a grande maioria, em torno de 75%, teria um caráter misto, de índole burguesa, que seguiria a corrente e não se arriscaria a lutar. Essa pesquisa só foi publicada muitos anos depois, pois o Instituto de Pesquisa Social de Frankfurt entendeu não ser conveniente publicá-la no início dos anos 1930 (Fromm, 2011b), possivelmente, acreditamos, diante da ascensão do nacional-socialismo. A passividade geral e a ausência de uma cooperação estruturada de cunho social e individual constituíram, na conclusão de Fromm, um terreno fértil para o sucesso de sistemas totalitários como o nazismo. A visão frommiana, sobre a maioria em torno de 75% da população que seguiu a corrente nazista, coincide com o ponto de vista de Hannah Arendt, segundo o qual o nacional-socialismo, a partir de 1930, recrutou seus membros dentre aquelas pessoas aparentemente indiferentes e integrantes da maioria do povo, que não haviam participado da política. Esse grupo majoritário, sem necessidade de refutar ou refletir argumentos contrários, preferiu a violência mortal do regime em vez da persuasão. Preferiu o terror em lugar da convicção. Essa massa majoritária da população havia deixado de acreditar nos partidos políticos e os indivíduos não se sentiam membros de uma classe social. Foi justamente sob o colapso da sociedade de classes verificado após a Primeira Guerra Mundial que se desenvolveu a psicologia de massas do nazismo. Para a autora, as massas, diferentemente das classes sociais, almejam a vitória, independentemente da causa e do empreendimento (Arendt, 1989).

Fromm considera que a estrutura de caráter autoritário, presente em grande parte da população durante o nacional-socialismo, estava alicerçada em uma relação de subordinação simbiótica às autoridades e, simultaneamente, em um domínio simbiótico dos indivíduos submetidos às autoridades. Em outras palavras, o caráter autoritário sente-se mais fortalecido ao submeter-se à autoridade e tornar-se parte dela. No seu entender,

> é um estado de simbiose sádico-masoquista, que lhe dá uma sensação de força e de identidade. Sendo parte de algo grande (qualquer que seja), ele se torna grande. Se estivesse sozinho, reduziria a nada. Por essa simples razão. Uma ameaça à autoridade e uma ameaça à sua estrutura autoritária são, para o caráter autoritário, uma ameaça a si mesmo – à sua sanidade. Por isso, ele é forçado a lutar contra tal ameaça como lutaria contra um perigo à sua vida ou sanidade (Fromm, 1978b, p. 116).

Na visão do autor, a ideologia tem o condão de unir as massas e submetê-las aos dominadores, responsáveis pela administração do ritual ideológico. A ideologia explica e justifica a irracionalidade e a imoralidade presentes no contexto social. Ao utilizar falsamente promessas de suprir as necessidades humanas fundamentais, como liberdade, amor e fraternidade, nas palavras proferidas pelos líderes e seus representantes, satisfaz os partidários do aparato estatal (Fromm, 1969). Nesse sentido, como exemplo, a sedução resultante dos discursos públicos proferidos por Hitler diante da massa da população ariana.

Como observa Reich (2001), o nacional-socialismo, baseado na ideologia do *Führer*, por ser um movimento elementar, não pode ser vencido com argumentos objetivos. Por isso, os discursos nos comícios desse partido diferenciavam-se pela habilidade de controlar a emoção das massas, evitando, ao mesmo tempo, argumentos objetivos.

Fromm (1974) observou também a influência da economia no caráter social da classe média inferior na Alemanha, em fase anterior ao nazismo. Constatou que na época da depressão alemã, as necessidades psíquicas já não podiam ser satisfeitas pelas atividades econômicas costumeiras. O anseio de satisfação foi sendo transferido do plano individual para objetivos nacionais, do nacional-socialismo. Na sua visão, em detrimento da sociedade democrática, a classe média transferiu os impulsos sádicos presentes na competição capitalista para o cenário político e nacional. Tais impulsos, libertos de fatores impeditivos, buscaram satisfação na atividade persecutória e na guerra.

3.9. A liberdade na era da Reforma

Para Fromm (1974), na sociedade medieval não se cogitava sobre a liberdade individual em sua concepção moderna, salvo dentro dos limites da pessoa na sua esfera social. Cada um desempenhava um papel bem determinado na ordem social, com restritas possibilidades de mudanças ao longo da vida. Essa determinação prévia dava ao homem uma sensação de pertencimento, que lhe conferia segurança; não obstante, na esfera social, havia liberdade de expressão do *eu* no trabalho e na vida afetiva.

Segundo seu entendimento, a mudança dessa perspectiva ocorreu no final da Idade Média e início da Era Moderna, com o surgimento do individualismo. Com o advento do capitalismo, deixou de existir um lugar predeterminado, natural e inquestionável do homem no laço social e na ordem econômica. E com a competição inerente ao capitalismo, o indivíduo viu-se só e dependente de seu próprio esforço, desprovido da posição tradicional que lhe proporcionava segurança e pertencimento (Fromm, 1974).

Se, por um lado, ele possuía liberdade positiva para agir no novo sistema, por outro, encontra-se ameaçado por forças externas do capital e das leis de mercado. Ao contrário da relação de cooperação entre os indivíduos, como ocorria na sociedade pré-capitalista, no novo sistema econômico houve o predomínio da competição, da hostilidade e da alienação nas relações sociais. Embora livre, o indivíduo viu-se isolado e ameaçado por todas as forças externas. Em detrimento da classe média, apenas as camadas sociais superiores tiveram riqueza e poder, em decorrência do surgimento do capitalismo (Fromm, 1974).

Ao cuidar da questão da liberdade na era da Reforma, Fromm retoma a ideia inicial, segundo a qual o indivíduo é modelado pelo contexto cultural e social. Na sua concepção,

> o processo social, ao determinar o modo de vida do indivíduo, isto é, sua relação com os outros e com o trabalho, molda a estrutura de seu caráter; novas ideologias (religiosas, filosóficas e políticas) resultam desta estrutura de caráter assim modificada e exercem um atrativo sobre ela, intensificando-a, satisfazendo-a e estabilizando-a; os novos traços de caráter, a seu turno, tornam-se fatores úteis na ulterior evolução econômica e influem no processo social (Fromm, 1974, p. 89).

Fromm identifica o surgimento do capitalismo com o período da Reforma, liderada por Lutero e Calvino, cujas doutrinas iriam ao encontro dos anseios da classe média mais desfavorecida, que se insurgia contra o poder eclesiástico e se ressentia das classes mais ricas, beneficiadas pelo capitalismo crescente. Para as classes mais desfavorecidas economicamente, as doutrinas de Lutero e de Calvino proporcionavam uma sensação de segurança. A preocupação de Fromm não se limita apenas à análise das personalidades desses dois doutrinadores, mas à investigação sobre os aspectos psicológicos das classes sociais que foram fascinadas por essas doutrinas religiosas.

Conforme sua observação, no que se refere à questão da liberdade do indivíduo, as doutrinas de Lutero e de Calvino possuem um aspecto ambivalente. De um lado, buscam retirar da Igreja sua autoridade e atribuir ao indivíduo sua independência em assuntos religiosos. De outro, pelo fato de a liberdade, em sua concepção moderna, acarretar para o indivíduo uma sensação de isolamento e de impotência, ressaltam essa impotência e acrescentam a maldade como aspectos negativos da liberdade. Para o homem obter a graça de Deus, deve-se despojar de seu orgulho. Mesmo assim, segundo essas doutrinas, o homem "nunca pode se tornar inteiramente virtuoso em vida, pois sua maldade natural jamais pode desaparecer totalmente" (Fromm, 1974, p. 70).

Na visão de Fromm (1974), Lutero procura demonstrar que a procura incessante pela certeza não retrata expressão de fé, mas sim a necessidade de dominar uma dúvida intolerável. Lutero procura solucionar essa questão por meio da sujeição irrestrita do homem ao poder de Deus. Essa solução – embora bem distinta da relação do indivíduo com o poder político – é encontrada em inúmeras pessoas desprovidas de raciocínio ideológico, que buscam a certeza, afastando-se da dúvida intolerável, por meio da supressão do *eu*. Como consequência, transformam-se em ferramentas nas mãos de um poder totalitário – como ocorrido no nazismo –, não obstante passem a ter uma sensação de segurança e de pertencimento; a dúvida, mesmo assim, estará sempre presente, enquanto o indivíduo não conseguir superar sua sensação de isolamento e não puder ter uma vida significativa e produtiva, arrimada em suas necessidades (Fromm, 1974). Na obra *A revolução da esperança* (1968), Fromm reforça sua ideia da necessidade de certeza por parte do homem, que prefere tomar uma decisão errada, e estar seguro dela, a ser afligido por dúvidas quanto a sua decisão. Isso explica psicologicamente o porquê da crença em ídolos e líderes políticos – como ocorrido durante o apogeu do nacional-socialismo.

Fromm (1974) destaca que a relação de Lutero com Deus era de total submissão. Do ponto de vista psicanalítico, essa concepção de fé tem uma característica compensatória, pois se o homem aceita sua insignificância pessoal e se submete totalmente, o Deus todo-poderoso o amará e poderá salvá-lo. Assim, se por um lado Lutero liberava o indivíduo do poder da Igreja, por outro, submetia-o a uma autoridade muito mais opressora, de um Deus que exigia uma sujeição completa do homem, em detrimento do *eu*, como condição para a salvação. Para Fromm (1974), a personalidade de Lutero se mostrava ambivalente, pois sua fé consistia na certeza por parte do indivíduo de ser amado sob a condição de total submissão.

Essa solução guarda relação com a análise do caráter autoritário e do totalitarismo, pois se aproxima da condição de submissão absoluta do indivíduo à nação ou ao chefe, como se verificou no nazismo. Lutero e Calvino haviam preparado o indivíduo para a sociedade moderna e para o sistema industrial, ao pregarem a insignificância do *eu* e sua submissão a outros fins. Assim, o homem estava "suficientemente preparado para aceitar o papel de um servo da máquina econômica – e, eventualmente, de um *Führer*" (Fromm, 1974, p. 96).

De fato, pela ideologia nazista, o objetivo da vida é sacrificá-la em prol de interesses superiores, da comunidade e do chefe. Essa ideologia

> não apela para o pensamento ativo nem para o sentimento ativo. É como uma pílula que estimula ou entorpece o homem. Hitler viu isso com muita cla-

reza quando observou, em *Mein Kampf*, que o melhor momento para um comício é o anoitecer, quando as pessoas estão cansadas e mais suscetíveis à influência (Fromm, 1968, p. 156).

Fromm via semelhança entre a doutrina de Lutero, de grande importância para Alemanha, e a de Calvino, de relevo para os países anglo-saxões. No seu entender, Calvino também teve grande influência para a classe média conservadora, desprovida de esperança e portadora de intenso sentimento de medo e solidão. Assim como os ensinamentos de Lutero, a doutrina calvinista era ambivalente. De um lado, almejava a liberdade. De outro, defendia a insignificância e a impotência do indivíduo. Para o homem escapar da sensação de impotência e descobrir uma nova segurança, Calvino sugeria sua total submissão (Fromm, 1974).

De acordo com os ensinamentos de Calvino, Deus só predestina alguns para a graça, decidindo que outros terão uma condenação eterna. Dessa perspectiva, os calvinistas eram os escolhidos e passíveis da graça de Deus. Essa decisão divina precede o nascimento dos indivíduos, independentemente das suas atitudes boas ou más durante a vida. Por isso, como conclui,

> a teoria de Calvino sobre a predestinação possui uma implicação que deve ser mencionada aqui explicitamente, já que encontrou sua mais vigorosa restauração na ideologia nazista: o princípio da desigualdade fundamental dos homens. Para Calvino há duas espécies de pessoas – as que são salvas e as destinadas à condenação eterna. Como esse destino é determinado antes de elas nascerem, e sem que possam alterá-lo por qualquer coisa que façam, ou deixem de fazer na vida, a igualdade da humanidade é negada desde a origem (Fromm, 1974, p. 79).

Fromm (1974) busca demonstrar a diferença entre seu pensamento, de um lado, e o de Lutero, Calvino, Kant e Freud, de outro, a respeito do amor-próprio. No seu entender, os últimos sustentam a semelhança entre o egoísmo e o amor a si próprio. Para eles, amar os outros é uma virtude, enquanto o amor-próprio, do ponto de vista religioso, configura um pecado. Além disso, o amor a si próprio e o amor aos outros são incompatíveis. Já para Fromm, essa tese acerca do amor não é verdadeira:

> O ódio é um desejo veemente de destruição; o amor, uma afirmação veemente de um "objeto"; não é um "afeto", mas um anelo atuante e uma afinidade interior, cujo objetivo é a felicidade, a expansão e a liberdade de seu objeto. É uma disposição que, em princípio, pode voltar-se para qualquer pessoa e objeto, inclusive nós mesmos. O amor exclusivista é uma contradição em si mesmo (1974, p. 98).

Em *Análise do homem* (1947), Fromm torna a ressaltar esse pensamento contido em *O medo à liberdade* (1941), ao sustentar ser uma virtude tanto amar o próximo como a si mesmo, pois ambos são seres humanos. Por essa razão, o respeito ao homem deve incluir o respeito a si mesmo.

Fromm afirma ser possível a existência de amor a uma só pessoa, excluídas as demais. Nesse caso, o que ocorre é uma ligação sadomasoquista. Ele não equipara o egoísmo ao amor-próprio, mas justamente o seu oposto, porquanto o egoísta, inconsciente, não gosta de si. Sempre insatisfeito consigo mesmo, tem inveja das outras pessoas. Seu egoísmo constitui uma compensação para a ausência de autoestima. Por esse motivo, Fromm não concorda com a tese freudiana, segundo a qual um indivíduo narcisista tirou seu amor de outras pessoas, dirigindo-o a si, pois, na verdade, esse indivíduo nem se ama nem ama os outros. Para o autor (1995, p. 75), "o amor aos outros e o amor a nós mesmos não são alternativas. Ao contrário, a atitude de amor para consigo mesmo é encontrada em todos aqueles capazes de amar os outros".

Além disso, embora possa parecer que o homem moderno possui exacerbado interesse em si, sua vida é dedicada a metas estranhas a ele. Age não em prol do seu eu, mas para atender ao interesse do eu social, representado pelo papel que o indivíduo deve exercer na sociedade. Isso se reflete na relação do homem com os outros, na qual predominam o espírito de manipulação e a instrumentalidade, em decorrência da lei do mercado (Fromm, 1974).

Todavia, a insignificância, a impotência e o medo da solidão levam o indivíduo a fugir da liberdade, em seu sentido negativo, motivo pelo qual tendem a buscar as chamadas rotas sociais de fuga, consistentes na submissão a um chefe, como ocorreu nos países fascistas, e no conformismo compulsivo. Para escapar do sentimento de solidão e impotência, estamos dispostos a abrir mão do nosso *eu*, submetendo-nos às formas autoritárias ou conformando-nos com padrões preestabelecidos (Fromm, 1974).

Como poderemos verificar a seguir, no estudo sobre os mecanismos de fuga, para aguentar a sensação de desamparo, muitos buscam uma sustentação nas instituições e ídolos, representados por líderes carismáticos ou poderosos. Para Fromm (1992, pp. 65-6),

> sem essa necessidade de ídolos possivelmente não se poderia entender a intensidade emocional do nacionalismo, do racismo e do imperialismo, o "culto da personalidade" nas suas várias formas etc. Ninguém poderia entender, por exemplo, porque milhões de pessoas foram arrebatadoramente atraídas por um vil demagogo como Hitler.

Fromm (1992) aponta, dentre as razões externas para a vinculação dos indivíduos a um ídolo, a pobreza, a insegurança econômica e a ausência de esperança. Dentre os motivos internos, de ordem subjetiva, menciona a ansiedade, a dúvida, a depressão e a sensação de impotência. Assim, em relação às razões externas, cita novamente a grave crise econômica, decorrente do alto índice de desemprego, e a grande insegurança trazida pela crise de 1929, na Alemanha, um dos motivos marcantes da ascensão de Hitler.

3.10. Os mecanismos de fuga

Em *O medo à liberdade* (1941), Fromm analisa os *mecanismos de fuga*, com arrimo em estudos meticulosos em indivíduos, utilizando-se do método psicanalítico. No seu entender, somente a análise apurada das forças inconscientes são capazes de aprofundar as obscuras racionalizações individuais e culturais. Assim como Freud, em *Psicologia das massas e análise do Eu* (1921), Fromm considera a análise de mecanismos psicológicos individuais o ponto de partida para compreender os aspectos psicanalíticos e sociológicos de um grupo. Para o autor, todo grupo é composto de indivíduos e, por esse motivo, os mecanismos psicológicos são aqueles que agem nos indivíduos. Há uma distinção entre os objetivos do funcionamento tranquilo da sociedade e os do pleno desenvolvimento do indivíduo.

Fromm (1974) define tais *mecanismos* – ocasionados pela ausência de segurança por parte do sujeito isolado – como fuga do pânico ou como capitulação mais ou menos total da individualidade e da integridade do *eu*. Embora esses mecanismos tenham o condão de reduzir a angústia, seu custo é a perda da individualidade em prol de uma vida consistente em atividades compulsivas ou automáticas. Para compreender esses mecanismos, o autor os divide em três partes essenciais: 1) autoritarismo; 2) destrutividade; 3) conformismos de autômatos.

Ao cuidar do autoritarismo, Fromm (1974) considera "rotas de fuga" tanto os impulsos masoquistas quanto os impulsos sádicos, uma vez que ambos tendem a auxiliar o sujeito a fugir de seu insuportável sentimento de solidão e impotência, procurando alguma coisa ou alguém a quem possa prender seu ego. Enquanto o masoquista procura descartar seu ego – o que segundo Fromm implica para o sujeito "desfazer-se do fardo da liberdade"–, buscando segurança ao ser absorvido pelo outro, com o sádico dá-se exatamente o contrário, uma vez que conquista tal segurança absorvendo o outro. Como conclui o autor em *Análise do homem* (1947), nas duas situações, a integridade do *eu* se perde. Em ambas ocorre uma relação simbiótica, na qual o indivíduo almeja evitar o perigo da solidão, tornando-se parte de outra pessoa, sendo absorvido por esta ou absorvendo-a.

Na simbiose, em sua forma *passiva*, o masoquista, submisso, só tem significância quando se torna parte do detentor do poder, compartilhando de sua grandeza, força e convicção. De um lado, não precisa tomar decisões, nem arriscar-se. Embora não esteja sozinho, não é independente. Já na forma ativa da simbiose, no caso do sádico, dá-se o contrário. Busca escapar da solidão tornando outra pessoa parte de si mesmo. Amplia-se e valoriza-se absorvendo outro indivíduo que o venera (Fromm, 1995).

Os masoquistas sentem-se inferiores, impotentes e insignificantes, com tendência a não exercerem comando das tarefas. O amor ou a lealdade ao *Führer*, por exemplo, constitui um reflexo da dependência masoquista. Em relação ao sadismo, existem três tipos de intensões: tornar os outros dependentes; explorar os outros, governando-os de maneira absoluta; e fazer os outros sofrerem ou vê-los sofrer, física ou mentalmente. Fromm ressalta que os sádicos não almejam a destruição do outro, pois sua força depende da submissão desse outro, por ele dominado e sem possibilidade de ser livre ou independente. Dá como exemplo o filho "colocado em uma gaiola dourada, podendo ter tudo desde que não saia da gaiola" (1974, p. 122).

Segundo Fromm (1992), o sádico almeja um controle absoluto. Ele considera as crueldades formas de sadismo, despidas do desejo sexual. Fornece o exemplo de membros de uma tropa de assalto em campos de concentração e em territórios ocupados. Nesses locais, espancam prisioneiros e participam de linchamentos. Uma manifestação clara do sadismo é a do chamado "estupro-roubo", no qual os soldados se acham com permissão explícita ou implícita para fazer com os habitantes das cidades conquistadas aquilo que lhes aprouver, sem quaisquer restrições. A experiência proporcionada aos soldados sádicos é a de poder absoluto sobre os habitantes dominados, incapazes de oferecer qualquer resistência.

Esse conceito de sadismo difere-se daquele decorrente de uma pulsão de natureza sexual. No controle completo sobre os outros, o sádico tem uma vivência de transcendência da condição humana, sentindo-se como um Deus. Nesse sentido, um líder político como Hitler pode almejar esse poder absoluto (Fromm, 1992).

Da perspectiva frommiana, o sadismo, nessas condições, não existe somente por parte das classes sociais mais elevadas ou de ditadores, pois pode ocorrer nas relações entre pais e filhos ou por parte de um comandante de uma prisão. Basta que a condição fática possibilite ao indivíduo ter a fantasia de um poder e um controle absolutos sobre os outros. A esse respeito, como exemplo, um pai pode sentir prazer sádico diante da rigidez imposta ao filho, embora racionalmente diga que sua conduta objetiva a melhor educação para esse filho.

De acordo com Fromm (1974), Freud foi o primeiro a estudar com profundidade as relações sadomasoquistas. Inicialmente, o pai da psicanálise compreendeu o sadomasoquismo como fenômeno inerente ao desenvolvimento da sexualidade. Freud ressaltou, ainda, que as disposições sádicas e masoquistas são encontradas juntas, não obstante suas aparentes contradições. Posteriormente, Freud alterou sua visão teórica dos fenômenos masoquistas, sustentando existir uma tendência de cunho biológico, não sexual, para a destruição dos outros – *sadismo* – e de si mesmo – *masoquismo* –, como produto do instinto de morte. O masoquista se dilui em uma força exterior, enquanto o sádico se amplia, fazendo do outro uma parte dele; adquire com isso a força da qual necessita. Como exemplo masoquista, se o sujeito descobre padrões culturais satisfatórios, como a submissão ao líder na ideologia fascista, ele se sente seguro ao perceber-se vinculado a inúmeras pessoas que compartilham dos mesmos anseios. No caso do nazismo, um número expressivo de indivíduos se impressionou com as vitórias do poder, confundindo-o com expressão de potência. Na verdade, o poder de dominação – *e não para fazer algo de produtivo* – é a "perversão da potência" (Fromm, 1974, p. 133).

O masoquista busca o aniquilamento do *eu* para suportar e superar sua sensação de impotência ou procura estar incluído em um poder mais potente e mais poderoso, ao qual estará submisso, mas do qual poderá tirar algum partido. Esse poder pode ser representado por alguém, por uma instituição, por uma nação, por uma divindade, pela consciência ou até mesmo por uma compulsão de ordem psíquica. Embora o indivíduo masoquista perca sua liberdade, ele adquire certa segurança e orgulho, por pertencer a um poder superior, como ocorreu, por exemplo, em relação aos indivíduos que compunham a massa da população ariana que aderiu ao nacional-socialismo (Fromm, 1974).

Do ponto de vista psicanalítico, existe para o masoquista um prazer na obediência e na submissão. Ele crê fazer jus ao amor e à felicidade se atende, por exemplo, às exigências do *Führer*, cuja satisfação é a prova do dever cumprido. Esse prazer de obediência e sujeição tão intensificado nas massas levou Fromm a considerar a submissão como instinto inato para fuga da solidão. Todavia, a relação com a figura do líder é ambivalente. Se por um lado há veneração e desejo de submissão, por outro ocorre uma animosidade impedida de expressar-se, recaindo por isso o ódio sobre indivíduos inferiores na hierarquia estabelecida em determinado contexto social. Dessa ótica, somente o líder máximo da sociedade não estaria sujeito a qualquer mandamento (Fromm, 1987). Mas ele também está sujeito às ordens divinas ou do destino, como analisaremos no estudo da personalidade de Hitler.

Já os membros das camadas mais inferiores da sociedade, pessoas mais debilitadas, como crianças, escravos, inimigos e minorias raciais, tornam-se alvos de dominação pelos indivíduos das camadas mais baixas da hierarquia do sistema político autoritário. Além desses aspectos, o caráter masoquista vivencia sua relação com o mundo decorrente de um destino do qual não possa escapar. Para o soldado, por exemplo, a vontade do superior define seu destino de forma inexorável. Em suma, para o masoquista, a vida humana está sempre sujeita a um poder superior, do qual é impossível escapar, externo ao interesse individual. Nessa submissão, o masoquista encontra a felicidade máxima (Fromm, 1987).

O masoquista tem grande resignação em suportar o sofrimento imposto pelo destino ou pelo *Führer*. Nesse sofrimento, ele encontra sua virtude máxima e seu ato de heroísmo. Ele pode ser ofensivo, mas só agredirá se tiver algum poder ou se acreditar estar combatendo como executor de um poder superior, como sublinha Fromm, para quem o masoquismo é uma das condições psíquicas mais importantes para o funcionamento da sociedade e a coesão social. O masoquista liberta-se do medo e adquire a sensação de proteção em um poder diante do qual se dilui. Ele se sente fortalecido por esse poder externo, que passa a conduzi-lo (Fromm, 1987).

Somente quando compreendemos o medo do indivíduo em sociedade, temos condição de entender o papel desempenhado pela autoridade para apaziguar e proporcionar segurança. Esse medo varia de acordo com a classe social do indivíduo, em relação ao processo produtivo. Nas classes mais inferiores, há uma crença intensa na autoridade. Essa segurança nem sempre é irreal, pois pode decorrer das condições econômicas e sociais, às quais o indivíduo se encontra submetido (Fromm, 1987).

Fromm (1987) adverte que a relação masoquista com a autoridade não decorre do processo de identificação, mais pertinente em uma estrutura de cunho democrático, na qual a distância entre o líder e o liderado afigura-se transponível. Já na relação arrimada no autoritarismo, entre o chefe e os submissos, há uma distância intransponível e bem determinada. Nesse caso, é possível o submisso participar do poder do líder e essa participação propicia muitas satisfações narcísicas que em princípio lhe são negadas diante da sua posição social inferior. Essa participação proporciona sentir o brilho e a glória na nação e na raça, como ocorreu em relação à massa da população ariana no nacional-socialismo[9]. Quanto

---

9. Segundo Marcuse, "O membro da 'raça superior' é imbuído de um sentimento de superioridade que faz de quem não participa desta esfera um objeto natural de desprezo e opressão – de acordo com a ordem de Hitler que 'toda sua educação e desenvolvimento sejam voltados para lhe dar a convicção de que ele é absolutamente superior aos outros'" (Marcuse, 1999, p. 129). Por meio da elevação da raça ariana, acima dos não arianos, em especial os judeus e os estranhos ao nacional-socialismo, "a juventude nacional-socialista se identificou com aqueles que infligem sofrimento e sacrifícios", como conclui Marcuse (p. 130).

maior a sensação de participar do poder e da glória dos líderes, tanto maior será a satisfação do indivíduo. Por esse motivo, qualquer ideologia que envolva poderes com características maravilhosas constitui terreno fértil para a massa da população submissa (Fromm, 1987).

A ausência de identificação entre o masoquista e a autoridade decorre ainda de outro motivo. Se o indivíduo submisso acredita no poder supremo da autoridade, ele deve estar absolutamente convencido de que essa autoridade seja inteiramente diferente dele, caso contrário ela não teria toda a força e a segurança que o impressiona sobremaneira. Além disso, o dominador é considerado modelo moral e portador de uma capacidade inata para a liderança. Existe ainda uma série de ferramentas ideológicas para sustentar a distância entre ele e as classes dominadas, como, por exemplo, uniformes imponentes e formas sociais reservadas aos detentores de poder (Fromm, 1987).

Fromm observa uma diferença desse modelo de autoridade no século XIX, quando só era detentor de autoridade quem realizava para si aquilo que os outros almejavam economicamente; por esse motivo, era símbolo de sucesso e ascensão. O autor visualiza também uma distinção entre a autoridade nos regimes totalitários, como no nazismo, e nos regimes democráticos. Nestes, a distância entre a autoridade e os integrantes da massa não parece instransponível, afigurando-se possível identificar-se com a autoridade democrática sem ter de contentar-se com mera participação. Nesse caso, a função psicológica da autoridade é servir de modelo para o indivíduo e fazê-lo acreditar fortemente na possibilidade de tornar-se cada vez mais parecido com a autoridade, podendo inclusive alcançá-la. Essa proximidade com o líder, portanto, é real e não apenas ideológica (Fromm, 1987).

Já nos regimes totalitários, como no nazismo, a distância entre a massa e o *Führer* é intransponível e fundamental para a manutenção do regime. Há uma diferença marcante entre o chefe nato e os que nasceram para obedecer, o que conduz os submissos a contentar-se em encontrar a felicidade na sujeição da vontade do

Führer e de somente participar de seu brilho, sem nunca alcançá--lo (Fromm, 1987). Segundo Rouanet (2001, p. 56), com arrimo no pensamento de Fromm,

> é óbvio que toda ideologia que valorize o poder é avidamente absorvida pelo caráter sadomasoquista. Esse poder não precisa ser diretamente político. Submeter-se ao líder ou à história ou às fatalidades biológicas é psicologicamente indiferente. O importante é acreditar que a existência é controlada por poderes inacessíveis à consciência e inalteráveis pela vontade humana.

Na estrutura altamente hierarquizada do nazismo, comandado por um *Führer* messiânico, os indivíduos que compõem a massa sabem da sua incapacidade de escapar da servidão. Além disso, são moldados para encontrar satisfação na condição servil. Nessas circunstâncias, se os indivíduos não podem identificar-se com o *Führer*, podem participar, de maneira substitutiva, da sua grandeza e do regime político por ele representado (Rouanet, 2001).

Já os impulsos sádicos se voltam para o domínio total de um indivíduo sobre outro. No entender de Fromm (1974), o sadismo não se confunde com a destrutividade, porquanto o sádico não deseja a perda do objeto, que lhe traria sofrimento. Tanto no sadismo como no masoquismo, a relação entre as pessoas não se fundamenta no amor, mas sim na submissão e na perda de liberdade (1974).

O sadomasoquista se distingue sempre por sua atitude em face da autoridade, por ele admirada e diante da qual está disposto a submeter-se. Ao mesmo tempo, ele possui o desejo de ser como a autoridade e, por via de consequência, deseja fazer com que os outros também lhe obedeçam. No seu entender (Fromm, 1974, p. 134), o caráter autoritário do sadomasoquista está representado "na estrutura de personalidade que constitui as fundações humanas do fascismo". Como ocorreu no nazismo, o caráter autoritário das lideranças foi seduzido pelo poder, com total desprezo pelas instituições ou indivíduos desprovidos de poder. Quanto mais os judeus mostravam-se impotentes e indefesos diante da política nacional-socialista, mais o caráter autoritário atuava sobre eles subjugando-os e destruindo-os.

Como conclui Fromm (1974), para o autoritarismo, baseado exclusivamente no poder, não há igualdade nem alteridade. Arrimado em seus anseios sadomasoquistas, o sujeito autoritário só conhece a dominação ou a submissão, jamais a solidariedade. Não aceita qualquer espécie de diferença. As diversidades sexuais ou de raça denotam para ele superioridade ou inferioridade (1941). De acordo com Funk (2009, p. 134)[10], considerada a perspectiva frommiana:

> Em princípio, o lado sádico e o lado masoquista de uma pessoa autoritária são simultâneos, embora ela e os demais só percebam um deles. Ambos os aspectos se diversificam em diversos papéis. Por exemplo, submissos que manifestam seu lado sádico em um rígido autodomínio. Ou então manifestam seu lado autoritário em relação aos subordinados, enquanto são submissos em relação aos seus superiores... (tradução do autor).

Dentre os traços típicos de caráter relativos ao domínio e à submissão, Fromm aponta os seguintes: ostentação de poder e violência; devoção a tudo que provém da autoridade; idealização da autoridade e prazer pelo castigo e pelos tormentos; exigência ou aceitação pela obediência cega; desejo exclusivo de servir ou de cumprir com o dever; afastamento de toda crítica; amor pela lei e ordem, com intervenção contundente contra qualquer manifestação de independência; menosprezo pelos mais debilitados e desamparados; realce para as diferenças de classes sociais (Funk, 2009). Segundo Fromm,

---

10. "En principio, el lado sádico y el lado masoquista de la persona autoritaria son simultáneos, si bien ésta sólo se considera una de las dos cosas y los demás sólo perciben una de ellas. Ambos aspectos se diversifican en diversos papeles. Por ejemplo, sumisos que manifestan su lado sádico en un rígido autodominio. O bien que manifestan su lado autoritario con respecto a los subordinados mientras son sumisos con sus superiores..."

a causa principal para o desenvolvimento do caráter autoritário é o insuficiente desenvolvimento das forças produtivas, aptas a proporcionar a autonomia do indivíduo.

Fromm (1974) faz uma distinção importante entre a autoridade racional, de que necessitamos ao longo da nossa vida, e a autoridade inibidora. As relações psicológicas entre essas espécies de autoridade são bem distintas. A autoridade racional ajuda o indivíduo a desenvolver-se, como ocorre na relação entre aluno e professor. Tanto um quanto o outro têm interesses comuns voltados para o aprendizado. Quanto maior for o desenvolvimento do aluno, menor será a distância que o separa do professor. Portanto, a autoridade racional difere substancialmente da relação formada pelo autoritarismo, como *mecanismo de fuga*, no qual não existe alteridade nem solidariedade.

Em sua obra *Análise do homem* (1978a, p. 19), Fromm complementa essa diferença entre autoridade racional e irracional nos seguintes termos:

> A autoridade racional tem sua origem na competência. A pessoa cuja autoridade é respeitada exerce com competência a tarefa que lhe foi confiada pelos que lhe conferiram tal autoridade. Não precisa intimidá-los nem despertar sua admiração por meio de qualidades mágicas; enquanto e na medida em que ela é competentemente útil, ao invés de explorada, sua autoridade baseia-se em motivos racionais e não carece de um respeito irracional cheio de medo [...] pelo contrário, a fonte da autoridade irracional é invariavelmente o poder sobre as pessoas. Esse poder pode ser físico ou mental, pode ser real ou apenas relativo, em função da ansiedade e do desamparo da pessoa a ela subordinada.

Há, contudo, um caminho para escapar da irracionalidade do autoritarismo, qual seja, ter a coragem para crer no racionalismo, embora tal caminho possa conduzir ao sentimento de isolamento e de solidão, mais difícil de suportar do que adotar um *mecanismo de fuga* (Fromm, 1965).

A destrutividade, por sua vez, não se confunde com o sadismo, no qual o indivíduo almeja dominar seu objeto e experimenta perda se este for destruído. Na destrutividade, o sujeito quer justamente destruir o objeto. Diante da sensação de impotência, o indivíduo visa destruir os objetos com os quais tem de confrontar-se (Fromm, 1974). Dessa ótica, "o impulso de destruição é a forma ativa de afastamento; o impulso para destruir outros provém do medo de ser destruído por eles" (Fromm, 1978a, p. 100).

Geralmente, a destrutividade não é consciente, mas apenas racionalizada de várias formas, como, por exemplo, a forma de dever, amor ou patriotismo. Além da destrutividade reativa, há aquela desprovida de motivos racionais. Como ocorreu no nazismo, buscou-se dar racionalidade à irracionalidade efetiva dos impulsos destrutivos contra os excluídos, para que a massa da população participasse dessa "racionalização", "dando-lhes vistas de realistas" (Fromm, 1974, p. 146).

Todavia, mesmos os sádicos e destrutivos não podem ser completamente desumanos sem sofrer intensa ansiedade e danos à sua sanidade psíquica. Em relação ao regime nazista, muitos dos que participaram da destruição de inúmeras pessoas, de forma desumana, sofreram por esse motivo distúrbios psíquicos, pois ser totalmente desumano também causa um sentimento de solidão, pela sensação de afastamento da humanidade. Nesse sentido, como admitido por Himmler, chefe da SS (tropa de elite) do regime nazista, em discurso proferido em 1943, muitos dos seus subordinados, encarregados das execuções em massa de prisioneiros, sofreram colapsos nervosos, e alguns chegaram a cometer suicídio (Fromm, 1975b).

Finalmente, Fromm (1974) analisa o mecanismo de fuga denominado *conformismo de autômatos*, por ele considerado de extrema significação social. Por esse mecanismo, o indivíduo converte-se em autômato. Abdica de seu *eu* individual e adota uma personalidade oferecida pelos padrões culturais, agindo de acordo com as expectativas externas. Deixa de sentir-se só ou angustiado, por identificar-se com milhões de outras pessoas; no entanto, paga o preço da perda da sua individualidade. Esse mecanismo é comparável ao mimetismo utilizado por alguns animais para se defenderem. Eles se tornam tão semelhantes ao ambiente que acabam se confundindo com ele. Segundo Fromm (1970, p. 123),

> embora o indivíduo seja psiquicamente diferente dos membros do seu próprio grupo, por causa de sua constituição individual e das experiências pessoais da vida – sobretudo, as dos primeiros anos da infância –, um considerável setor da sua estrutura psíquica é o produto de adaptação à situação da sua classe e da sociedade em que vive.

Por esse mecanismo de fuga, a opinião pessoal sobre vários assuntos, os juízos estéticos e as reflexões sobre fatos políticos e sociais desaparecem. O indivíduo passa a expressar-se de acordo com a opinião predominante no grupo social, sem qualquer contribuição pessoal, como ocorreu, por exemplo, em relação à massa da população ariana durante o regime nazista, conformada com as decisões externas impostas pelo poder político. Nesse caso, ficamos conformamos com as expectativas do grupo, por medo de uma coação externa ou da sensação de isolamento, de não pertencimento. Assim, tornamo-nos inteiramente submissos às decisões coletivas e ao cumprimento do dever imposto pela maioria (Fromm, 1974).

Isso se aproxima da mentalidade do *ticket* referida por Adorno e Horkheimer (1985). Para os autores, a psicologia antissemita foi, em grande parte, substituída por uma simples aprovação ao *ticket* (lista de candidatos de um partido político) nazista, na qual a massa acolhia em bloco os pontos ideológicos do regime. Quando as massas aprovam em bloco o antissemitismo nazista, elas atuam movidas por mecanismos sociais nos quais as experiências individuais com os judeus não têm importância.

Esse conformismo de autômato conduziu a massa da população ariana a não se rebelar contra o mal causado pelo nazismo, que culminou com a *solução final*. Sobre o assunto, Hannah Arendt (1999, p. 167) ressalta que provavelmente a maioria da massa deve ter sido tentada a não permitir a morte e a subtração de bens, e a não deixar seus vizinhos partirem para a destruição; no entanto, "Deus sabe como eles tinham aprendido a resistir à tentação".

Nesse contexto, as crenças, os sentimentos e afetos por parte do rebanho afiguram-se tão admiráveis e reais que se tornam realidade para o indivíduo, em detrimento da razão. Isso se assemelha ao estado hipnótico, cuja voz do hipnotizador e o padrão social substituem a realidade. O indivíduo só percebe como verdadeiros e reais os clichês acolhidos pelo padrão social. Aquilo que não se enquadra nesses clichês é afastado da consciência (Fromm, 1979).

Nessas circunstâncias, o desejo do indivíduo é substituído pela vontade do grupo, comprometendo a identidade individual. O homem torna-se somente reflexo das expectativas externas das massas. Em razão da insegurança provocada pela perda da identidade, o indivíduo necessita constantemente de aprovação e reconhecimento externos. Segundo Fromm (1974, p. 165), "como ele não sabe quem é ao menos os outros saberão – se agir segundo a expectativa deles; se eles souberem, também saberá, desde que aceite a palavra deles". Podemos concluir que isso foi agravado na sociedade moderna, em especial na situação da Alemanha entre as duas grandes guerras mundiais, o que fez a classe média ariana buscar segurança e proteção na autoridade externa totalitária, representada pela liderança do nacional-socialismo, como veremos na análise da psicologia do nazismo, da ótica de Fromm.

Em *A arte de amar* (1995, p. 23), Fromm reforça esse pensamento sobre o *conformismo de autômato*, nos seguintes termos:

> Também na sociedade ocidental contemporânea, a união com o grupo é o modo predominante de superar a separação. É uma união em que o ser individual desaparece em ampla escala, em que o alvo é pertencer ao rebanho. Se sou como todos os mais, se não tenho sentimentos ou pensamentos que me façam diferente, se estou em conformidade com os

costumes, ideias, vestes, padrões do grupo, estou salvo; salvei-me da terrível experiência da solidão. Os sistemas ditatoriais utilizam ameaças e terror para levar a essa conformidade; os países democráticos usam a sugestão e a propaganda [...] nos sistemas totalitários, só uns poucos e insólitos heróis e mártires podem ser considerados capazes de recusar obediência.

Na visão de Fromm, embora o homem tenha necessidade de relacionar-se com os outros, sua proximidade com os demais indivíduos não deveria estar alicerçada na submissão, em detrimento da independência, mas sim na relação amorosa madura, em que existe uma combinação entre proximidade e independência entre as pessoas.

Além disso, podemos concluir com Fromm (1979) que o homem não é apenas um membro de uma sociedade ou de determinado grupo social, porquanto integra a raça humana, motivo pelo qual, além do isolamento, teme também seu afastamento da humanidade existente em seu interior. Somente por meio do seu próprio desenvolvimento intelectual e espiritual terá condições de sentir sua solidariedade com a humanidade e tolerar o ostracismo e vice-versa.

3.11. A psicologia do nazismo: estudo da personalidade autoritária

Em *O medo à liberdade* (1941), Fromm analisa as condições psicológicas que tornaram possível a ascensão do nacional-socialismo na Alemanha. Mostra, especificamente, os motivos pelos quais os mecanismos autoritários do regime nazista tiveram grande acolhida na classe média inferior ariana. Embora esse regime tivesse sido reforçado por aspectos econômicos e políticos, como verificamos no primeiro capítulo de nossa pesquisa, o êxtase por ele exercido sobre a grande massa inferior da população ariana – composta de empregados, artesãos e pequenos negociantes – comporta análise no âmbito da psicanálise.

Para milhões de pessoas, o regime nazista, liderado por Hitler, confundia-se com a Alemanha, motivo pelo qual insurgir-se contra esse regime significaria ofensa à comunidade ariana. Nesse sentido, como mostra o documentário *Triunfo da vontade* (1935), dirigido por Leni Riefenstahl, no encerramento do VI Congresso do Partido Nacional Socialista dos Trabalhadores da Alemanha, no salão do Congresso de Nuremberg, em 1934, Rudolf Hess, delegado do *Führer*, ressaltou em seu discurso: "O Partido é Hitler; Hitler é a Alemanha; A Alemanha é Hitler". Nesse congresso, Hitler advertia para a importância de um único partido político, motivo pelo qual todos deveriam transformar-se em nacional-socialistas. Dessa ótica, considerados os mecanismos de fuga, já analisados, o medo do isolamento e a sensação de não pertencimento à comunidade contribuíram para a adesão maciça ao nacional-socialismo.

Como explica Fromm (1974), o nazismo foi acolhido especialmente pela massa inferior da população, porque essa classe tinha desejo, ao mesmo tempo, de poder e de submissão. Comprimida entre os trabalhadores inferiores e as camadas mais elevadas da população, a classe média inferior foi a mais atingida pelas consequências da Primeira Grande Guerra. Além disso, ela sofreu a perda de prestígio social e, no âmbito familiar, a diminuição da autoridade paterna, outrora responsável pela garantia do futuro dos filhos.

Outrora, na Alemanha, os que não possuíam prestígio social ou propriedades obtinham certo prestígio individual no âmbito familiar, diante da esposa e dos filhos; no entanto, com a depressão na Alemanha, na década de 1920, após a Primeira Grande Guerra, houve a perda da autoridade paterna nas famílias das classes inferiores, autoridade simbolicamente retomada pela adesão ao nacional-socialismo e pela sensação de pertencimento a um grupo que podia se achar superior ao outros grupos e aos outros povos.

Por essa ótica, Fromm (1970) considera da maior importância os fatores sociais e econômicos na relação entre pais e filhos. No seu entender, consideradas as condições econômicas, o filho representa não só a herança paterna, como também a garantia do futuro dos próprios pais, em caso de doença ou velhice. Além disso, o filho concorre para o prestígio social paterno, em caso de sucesso futuro, ou pode causar redução ou destruição desse prestígio, na situação de fracasso.

Entre os fatores não psicológicos do crescimento do nazismo, em 1929, Fromm menciona ainda os seguintes: presença de uma classe média inferior angustiada e sádica, cuja mentalidade havia sido formada entre 1918 e 1923; o desemprego maciço causado pela depressão de 1929; o crescimento efetivo das forças militaristas desde 1918; o crescimento da corrente anticapitalista entre os industriais alemães; a presença de um líder demagogo, conquanto bem-dotado e oportunista (Fromm, 1967).

Fromm (1974) observou, também, a sensação de insignificância e impotência não só entre os negociantes da classe média, os operários e os empregados de modo geral, como também entre os próprios fregueses de estabelecimentos comerciais. Outrora, o cliente tinha convicção de sua importância perante o proprietário de uma loja de varejo. Era bem atendido e seus desejos tinham importância pessoal. Já na loja de departamentos, o indivíduo perde a importância. Só é notado como freguês abstrato. O ato de comprar mercadorias tornou-se análogo ao de comprar selos em uma loja de correios.

Essa perda da significância também ocorreu na esfera política. No passado, o indivíduo participava de forma ativa e concreta na escolha de determinado candidato. Conhecia todas suas metas e as dos demais candidatos. Isso, contudo, já não ocorre, diante da existência de partidos imensos, com inúmeros candidatos, o que impossibilita o eleitor de avaliar de forma consciente seu candidato (Fromm, 1974).

Conforme constatamos, se a massa da população ariana identificava-se com a própria Alemanha, o sentimento de inferioridade dessa massa da população se confundiu com o sentimento de inferioridade nacional, decorrente das consequências do Tratado de Versalhes, mencionadas no primeiro capítulo de nosso estudo. Como observa Fromm (1974), a família era o último sustentáculo da classe média inferior, e a ruína econômica, ocorrida entre as duas grandes guerras mundiais, destituiu os pais do papel de financiadores do futuro dos filhos. Essas circunstâncias ocasionaram grande frustação por parte da população, que se converteu em fundamento para ascensão ao nacional-socialismo.

Segundo o autor, para o sucesso do nazismo, foi imprescindível o papel desempenhado pelos proprietários das grandes indústrias e dos semifalidos membros da nobreza, proprietários de terras durante o Segundo Reich. Esses industriais e nobres interessaram-se pelo nazismo pelos seus fatores econômicos e não em razão de aspectos psicológicos. Isso porque o sistema parlamentar anterior ao nacional-socialismo afigurava-se incompatível com os interesses econômicos das grandes indústrias e dos proprietários de terras (Fromm, 1974). Como conclui Fromm (1969), para reforçar seu poder, Hitler prometeu extinguir os Partidos Comunista e Socialista e, dessa forma, assegurar a predominância das indústrias e o rearmamento em grande escala.

Do ponto de vista psicanalítico, de interesse para nossa pesquisa, a sociedade pré-nazista possuía uma estrutura social patriarcal, que propiciava atitudes psíquicas inconscientes que reforçavam de forma eficaz a coerção externa do aparelho totalitário e a manutenção da sociedade de classes, arrimada na hierarquia. Nessa sociedade de cunho patriarcal, Fromm (1970, p. 120) observa os seguintes elementos:

> dependência ativa da autoridade paterna, envolvendo um misto de ansiedade, amor e ódio; identificação com a autoridade paterna, em face das mais fracas; um superego forte e austero, cujo princípio é que o dever tem mais importância do que a felicidade; sentimentos de culpa, reproduzidos repetidamente pela discrepância entre as imposições do superego e da realidade, tendo por efeito manter as pessoas dóceis ante a autoridade.

Para a análise mais aprofundada dos aspectos psicanalíticos do nazismo, Fromm (1974) utiliza a autobiografia de Hitler (*Minha luta*), um integrante da classe média inferior ariana, sem perspectivas de um futuro garantido. Nascido fora do Reich, Hitler considerava-se nacionalmente excluído. Por esse motivo, o regime nacional-socialista tornou-se para ele símbolo da segurança e do prestígio (Fromm, 1974).

Em sentido semelhante, no prefácio da terceira edição de sua obra *Psicologia de massas do fascismo*, Reich menciona que a mentalidade fascista é própria daqueles indivíduos sem perspectivas, subjugados, revoltados e que almejam a autoridade. Conforme ressalta esse autor (1942, p. XIX), "o fascista é o segundo-sargento do exército gigantesco da nossa civilização industrial gravemente doente".

Hitler tentou harmonizar os interesses da classe média inferior, com a qual se identificava, com os interesses dos grandes industriais e latifundiários, dos quais buscava obter proveito para sua ascensão ao poder. Para tanto, apresentou-se como salvador da classe média inferior, prometendo – sem nunca cumprir – terminar com o poderio do capital bancário e encerrar as grandes lojas de departamentos. Nesse sentido, o nazismo procurou melhorar a condição social e econômica da classe média inferior e ressuscitá-la psicologicamente, convertendo-a em uma energia fundamental na luta pelas metas econômicas e políticas desse regime alemão (Fromm, 1974).

Os desempregados da classe média, na máquina nazista, se beneficiavam das extorsões aos judeus. Os espetáculos sádicos contra os judeus e provocados pela ideologia nazista davam-lhes a impressão de superioridade sobre as outras pessoas. Sentiam-se, assim, de certa forma, compensados por suas vidas empobrecidas tanto do ponto de vista econômico quanto cultural (Fromm, 1974).

Quanto ao aspecto psicanalítico, afigura-se importante também, para compreender o nazismo, o estudo desenvolvido por Fromm sobre a personalidade autoritária de Hitler. Antes de escrever sua obra *O medo à liberdade* (1974), Fromm havia participado de uma obra conjunta intitulada *Estudos sobre autoridade e família* (1987), elaborada no Instituto de Pesquisa Social de Frankfurt. Nessa obra, Fromm foi responsável pela pesquisa *sociopsico-*

lógica, na qual discorre sobre aspectos psicanalíticos do autoritarismo e do grupo social, a partir da perspectiva freudiana. Para Fromm (1974), a personalidade autoritária é constituída de aspectos sádicos e masoquistas, mencionados na análise dos mecanismos de fuga, vistos anteriormente. O sadismo em Hitler foi revelado em sua obra *Minha luta*, quando se refere às suas relações com as massas da população, por ele amadas e desprezadas simultaneamente. As massas, na visão de Hitler, almejam ser dominadas e, ao mesmo tempo, querem a vitória dos mais fortes e a destruição dos mais debilitados. Por esse motivo, havia uma hierarquia no nazismo, segundo a qual todos eram, de forma simultânea, hierarquicamente superiores e inferiores a outras pessoas. Assim, Hitler e os oficiais superiores do regime nazista exerciam grande poder sobre as massas, enquanto estas eram impelidas a ter poder sobre outras nações e outras raças distintas da ariana (Fromm, 1974). Dessa forma, ressalta Adorno (2006, p. 178),

> estruturas hierárquicas estão em completa harmonia com os desejos do caráter sadomasoquista. A famosa frase de Hitler, "*Verantwortung nach oben, Autorität nach unten*" (Responsabilidade para com os de cima, autoridade para com os de baixo), racionaliza bem a ambivalência desse caráter.

Fromm (1974) vislumbrou em Hitler aspectos sádicos e masoquistas. Por um lado, Hitler agia de forma masoquista e submissa diante do destino, da história e do poder mais elevado da natureza. Por outro, atuava de maneira sádica com a massa da população. Hitler tinha consciência de que o indivíduo sozinho sente medo e tem ciência da sua pequenez. Já em reunião da massa, o homem se sente integrado a uma sociedade grande, com a sensação de pertencimento.

Fromm compreende o nacional-socialismo como decorrente de um caráter social sadomasoquista, alicerce da personalidade autoritária, de oprimir e de ser oprimido. Ao cuidar do masoquismo, Fromm aproxima-se do conceito de narcisismo das pequenas diferenças mencionado por Freud. Como os sentimentos hostis e agressivos não podem ser dirigidos contra os mais fortes, eles são canalizados contra os mais debilitados no contexto social, ou seja, as minorias e os excluídos, como ocorreu na perseguição antissemita desenvolvida pelo nazismo.

Quanto à educação, a visão de Hitler é ambivalente. Por um lado, prega que o aluno deve ter a convicção de ser superior aos outros. Por outro, deve ser ensinado a não afirmar o seu *eu* e a suportar injustiças sem se rebelar. Segundo ele, "o indivíduo deve dissolver-se em um poder superior e sentir-se orgulhoso de pertencer à força e a esse poder superior" (apud Fromm, 1974, p. 185). Tal contradição, na visão de Fromm (1974), demonstra a ambivalência sadomasoquista entre as demandas de poder e de submissão. A ideia de Hitler sobre a submissão dos membros da massa tem sentido, na medida em que somente por meio dessa submissão o poder do *Führer* e dos demais líderes pode concretizar-se. Esse pensamento coincide com as propostas ideológicas do nacional-socialismo.

Pela leitura de Fromm, verificamos que o papel da educação idealizada por Hitler funcionou como importante mecanismo para a formação do caráter social. Para formar esse caráter, revelou-se, também, de grande influência, o papel da família, como "agente psicológico" encarregado de transmitir a "atmosfera psicológica ou espírito" da mentalidade do nacional-socialismo, inserida no contexto social (Fromm, 1974, p. 226).

Sobre o assunto, segundo o pensamento de Reich (2001, pp. 50-1),

> a posição econômica do pai reflete-se nas relações patriarcais com os demais membros da família. O Estado autoritário tem o pai como seu representante em cada família, o que faz da família um precioso instrumento de poder. A posição autoritária do pai reflete seu papel político e revela a relação da família com o Estado autoritário. A posição que o superior hierárquico assume em relação ao pai, no processo de produção, é por este assumida dentro

da família. Ele reproduz nos filhos, especialmente nos de sexo masculino, a sua atitude de submissão para com a autoridade. É deste tipo de relações que resulta a atitude passiva e obediente do indivíduo da classe média baixa em face à figura do *führer*.

Para Reich (2001), o pai demanda as mais rígidas barreiras sexuais à mulher e aos filhos. Já as mulheres, influenciadas pela classe média inferior, criam uma atitude de resignação forçada por uma revolta sexual reprimida, enquanto os filhos criam, além da atitude obediente diante da autoridade, uma intensa identidade com o pai, representante da identificação emotiva com toda espécie de autoridade.

Hitler procurava sempre racionalizar seu sadismo e seu desejo de dominação, atribuindo aos outros, por ele considerados inimigos, essas intenções, com intuito de encobrir seus sentimentos de sadismo e de destrutividade (Fromm, 1974). Nesse sentido,

> um paranoide pode crer que está sendo perseguido, e uma observação casual pode ser indício de um plano para humilhá-lo e arruiná-lo. Ele está convencido de que a falta de qualquer manifestação mais flagrante e explícita de semelhante intenção nada prova (Fromm, 1978a, p. 82).

Da perspectiva frommiana, Hitler justificava suas agressões sob o argumento de estar agindo em defesa do povo ariano e da Alemanha. Embora buscasse fundamentar sua ideologia na injustiça do Tratado de Versalhes, se sua ideologia for analisada globalmente, chega-se à conclusão de que ela se arrima em seu intenso desejo de conquista e de poder (Fromm, 1974).

As acusações paranoicas por parte de Hitler encontraram arrimo nos indivíduos da classe média inferior, em face da estrutura de seus caráteres. As suposições do paranoico, que se diz perseguido, são improváveis, mas sua realidade é alicerçada na possibilidade lógica e não na probabilidade, o que constitui a base de sua moléstia. Para Fromm (1969, p. 28) "seu contato com a realidade se baseia numa reduzida margem de compatibilidade com as leis do pensamento lógico, sem exigir o exame da probabilidade real. E não a exige porque não é capaz de tal exame".

Conforme conclui, embora não seja difícil reconhecer a paranoia individual, torna-se complicado reconhecê-la quando partilhada pela autoridade e por milhões de pessoas a ela submissas. A paranoia, de forma diversa do pensamento sadio, não leva em conta as probabilidades reais das situações (1969).

Outro mecanismo patológico que ameaça o pensamento político realista é o da projeção, pelo qual o sujeito projeta no inimigo todo o mal presente no próprio sujeito. Dessa ótica, o indivíduo, ao projetar seus sentimentos persecutórios e destrutivos no suposto inimigo, passa a considerar-se como personificação de todo o bem, de forma narcísica (Fromm, 1969).

Na visão de Adorno e Horkheimer (1985), nessa projeção, o indivíduo enxerga na vítima potencial os impulsos que pertencem a ele, conquanto não admitidos. Por esse motivo, o sujeito obcecado pela vontade de matar sempre vê na vítima a perseguidora que o obriga a agir em legítima defesa. Na paranoia, o sujeito não tem consciência – decorrente de ausência de reflexão – dessa projeção, produzindo um mundo à sua imagem. Escolhidos como inimigos, os judeus são reconhecidos como inimigos. O distúrbio paranoico incapacita o indivíduo de separar no material projetado o que provém dele e o objeto alheio.

Segundo os autores (1985, p. 156),

> o patológico do antissemitismo não é o comportamento projetivo enquanto tal, mas a ausência da reflexão que o caracteriza. Não conseguindo mais devolver ao objeto o que dele recebeu, o sujeito não se torna mais rico, porém, mais pobre. Ele perde a reflexão nas duas direções: como não reflete mais o objeto, ele não reflete mais sobre si e perde assim a capacidade de diferenciar. Ao invés de ouvir a voz

da consciência moral, ele ouve vozes; ao invés de entrar em si mesmo, para fazer o exame da sua própria cobiça de poder, ele atribui a outros os "Protocolos dos Sábios de Sião".[11]

Dessa projeção paranoica, os nazistas transferiram para os judeus aquilo que justamente era almejado pelos líderes desse regime.

Além da paranoia e da projeção, que impedem o pensamento sadio e preventivo, há a patologia do *fanatismo*, de grande relevância política. Para Fromm (1969), o fanático pensa e age em nome de seu ídolo. Endeusa seu próprio ego, absorvido pelo líder e ídolo de forma apaixonada. Ele torna-se perigoso e sedutor politicamente, porque parece estar intensamente convicto de suas ideias.

Para a compreensão dos aspectos psicanalíticos do nazismo, Fromm (1975b) analisa também a personalidade de Himmler, chefe da SS (esquadrão de proteção), em especial seu desejo de dominar, seu fanatismo, seu caráter burocrata, sua sensação de insignificância e sua submissão ao *Führer*, considerado por Himmler o deus-homem. Fromm constatou em Himmler a presença viva de um caráter anal (acumulativo) sadomasoquista. Em um de seus escritos, Himmler ressalta: Hitler "está destinado pelo Carma da germanidade universal [Germanentum] a guiar a luta contra o leste e salvar a germanidade do mundo; uma das grandes figuras da luz encontrou nele a sua encarnação" (apud Fromm, 1975b, p. 406).

Himmler, apesar de seu senso de inferioridade social, que invejava os nobres, antes da ascensão do nacional-socialismo, tornou-se o "nobre da nova era", como chefe da SS. Sua falta de segurança inicial e sua origem social inferior levaram-no a compensações sádicas em um sistema burocrático de destruição em massa. Segundo Fromm, homens como Himmler faziam parte de uma classe

---

[11]. Em seu texto *Educação após Auschwitz* (1967), Adorno tornaria a se referir à importância da reflexão e da autonomia contra a barbárie. Nas suas palavras: "A única força verdadeira contra o princípio de Auschwitz seria a autonomia, se me for permitido empregar a expressão kantiana; a força para a reflexão, para a autodeterminação, para o não deixar-se levar" (p. 110).

social inferior e ressentida no sistema imperial. Eram impotentes e desprovidos de alegria na vida. Além disso, não tinham perspectiva de um futuro profissional promissor (Fromm, 1975b).

No final de sua vida, com a derrota da Alemanha na Segunda Grande Guerra, Himmler não conseguiu se ver destituído do poder absoluto que havia conquistado e constatar sua experiência de fragilidade e de impotência. Quando capturado em um campo de concentração como simples prisioneiro desconhecido, seu narcisismo não permitiu que ocultasse sua verdadeira identidade. Após revelá-la, cometeu suicídio pouco tempo depois (Fromm, 1975b).

Assim como Himmler, Hitler, nascido em Viena, também era oriundo de classe média inferior e seus fracassos antes de se tornar líder do regime nazista foram marcantes para desenvolver seu ressentimento, seu desejo de vingança e sua paixão pela destruição. Além de componente de uma classe média marginal em Viena, foi reprovado na Academia de Belas-Artes. Na Primeira Guerra Mundial, experimentou outro fracasso, com a derrota da Alemanha e a vitória dos revolucionários. Com isso, Hitler transformou suas derrotas pessoais em humilhações da própria Alemanha. Desse modo, "vingando e salvando a Alemanha, vingar-se-ia a si mesmo e, ao limpar a vergonha da sua pátria, limparia a sua própria vergonha" (Fromm, 1975b, p. 525).

O narcisismo e a mania de grandeza de Hitler aumentavam na proporção das desilusões que experimentou durante sua vida, o que contribuía para aumentar sua cólera e sua megalomania. A perspectiva da guerra propiciou-lhe uma identificação com a Alemanha, na medida em que não possuía realização de forma autônoma. O fanatismo dessa época era oriundo da classe mais baixa da burguesia, sem esperança, que visualizou em Hitler a imagem do salvador da Alemanha (Fromm, 2011b). Nesse sentido, Hitler foi elevado a uma categoria divina durante todo o período do nacional-socialismo, sem jamais ser contestado pela massa da população. Essa elevação divina do *Führer* foi ressaltada por Goebbels, em 31 de dezembro de 1944, ao final da guerra, ao mencionar que o amor de Hitler se dirigia a toda a humanidade, que deveria abandonar "os falsos deuses para reverenciá-lo" (Klemperer, 2009, p. 192).

Na visão de Reich, a ideia de Hitler só pôde ter êxito porque seu pensamento, sua ideologia ou seu programa encontraram arrimo na estrutura média de uma grande parte da população. Para o autor, "*somente quando a estrutura de personalidade do führer corresponde às estruturas de amplos grupos, um 'führer' pode fazer história*" (Reich, 2001, p. 34).

Embora as principais vítimas da destruição em massa fossem os russos, judeus e poloneses, em relação aos judeus essa intenção destrutiva por parte de Hitler só ficou clara pouco antes do início da Segunda Grande Guerra, embora ele pudesse ter mantido em segredo essa intenção. Antes disso, Hitler promoveu várias medidas para afastar os judeus da Alemanha. Mesmo assim, em 1939, Hitler havia manifestado sua intenção de afastar os judeus da Europa (Fromm, 1975b).

Ao final da Segunda Guerra Mundial, quando Hitler percebeu a derrota, sua morte teve de ser acompanhada por todos os que o cercavam, inclusive os alemães. Como conclui Fromm, "a destruição total teria de constituir o pano de fundo de sua própria destruição" (Fromm, 1975b, p. 532), o que revela seu caráter necrófilo e destrutivo.

Na visão de Fromm, nos sistemas autoritários, a autoridade é idealizada como totalmente distinta dos súditos, além de portadora de poderes de força, de magia e de sabedoria, inalcançáveis pelos súditos, quer seja ela o Senhor do universo, quer um líder ímpar enviado pelo destino. A concepção de desigualdade entre ela e os outros homens é significativa. Essa é justamente a crença básica da consciência autoritária, cujas determinações não são sustentadas pelos valores pessoais, mas sim porque provêm dessa autoridade (Fromm, 1978a).

Em seu estudo sobre os aspectos psicanalíticos do nazismo, Fromm (1974) conclui que, embora o indivíduo adquira uma sensação de segurança, os vínculos decorrentes da submissão, para escapar do peso do isolamento e da sensação de não pertencimento, não o conduzem a uma união autêntica com o mundo.

Fromm (1974) tem uma visão otimista diante do moderno sistema industrial, capaz de produzir uma vida econômica segura, bem como meios para o pleno desenvolvimento intelectual, sensual e emocional do indivíduo. Simultaneamente, o novo modelo industrial tem o condão de reduzir as horas de trabalho, em benefício do homem. Ele mostra a necessidade do homem atingir sua liberdade no sentido positivo, inerente ao processo de individuação. Ao contrário, "a fuga para a simbiose", nos sistemas autoritários, conquanto possa abrandar temporariamente o sofrimento, não é capaz de extingui-lo. Por isso, o homem não consegue conviver durante longo período com uma liberdade negativa, submetido à autoridade. De fato, conforme conclui, "os sistemas autoritários não podem extinguir as condições fundamentais que dão lugar à busca da liberdade, nem podem eles, tampouco, exterminar a busca da liberdade que surge dessas condições" (Fromm, 1974, p. 190). Esses sistemas autoritários, como o nazismo, só se concretizam diante da sensação de impotência do indivíduo a ser superada.

Todavia, da ótica frommiana, a liberdade plena só é atingida se somos capazes de possuir pensamentos próprios, de forma espontânea. Só assim teremos competência para estabelecer nossa individualidade e nos emanciparmos das autoridades externas, porquanto o automatismo constitui a base para os fins políticos do totalitarismo. Para Fromm (1974, p. 208), "a incapacidade de agir espontaneamente, de expressar o que sente e pensa autenticamente, e a necessidade resultante de apresentar um pseudoego aos outros e a si mesmo são a origem do sentimento de inferioridade e fraqueza".

Nesse aspecto, parece-nos que seu pensamento se aproxima da ideia kantiana de esclarecimento (*Aufkärung*), segundo a qual a emancipação ou autonomia, consequência da saída da menoridade, decorre da capacidade do homem de "servir-se de si mesmo sem a direção de outrem", ou seja, da "coragem de fazer uso de seu próprio entendimento" (Kant, 2009, pp. 63-4).

Para Fromm (1974), temos dificuldade de reconhecer se nossos desejos, pensamentos e sentimentos são nossos ou vindos do exterior, questão intimamente ligada à liberdade e à autoridade. Por esse motivo, muitos indivíduos vivem como autômatos, na ilusão de possuírem vontade própria. Na verdade, atuam e pensam nos moldes traçados pelas exigências externas sociais, sem consciência dessa situação, comprometendo, assim, a própria identidade.

Já a liberdade positiva está relacionada à originalidade do indivíduo voltada para a concretização do *eu*. Os homens distinguem-se não só em decorrência do equipamento com o qual começam a viver – herdado, fisiológico e mental –, como também pelas circunstâncias e experiências no decorrer da vida. O crescimento do eu é peculiar e orgânico, inerente a determinada pessoa. Já o autômato tem seu eu tolhido. Seu eu é resultante da incorporação de padrões extrínsecos de modo de agir e de sentir.

Fromm (1974) ressalta, contudo, a compatibilidade entre a ausência de submissão por parte do homem, a nada superior a si mesmo, e os ideais, desde que considerados autênticos, arrimados nas finalidades de crescimento e felicidade do indivíduo. O fenômeno do masoquismo, já examinado, comprova que o homem pode ser conduzido aos ideais de sujeição e de sofrimento, como ocorreu no nazismo, no qual a sensação de prazer pode ser consequência de uma perversão patológica. Já o ideal autêntico constitui a expressão inteligível da máxima afirmação do *eu*.

Como o nazismo pregava como ideal o sacrifício individual em prol de sua ideologia, Fromm questiona se a noção de liberdade excluiria sempre o sacrifício. Para ele, existem duas espécies de sacrifício. A primeira, inerente à natureza humana, corresponde à trágica realidade da vida, na qual, muitas vezes, temos de experimentar o sacrifício físico em prol da defesa da integridade espiritual. Outro exemplo é a morte, que pode corresponder à afirmação da nossa individualidade. Essas espécies de sacrifício não se confundem com o sacrifício imposto pelo regime nazista, que impõe ao indivíduo a destruição do seu *eu* e a sujeição máxima ao poder (Fromm, 1974).

O autor sustenta que o aspecto psicológico relativo à liberdade não pode ser apartado do aspecto material da existência do indivíduo, ou seja, da base econômica, social e política da sociedade em que vive. A democracia, em seu sentido genuíno, é o melhor sistema para o desenvolvimento humano. No seu entender, a democracia, em seu sentido verdadeiro, proporciona condições econômicas, culturais e políticas para o crescimento dos indivíduos, isto é, para o processo de individuação, o que não se dá em relação ao fascismo. Para ele, "só se o homem dominar a sociedade e subordinar a maquinaria econômica aos fins da felicidade humana, participando ativamente, ele mesmo, do processo social, poderá superar o que agora o leva ao desespero – sua solidão e seu sentimento de impotência" (Fromm, 1974, p. 218).

3.12. Sobre o antissemitismo

Assim como Freud, Fromm testemunhou e vivenciou a questão do antissemitismo na Europa. Descendente de família judia ortodoxa, Fromm nasceu em 1900 em Frankfurt, onde somente quarenta anos antes havia sido permitido aos judeus viver fora dos guetos e dedicar-se a tarefas burguesas. Por isso, ser judeu significava pertencer a uma minoria apartada da maioria social na Alemanha. Embora orgulhoso de suas tradições judaicas, Fromm sentia-se sozinho e estranho diante da vida cotidiana que levava com a maioria da população. Diante dessa posição existencial e singular, necessitava saber como um indivíduo poderia adaptar-se à vida em sociedade sem perder sua individualidade. Essa questão essencial para Fromm estava vinculada à inter-relação do indivíduo com a sociedade. Essa preocupação de Fromm culminou com os estudos para elaborar sua dissertação na área da sociologia, entre 1919 e 1924, a respeito da diáspora judaica (Funk, 2009).

Como vimos no primeiro capítulo do nosso estudo, em *Moisés e a religião monoteísta* (1939), Freud sustentou que Moisés era egípcio, um estrangeiro tanto para os judeus quanto para outros povos. Moisés havia aberto mão de sua posição superior aristocrática e tornado o povo judeu o escolhido. Da perspectiva freudiana, foi a religião fundada por Moisés para os judeus que os tornou orgulhosos, passíveis de distinção e recompensa. Moisés, para os judeus, representa o líder que proporcionou a cada seguidor usufruir satisfações narcísicas importantes. Ele simboliza o pai da horda primitiva invertida, na concepção de Enriquez (1990), por representar um pai onipotente que ama seus seguidores e os faz ingressar no mundo da cultura.

Além das causas do antissemitismo mencionadas por Freud, Fromm visualiza no referido texto uma identificação do pai da psicanálise com Moisés, repetindo uma identificação semelhante contida em escrito anterior, *Moisés de Michelangelo* (1913). Segundo Fromm, Freud se via como Moisés, não compreendido pela massa, embora tivesse capacidade de controlar seu ódio e dar seguimento à sua obra psicanalítica. Essa identificação fica reforçada pela dedicação de Freud a Moisés nos últimos anos de sua vida (as duas primeiras partes do texto foram publicadas em 1937, e a última em 1939, ano de sua morte), em plena ascensão do nazismo liderado por Hitler (Fromm, 1965).

Para Fromm, Freud privou os judeus de seu herói e da reivindicação da originalidade do monoteísmo. Se esse fosse o campo de estudo de Freud ou se ele possuísse provas concretas de suas assertivas nesse sentido, nenhuma indagação psicológica caberia; no entanto, como isso não ocorreu, pode-se presumir uma identificação inconsciente de Freud com Moisés, nos seguintes termos: "Freud, como o grande líder dos judeus, conduzira o povo à terra prometida, sem ele próprio alcançá-la; ele sofrera a ingratidão e o desprezo do povo, sem desistir de sua missão" (Fromm, 1965, p. 89). Segundo Fromm, Freud visualizou na sua criação, o movimento psicanalítico, um instrumento salvador e conquistador. Assim, "ele concretizara seu velho sonho, de ser o Moisés que mostrou à raça humana a terra prometida, a conquista do Id pelo Ego, e o caminho para essa conquista" (Fromm, 1965, p. 105).

Em sua obra *O espírito de liberdade* (1966), Fromm menciona que os judeus, ao longo da sua história, foram dominados e sofreram diante dos que podiam fazer uso da força. No seu entender, a partir da libertação da escravidão, no Egito, os discursos dos profetas humanistas encontraram ressonância nas vítimas da perseguição judaica. Para o autor, se por um lado houve a tragédia do povo judeu, da perda de seu país e Estado, por outro, quanto ao aspecto humanista, houve benefício. Perseguidos e desprezados, os judeus desenvolveram e mantiveram uma tradição humanista. Como observa Fromm (1965, p. 9),

> a própria tradição judaica era de razão e de disciplina intelectual, e, além disso, uma minoria de algum modo desprezada tinha intenso interesse emocional em derrotar as forças das trevas, da irracionalidade, da superstição, que obstruíam o caminho para a sua própria emancipação e progresso.

Segundo o autor, considerada a versão bíblica e a tradição judaica posterior, o desenvolvimento humano implica a conquista da liberdade e da independência. A meta da conduta humana é a luta constante de libertação do homem das cadeias do passado, da natureza e dos ídolos. Conforme alguns princípios da tradição judaica, a tarefa do indivíduo está na progressiva emancipação dos vínculos primários de apego incestuoso. A título de exemplo, a Páscoa, celebrada como libertação da escravidão. A obediência à figura do pai, na tradição judaica, não se confunde com a fixação incestuosa à mãe, ao solo e ao sangue. A autoridade paterna, na tradição judaica, representa, além da razão e da consciência, a legislação e os postulados morais e espirituais (Fromm, 1975b).

Na visão de Fromm (1975b), poder-se-ia argumentar que a tradição judaica posterior possui intensa perspectiva nacionalista, ao separar claramente os judeus do resto do mundo, mencionando, inclusive, que o povo judeu é superior a outras nações, além de escolhido e favorito de Deus; no entanto, essa atitude nacionalista poderia ser explicada pelo fato de o povo judeu ter sido perseguido e vítima de tentativa de escravização por parte de outras nações, no decorrer dos séculos, o que tornava difícil encontrar ideias de internacionalismo e universalismo em tal situação. Durante longo período em exílio, os judeus foram perseguidos, mortos e discriminados, inicialmente pelos cruzados e, no século XX, pelo nazismo, quando mais de um terço do povo judeu foi exterminado; no entanto, como ressalta Fromm (1975b), tais circunstâncias não justificam o nacionalismo judaico, somente o explicam.

Na tradição judaica, esse nacionalismo está equilibrado por um princípio oposto a ele, o universalismo, cujo ponto marcante é encontrado na literatura profética, na qual é esquecido o papel dos filhos de Israel como prediletos de Deus. Fromm (1975b) destaca que, em pleno século XIX, com a queda das barreiras políticas e sociais, os pensadores judeus se puseram entre os mais expressivos representantes do internacionalismo e do humanismo.

Um aspecto universalista do tempo messiânico prescreve:

> Os homens não só deixarão de se destruir mutuamente como terão superado a experiência do isolamento entre uma nação e outra. Quando o homem se tiver tornado plenamente humano, o estrangeiro deixará de ser estrangeiro; a ilusão das diferenças essenciais entre nação e nação desaparece e não há mais nenhum povo "eleito" (Fromm, 1975b, pp. 104-5).

O profeta Isaías propaga a ideia de amor igual a todas as nações, uma vez que Deus não considera nenhum filho favorito (Isaías, 19, 23-25). Além disso, a Bíblia determina o amor ao estrangeiro, aquele que não partilha do mesmo sangue e da mesma religião. A esse respeito, a Bíblia diz que o estrangeiro não deve ser oprimido quando habitar sua terra, mas sim considerado natural, devendo amá-lo como a si mesmo, pois já foi estrangeiro na terra do Egito (Levítico 19, 33-34). Idêntica menção é encontrada no Deuteronômio (10, 19) (Fromm, 1975b).

Para Fromm (1975b), ao descobrirmos o estrangeiro em nós, os estrangeiros externos deixam de ser estranhos. Amar o estrangeiro está implícito no mandamento bíblico de amar o inimigo. Por isso, se reconhecemos o estrangeiro em nós, o estrangeiro externo, automaticamente, deixa de ser inimigo.

Para finalizar, podemos concluir com Fromm (1978b) que a paz entre os homens, e entre estes e a natureza, ultrapassa a ausência de luta, porquanto corresponde a autêntica união e harmonia. Uma verdadeira integração do homem com o mundo e consigo mesmo, representando, assim, o ocaso da alienação.

CONCLUSÃO

Pela leitura da obra conjunta de Fromm, no último capítulo, podemos constatar suas importantes contribuições psicanalíticas para a compreensão do nazismo – e *do antissemitismo nele inserido*. Embora o autor tivesse recebido influências marcantes de Freud e Marx, verificamos em Fromm um pensamento inovador a respeito dos referidos temas. De fato, ele reúne, em sua proposta psicanalítica, não só feições individuais relativas à dependência individual, como também influências das exigências econômicas e sociais do laço social, em especial as ocorridas na sociedade ariana entre as duas grandes guerras mundiais, na primeira metade do século XX.

Desde seus primeiros escritos, na década de 1930, percebemos uma ideia constante em Fromm: a dificuldade do homem contemporâneo em lidar com a liberdade conquistada desde a Era Moderna, em face das crises sociais, psicológicas e culturais. No seu entender, essa dificuldade conduziu os indivíduos a buscar os mecanismos psicológicos de fuga – para escaparem da solidão e da sensação de impotência –, que contribuíram para a ascensão do nazismo. Dentre esses mecanismos, destacam-se o sadismo e o masoquismo, analisados por Fromm a partir do conceito de autoridade irracional, e não como fenômenos oriundos da sexualidade. Para o autor, a sociedade autoritária consegue manter suas exigências a serem reprimidas por meio da ameaça de ostracismo dirigida às massas.

De acordo com a ótica frommiana, os processos psicológicos individuais não se desenvolvem apartados da cultura de determinada época, porquanto o homem é modelado pela cultura. Embora Fromm não afaste a influência do contexto econômico e social da Alemanha, após a Primeira Grande Guerra, para a ascensão do nazismo, considera fundamental a análise dos aspectos psicológicos para compreender esse regime. Em *O medo à liberdade* (1941), primeira obra publicada pouco tempo depois de seu desligamento do Instituto de Pesquisa Social de Frankfurt, ele analisa os fatores dinâmicos da estrutura de caráter de milhões de indivíduos integrantes da massa ariana, que almejaram desistir da liberdade em prol do nacional-socialismo. Para o autor, essa massa não estava preparada para compreender os vínculos de submissão ao poder totalitário, capaz de desrespeitar os direitos fundamentais dos mais frágeis.

Seguindo o pensamento freudiano, em *Moral sexual civilizada e doença nervosa moderna* (1908), Fromm, assim como Reich (2001), menciona a concorrência da repressão sexual para a ascensão dos totalitarismos, pois tal repressão tinha o condão de tornar os indivíduos mais frágeis e submissos. Somente mais tarde, em *A crise da psicanálise* (1970), Fromm passou a defender que a partir da segunda metade do século XX – quando o nazismo não mais existia – o problema deixou de ser a repressão ao impulso sexual, pois o sexo passou a ser um artigo de consumo em face da sociedade consumista.

Em *Análise do homem* (1947), Fromm aparta-se do pensamento freudiano ao sustentar que parte significativa dos anseios humanos não pode ser explicada pela força dos instintos ou pela demanda sexual. Mesmo que os desejos sexuais estejam satisfeitos, o indivíduo ainda aspira ao amor, ao poder e à destruição, pondo-se em risco em prol de ideais políticos, como ocorreu no nacional-socialismo na Alemanha, quando a população ariana deixou-se guiar pelas propostas fanáticas de dominação.

Fromm discorda da ideia da universalidade do complexo edipiano por acreditar que a força desse complexo se exerceu nas sociedades patriarcais, nas quais o filho passou a ter o papel de provedor da velhice do pai. O amor entre eles podia transformar-se em ódio diante da possibilidade de insucesso do filho naquele papel. Nas sociedades matriarcais isso não ocorreria, uma vez que o amor materno não estava suscetível a mudanças e a pressões sociais. Na sociedade ariana pré-nazista, da primeira metade do século XX, o papel da mãe como provedora estava desgastado. Ela também precisava de proteção, o que propiciou o fortalecimento dos substitutivos maternos, visualizados em poderes externos, por exemplo, a nação, representada pela figura do *Führer*, uma das justificativas para a ascensão do nacional-socialismo alemão.

Na sua proposta de uma "psicanálise social analítica", Fromm (1979) pretende reunir a base da teoria freudiana com os conceitos marxistas, interessando-se pelo materialismo histórico. Embora a família seja sempre uma agência psicológica da sociedade, seu papel varia segundo os valores sociais a serem incutidos nos indivíduos. Para o autor, o pai representa, na família, uma autoridade delegada pelo poder externo. Por esse motivo, na Alemanha, a figura paterna foi a representante externa do nacional-socialismo.

As observações de Fromm sobre a psicologia social analítica são importantes para a compreensão dos regimes totalitários. No seu entender, há uma diferença substancial, de um lado, entre as relações estabelecidas entre o povo e um líder identificado com sua classe e, de outro, entre as massas e um chefe totalitário, que governa com autoritarismo e onipotência. Daí a crítica frommiana ao pensamento de Freud (2001i), o qual considerou de forma abstrata as relações entre o líder e a massa, sem considerar as diferenças apontadas. Fromm nos mostrou como os traços comuns dos indivíduos puderam ser influenciados por uma sociedade alicerçada em um regime totalitário, arrimado no autoritarismo e na submissão.

Ao sustentar que o aspecto psicológico relativo à liberdade não pode ser apartado do aspecto material da existência do indivíduo, ou seja, da base econômica, social e política da sociedade em que vive, Fromm conclui que a democracia, em seu sentido genuíno, é o melhor sistema para o desenvolvimento humano. No seu entender, a democracia proporciona condições econômicas, culturais e políticas para o crescimento dos indivíduos, isto é, para o processo de individuação, o que não acontece com relação ao fascismo.

Segundo Fromm, a mãe representa a primeira personificação do poder, ao transmitir para o filho a sensação de segurança e de certeza, conquanto não seja a única a desempenhar esse papel. Posteriormente, durante o desenvolvimento do indivíduo, esse vínculo de proteção é substituído, inicialmente, pela família ou por aqueles que compartilham do mesmo sangue e do mesmo solo. Depois, os partidos políticos, a raça e a nação transformam-se em mães protetoras, como ocorreu na Alemanha nazista, na qual só eram considerados humanos os que partilhavam do mesmo sangue e do mesmo solo. Já os estranhos, como os judeus, eram vistos como bárbaros ou inimigos.

Assim, o desejo incestuoso não se arrima na atração sexual, mas na ânsia do indivíduo de permanecer sob a proteção simbólica da mãe, cuja relação representa a forma mais primitiva dos vínculos sanguíneos, que traz a ele a sensação de pertencer a um grupo. Por essa razão, Fromm vê no nazismo um exemplo da fixação incestuosa, uma vez que esse regime tinha como objetivo proporcionar à massa ariana a sensação de pertencimento e segurança. Para tanto, o nazismo, arrimado no racismo, estava baseado na idolatria do sangue e do solo. Hitler, originariamente desprovido de raízes e de classe social, além de psicologicamente solitário, conseguiu experimentar suas raízes na raça e no sangue ariano.

Entretanto, embora o nazismo proporcionasse uma sensação de segurança e de pertencimento para a massa, tornava os indivíduos insignificantes diante dos objetivos desse sistema totalitário. Todos tinham de submeter-se ao *Führer*, transformado em objeto de adoração. O *Führer*, idolatrado, representava um valor supremo e propiciava o desejo de retorno à figura protetora da mãe, identificada com a Alemanha.

No tocante às tendências destrutivas, Fromm afasta-se da hipótese freudiana do instinto de morte, ao sustentar uma variação de grau e de intensidade da destrutividade entre indivíduos e entre grupos sociais. Considerado esse raciocínio, o autor demonstra a razão pela qual a massa da população ariana foi atraída pelo nazismo e pela destrutividade a partir da década de 1920, em momento de grande crise social e econômica. Em pesquisa empírica realizada nos anos 1930, Fromm constatou também uma intensidade maior da destrutividade na classe média inferior na Alemanha do que nas demais classes sociais. Tal destrutividade, nessa classe social, foi relevante para a ascensão do nacional-socialismo.

Na visão do autor, ocorre uma oposição entre a necrofilia (apego pela destruição) e a biofilia (interesse pela vida), e não como duas tendências simultâneas entre pulsão de vida e pulsão de morte, como sustenta o pensamento freudiano. Fromm dá o exemplo de Hitler como uma pessoa necrófila. Durante o sucesso do nazismo, sua destrutividade era dirigida contra as minorias e contra os inimigos; no entanto, no momento do declínio do nazismo, sua vontade destrutiva voltou-se contra si e contra aqueles que o rodeavam.

Para Fromm (1974), Hitler revelou seu sadismo ao referir-se às massas, por ele amadas e desprezadas ao mesmo tempo. As massas, na visão de Hitler, ambicionam ser dominadas e, simultaneamente, almejavam a vitória dos mais fortes e a destruição dos mais debilitados. Por esse motivo, havia uma hierarquia no nazismo, segundo a qual todos eram, ao mesmo tempo, superiores e inferiores aos outros. Assim, Hitler e os oficiais superiores do nazismo agiam com amplos poderes sobre a massa ariana, enquanto estas eram conduzidas a exercer poder sobre outras nações e outras raças. Hitler também agia de forma masoquista e submissa diante do destino, da história e dos poderes da natureza (Fromm, 1974).

No tocante à educação, havia para Hitler uma ambivalência entre poder e submissão, reflexo de seu sadomasoquismo, pois pregava que o aluno tinha de ter a convicção de ser superior aos outros e, ao mesmo tempo, devia não afirmar seu *eu* e suportar injustiças. Somente por meio da submissão das massas o poder totalitário poderia ter sucesso. Hitler buscava racionalizar seu sadismo e sua destrutividade ao atribuir aos outros, de forma paranoica, seu desejo de dominação, como ocorreu em relação aos judeus. Diante dessa projeção paranoica de seus sentimentos persecutórios e destrutivos no suposto inimigo, Hitler passava a considerar-se, de forma narcísica, a personificação de todo o bem (Fromm, 1969).

Fromm (1975b) constatou também em Himmler, chefe da tropa de elite nazista, o desejo de dominar, o fanatismo, o caráter burocrata, a sensação de insignificância e a submissão ao *Führer*. Assim como Hitler, a origem de classe social inferior de Himmler conduziu-o a compensações sádicas em um sistema burocrático de destruição em massa. Ao final da guerra, com a derrota alemã, Himmler não conseguiu lidar com a ausência de seu poder absoluto e não pôde vivenciar sua experiência de fragilidade. Seu narcisismo excessivo fez com que revelasse sua verdadeira identidade e se suicidasse pouco tempo depois (Fromm, 1975b).

Hitler experimentou em sua vida muitas desilusões. Seu narcisismo e sua mania de grandeza aumentavam na proporção de suas desilusões, o que contribuía para majorar sua cólera e megalomania. A expectativa da guerra propiciou-lhe uma identificação com a Alemanha, na medida em que não possuía uma realização autônoma (Fromm, 2011b).

Para Fromm, Hitler era uma pessoa com elevado grau de narcisismo e teria desenvolvido uma psicose caso não tivesse convencido milhões de pessoas de sua autoimagem vencedora. Como ele se sentia absolutamente convicto de sua grandiosidade e de sua missão, conseguia transmitir uma sensação de segurança para as pessoas comuns da massa, que transferiam para o nacional-socialismo seus narcisismos. Em contrapartida, Hitler recebia aplausos e reconhecimento da massa, proporcionando-lhe, assim, satisfação de seu equilíbrio psíquico. Ele possuía dons capazes de convencer a massa ariana. Por não serem observados em pessoas comuns, esses dons produziram exaltação em milhões de pessoas que viram em Hitler a figura do redentor e salvador da Alemanha, nele depositando todas as esperanças.

Ao final da Segunda Guerra Mundial, quando Hitler percebeu a derrota, sua morte teve de ser acompanhada por todos os que os cercavam, inclusive os alemães. Como observa Fromm (1975b, p. 532), "a destruição total teria de constituir o pano de fundo se sua própria destruição", o que revela seu caráter necrófilo e destrutivo.

Verificamos também em nosso estudo o pensamento de Fromm sobre as mortes burocráticas nos campos de extermínio, nos quais havia um processo técnico e metódico comandado por pessoas necrófilas. Por meio desse procedimento, os carrascos se eximiam de matar com as próprias mãos. Ele nos dá como exemplo Eichmann, que, desprovido de senso de humanidade, circunstância presente em muitas pessoas, em nome da burocratização, administrava prisioneiros como se fossem coisas e agia com total indiferença ou preocupação. Ele havia perdido a capacidade de desobedecer. Conforme constatamos, a análise de Fromm em relação a Eichmann aproxima-se do conceito de *banalidade do mal* formulado por Hannah Arendt (1999). Com Eichmann ocorreu o que Adorno e Horkheimer (1985) denominam perda de objeto da consciência moral, na qual a colaboração ao regime substitui o sentimento de responsabilidade por si e pelos outros.

Podemos concluir com Fromm que um ambiente totalitário como o nazismo propicia o crescimento das tendências destrutivas. Para o autor, a psicanálise pode também ajudar-nos no reconhecimento dos necrófilos, através de suas máscaras e ideologias, e não por meio de seus discursos, como ocorreu em relação a Hitler. O amor à vida, em oposição à necrofilia, poderá desenvolver-se em um contexto social arrimado na justiça, na segurança e na liberdade dos indivíduos, capazes de tornarem-se ativos e responsáveis, em vez de submissos e autômatos.

No que se refere ao narcisismo, Fromm sustenta que no narcisismo coletivo ocorrem fenômenos semelhantes aos constatados no narcisismo individual. Na transferência do narcisismo individual para o narcisismo em grupo, o orgulho de pertencimento ao grupo é eficaz para os indivíduos sem cultura e economicamente débeis. A classe média inferior ariana sentia grande satisfação em achar-se a mais admirável e superior. Em contrapartida, via os outros grupos sociais como inferiores. Dessa ótica, em uma relação narcísica excessiva, a nação, como substituta da figura protetora materna, é credora e o centro de tudo, por ser tão admirável. Na Alemanha, a massa almejava um chefe com quem podia se identificar, projetando nele seu narcisismo. Esse chefe, representado pela figura de Hitler, era considerado onipotente, sagrado e portador de poderes extraordinários.

Se as condições sociais, políticas e econômicas são desfavoráveis, a liberdade tem um peso intolerável, a exemplo do que aconteceu no período da depressão econômica na Alemanha na década de 1920, que propiciou a ascensão do nacional-socialismo. Para fugirem do fardo da liberdade, os indivíduos buscaram submissão a novos vínculos ou aos *conformismos de autômatos*, arrimados na total indiferença.

Segundo Fromm, os simpatizantes do totalitarismo, em especial do nazismo, possuíam caráter autoritário e se sentiam mais fortalecidos ao submeterem-se a um poder autoritário, tornando-se parte desse poder. Havia uma relação sadomasoquista, pois, simultaneamente, o indivíduo sente-se absorvido por algo e tem uma sensação de fazer parte de um poder forte e superior. Sobre o assunto, ressalta Klemperer (2009, p. 242):

> O nacional-socialismo não tem intenção de atacar a personalidade. Quer enaltecê-la, o que não exclui (ao contrário!) torná-la mecanizada: cada um tem de ser um autômato nas mãos de seu comandante e ao mesmo tempo um *Führer*, aquele que aciona o botão e faz de seu comandado um autômato.

Conforme acrescenta o autor, com o clique do botão, as pessoas adotam movimentos e posições automáticas, sejam professores ou funcionários administrativos, sejam membros da SS.

Em *O medo à liberdade* (1941), ao cuidar da questão da "Liberdade na era da Reforma", Fromm sustenta que os pensamentos de Lutero e de Calvino haviam preparado o homem para a sociedade moderna e para o sistema industrial, ao pregarem a insignificância do *eu* e sua submissão a outros fins. Por meio das suas doutrinas, os indivíduos estavam psicologicamente preparados para acolher seus papéis de servos da economia e, ocasionalmente, de um líder totalitário, como ocorreu no nacional-socialismo alemão. Isso porque considerada a ideologia nazista, o objetivo da vida é sacrificá-la em benefício de interesses superiores, do *Führer*, e da nação.

Além dos motivos externos, resultantes do contexto social, político e econômico, Fromm aponta, dentre as razões psicológicas de ordem subjetiva, a ansiedade, a dúvida, a depressão e a sensação de impotência, que conduzem os indivíduos a buscar os *mecanismos de fuga*, bem explicados em seu livro *O medo à liberdade* (1941). Embora esses mecanismos possam reduzir a angústia, seu custo é a perda da individualidade em prol de uma vida consistente em atividades compulsivas ou automáticas. Para melhor entendimento desses mecanismos, Fromm os divide em três partes: autoritarismo, destrutividade e conformismos de autômatos.

Ao cuidar do autoritarismo, Fromm (1974) considera que tanto os impulsos masoquistas quanto os impulsos sádicos buscam auxiliar o indivíduo a escapar da sua sensação de impotência e solidão. Enquanto o masoquista almeja ser absorvido por outro para auferir segurança, o sádico conquista essa segurança absorvendo o outro. Como ocorreu no nacional-socialismo alemão, o masoquista submisso obteve a sensação de significância ao tornar-se parte do poder, compartilhando sua grandeza e força. Para Fromm, a demonstração de amor e lealdade ao *Führer* é um bom exemplo do masoquista submisso. Embora o masoquista escape da sensação de isolamento, o indivíduo não precisa tomar decisões, nem arriscar-se.

O masoquista experimenta grande satisfação narcísica na obediência, no dever cumprido e na submissão, decorrente da crença do recebimento do amor e do respeito por parte do *Führer*. Esse prazer intenso nas massas levou Fromm a considerar a submissão como instinto inato para fuga da solidão; no entanto, o vínculo da massa com o *Führer* é ambivalente. Se por um lado há veneração e desejo de submissão por parte da massa, por outro, ocorre uma animosidade impedida de expressar-se, cujo ódio volta-se para os grupos mais debilitados, como os das minorias raciais, como ocorreu no nazismo. O masoquista também demonstra grande conformismo em suportar o sofrimento, seja pelo destino, seja pelo

Führer, porquanto nesse sofrimento ele encontra sua máxima virtude e seu ato de heroísmo. Já o sádico sente-se engrandecido e valorizado, absorvendo outra pessoa que o idolatra, como ocorreu com Hitler diante da massa submissa. Nesse controle completo sobre as outras pessoas, Hitler experimentou uma espécie de vivência de transcendência da condição humana, sentindo-se com poderes absolutos e divinos.

A destrutividade, por sua vez, como observa Fromm (1974), não se confunde com o sadismo, no qual o indivíduo almeja dominar seu objeto e experimenta a perda com a destruição desse objeto. Geralmente, a destrutividade não é consciente, mas apenas racionalizada de várias formas – a forma de dever, amor ou patriotismo –, como ocorreu em relação aos líderes nazistas. Todavia, mesmos os sádicos e destrutivos não podem ser completamente desumanos sem sofrer intensa ansiedade e danos à sua sanidade psíquica. Em relação ao regime nazista, muitos dos que faziam parte da destruição de inúmeras pessoas, de forma desumana, sofreram por esse motivo distúrbios psíquicos, pois ser totalmente desumano também causa um sentimento de solidão, pela sensação de afastamento da humanidade.

Finalmente, em *O medo à liberdade* (1941), Fromm (1974) analisa o mecanismo de fuga denominado *conformismo de autômatos*, por ele considerado de extrema significação social. Nesse mecanismo, o indivíduo transforma-se em autômato. Abandona seu *eu* e abraça uma personalidade ofertada pelos padrões culturais, agindo de acordo com as expectativas externas. Deixa de sentir-se só ou angustiado, por identificar-se com milhões de outras pessoas; no entanto, paga o preço da perda da sua individualidade e da sua liberdade. Por esse mecanismo de fuga, a opinião pessoal sobre vários assuntos, os juízos estéticos e as reflexões sobre fatos políticos e sociais desaparecem. O indivíduo passa a expressar-se de acordo com a opinião predominante no grupo social, sem qualquer contribuição pessoal, como ocorreu, por exemplo, em relação à massa da população ariana, conformada com as decisões externas impostas pelo nacional-socialismo.

Como explica o autor (1941), o nazismo foi acolhido especialmente pela massa inferior da população, porque essa classe tinha desejo ao mesmo tempo de poder e de submissão. Comprimida entre trabalhadores inferiores e as camadas mais elevadas da população, a classe média inferior foi a mais atingida pelas consequências da Primeira Grande Guerra. Além disso, ela sofreu a perda de prestígio social e, no âmbito familiar, a diminuição da autoridade paterna, outrora responsável pela garantia do futuro dos filhos.

Os integrantes dessa classe média, durante o regime nazista, foram favorecidos pelas extorsões aos judeus. Os espetáculos sádicos contra os judeus e provocados pela ideologia nazista davam-lhes a sensação de superioridade. Dessa forma, eles se sentiam, de certa maneira, compensados por suas vidas empobrecidas, tanto no aspecto cultural, quanto no econômico (Fromm, 1974).

Fromm menciona que o nacional-socialismo decorre de um caráter social sadomasoquista – inerente à *personalidade autoritária* – de oprimir e de ser oprimido. Ao cuidar do masoquismo, o autor aproxima-se do conceito de narcisismo das pequenas diferenças mencionado por Freud. Como os sentimentos hostis e agressivos não podem ser dirigidos contra os mais fortes, tais sentimentos são canalizados contra os mais debilitados no contexto social, dentre eles as minorias e os excluídos, como ocorreu em relação à perseguição antissemita.

A respeito do antissemitismo, conforme vimos no segundo capítulo do nosso estudo, Freud afirmou, em *Moisés e a religião monoteísta* (1939), que Moisés era egípcio, um estrangeiro não só para o povo judeu como também para outros povos. Moisés havia tornado o povo judeu escolhido e renunciado a sua posição aristocrática. Para Freud, a religião judaica fundada por Moisés fez com que os judeus ficassem orgulhosos e gratificados, sentindo-se superiores. Dessa forma, Moisés propiciou que os judeus pudessem auferir significativas satisfações narcísicas.

Fromm visualiza em *Moisés e a religião monoteísta* uma identificação de Freud com Moisés, análoga à verificada na obra *Moisés de Michelangelo* (1913). Segundo Fromm, Freud se via como Moisés, não compreendido pela massa, não obstante sua capacidade de administrar o ódio e de prosseguir com seus escritos psicanalíticos. Essa identificação fica reforçada pela dedicação de Freud a Moisés nos últimos anos de sua vida (Fromm, 1984b).

Em sua obra *O espírito de liberdade* (1966), Fromm menciona a submissão e os sofrimentos infligidos aos judeus ao longo da história por parte de outros povos que se utilizaram da força. Apesar disso, os judeus mantiveram uma tradição humanista e buscaram a emancipação dos vínculos incestuosos e o progresso. Na tradição judaica, a obediência ao pai não se confunde com a fixação incestuosa à mãe, à nação, ao solo e ao sangue. A figura do pai representa não só a razão e a consciência, mas também a lei e os princípios morais e espirituais (Fromm, 1975b).

Fromm explica o nacionalismo judaico como decorrente das perseguições sofridas e da tentativa de escravização contra esse povo ao longo dos séculos, o que dificultava o encontro do internacionalismo ou do universalismo. O autor (1975b) faz referência expressa à exterminação de um terço do povo judeu pelo nazismo, em pleno século XX; no entanto, essas circunstâncias não justificam o nacionalismo judaico, apenas o explicam (1975b).

Para concluir, Fromm (1975b) nos apresenta uma visão futura otimista para a paz entre os homens, ao ressaltar um aspecto relevante do tempo messiânico: a superação pelos homens do isolamento e da destruição entre eles, quando se tornarem totalmente humanos. Com essa conquista, não haverá estrangeiro, não existirão diferenças fundamentais entre as nações e não haverá qualquer povo eleito. No seu entender, ao descobrirmos interiormente o estrangeiro, será impossível odiá-lo exteriormente, justamente porque ele deixa de representar a estranheza. No mesmo sentido, o inimigo representa também o inimigo interno, o que faz com que deixe de ser inimigo.

REFERÊNCIAS BIBLIOGRÁFICAS

ADORNO, Theodor W. "A teoria freudiana e o padrão da propaganda fascista". Trad. Gustavo Pedroso. In: *Margem esquerda – Ensaios Marxistas*. São Paulo: Boitempo, 2006 [1951], v. 7, pp. 164-89.

___. "Educação após Auschwitz". In: *Palavras e sinais. Modelos críticos*. Trad. Maria Helena Ruschel. Petrópolis: Vozes, 1995 [1967].

___. *Propaganda fascista e antissemitismo*. Trad. Francisco Rüdiger, 1946. Disponível em: <http//adorno.planetaclix.pt/tadorno22.htm>. Acesso em: 4 nov. 2014.

___; HORKHEIMER, Max. "Elementos do antissemitismo". In: *Dialética do esclarecimento: fragmentos filosóficos*. Trad. Guido Antonio de Almeida. Rio de Janeiro: Zahar, 1985 [1947].

AGAMBEN, Giorgio. *O que resta de Auschwitz: o arquivo e a testemunha* (Homo Sacer III). Trad. Selvino J. Assmann. São Paulo: Boitempo, 2008.

ARENDT, Hannah. "Answers to Question Submitted by Samuel Grafton". In: KOHN, J.; FELDMAN, R. H. (orgs.). *The Jewish Writings*. Nova York: Shocken Books, 2007a [1963c].

___. "Antisemitism". In: KOHN, J.; FELDMAN, R. H. (orgs.). *The Jewish Writings*. Nova York: Shocken Books, 2007b [1938-1939].

___. *Eichmann em Jerusalém*. Trad. José Rubens Siqueira. São Paulo: Companhia das Letras, 1999 [1963a].

___. *Origens do totalitarismo*. Trad. Roberto Raposo. São Paulo: Companhia das Letras, 1989 [1951].

___. "The Crisis of Zionism". In: KOHN, J.; FELDMAN, R. H. (orgs.). *The Jewish Writings*. Nova York: Shocken Books, 2007c [1943].

ARENDT, Hannah. "The Eichmann Controversy. A Letter to Gershom Scholem." In: KOHN, J.; FELDMAN, R. H. (orgs.). *The Jewish Writings*. Nova York: Shocken Books, 2007d [1963b].

___. "The History of the Great Crime". In: KOHN, J.; FELDMAN, R. H. (orgs.). *The Jewish Writings*. Nova York: Shocken Books, 2007e [1952].

BAUMAN, Zygmunt. *Modernidade e holocausto*. 4. ed. Trad. Marcus Penchel. Rio de Janeiro: Zahar, 1998 [1996].

BELLER, Steven. *Antisemitism: A Very Short Introduction*. Nova York: Oxford University Press, 2007.

BIRMAN, Joel. *Mal-estar na atualidade: a psicanálise e as novas formas de subjetivação*. 5. ed. Rio de Janeiro: Civilização Brasileira, 2005.

BOCK, Gisela. "A política sexual nacional-socialista e a história das mulheres". In: DUBY, G.; PERROT, M. (dir.). *História das mulheres no Ocidente*. Trad. Maria Helena da Cruz Coelho et al. Porto: Afrontamento/São Paulo: EDBRADIL, 1993.

BRUNO, Aníbal. *Direito penal*. Parte geral. 5. ed. Rio de Janeiro: Forense, 2005.

CANETTI, Elias. *Massa e poder*. Trad. Sérgio Tellaroli. São Paulo: Companhia das Letras, 2013.

CROMBERG, Renata Udler. Arguição da tese *Contribuições psicanalíticas de Erich Fromm para a compreensão do nazismo*, defendida por Oswaldo Henrique Duek Marques (doutorado em Psicologia Clínica). Programa de Pós-Graduação em Psicologia Clínica da Pontifícia Universidade Católica de São Paulo, 2015.

___. *Paranoia*. São Paulo: Casa do Psicólogo, 2010. Coleção Clínica Psicanalítica, dirigida por Flávio Carvalho Ferraz.

D'ALESSIO, Marcia Mansor; CAPELATO, Maria Helena. *Nazismo: política, cultura e holocausto*. São Paulo: Atual, 2004.

ENRIQUEZ, Eugène. *Da horda ao Estado: psicanálise do vínculo social*. Trad. Teresa Cristina Carreteiro e Jacyara Nasciutti. Rio de Janeiro: Zahar, 1990 [1983].

FERRAZ, Flávio Carvalho. *A eternidade da maçã: Freud e a ética*. São Paulo: Escuta, 1994.

FERREIRA NETTO, Geraldino Alves. *Doze lições sobre Freud e Lacan*. Campinas: Pontes, 2010.

FIGUEIREDO, Luís Claudio Mendonça. "Acerca do que Freud infelizmente considerou alheio ao seu interesse naquele momento". *Revista Psicanálise e Universidade*, São Paulo, n. 9-10, pp. 35-47, jul.-dez. 1998 – jan.-jun. 1999.

___. Transcrição de gravação do curso "De 'Introdução ao narcisismo' aos transtornos narcísico-identitários: cem anos de pensamento psicanalítico", na Pós-Graduação em Psicologia Clínica da Pontifícia Universidade Católica de São Paulo, 2º semestre de 2014.

FREUD, Sigmund. XXVI Conferencia. La teoria de la libido y el narcisismo. In: *Obras completas*, v. 16. Trad. José Luis Etcheverry. Buenos Aires: Amorrortu, 2001a [1916-1917].

___. "Duelo y melancolía". In: *Obras completas*. Trad. José Luis Etcheverry. Buenos Aires: Amorrortu, 2001b [1915], v. 14.

___. "El yo y el ello". In: *Obras completas*. Trad. José Luis Etcheverry. Buenos Aires, Amorrortu: 2001c [1923], v. 19.

___. "Introducción del narcisismo". In: *Obras completas*. Trad. José Luis Etcheverry. Buenos Aires: Amorrortu, 2001d [1914], v. 14.

___. "La moral sexual «cultural» y la nerviosidad moderna". In: *Obras completas*. Trad. José Luis Etcheverry. Buenos Aires: Amorrortu, 2001e [1908], v. 9.

___. "Moisés y la religión monoteísta". In: *Obras completas*. Trad. José Luis Etcheverry. Buenos Aires: Amorrortu, 2001f [1939], v. 23.

___. *O futuro de uma ilusão*. Trad. do alemão de Renato Zwich. Porto Alegre: L&PM, 2010a [1927].

___. *O mal-estar na cultura*. Trad. do alemão de Renato Zwich. Porto Alegre: L&PM, 2010b [1930].

___. "Pontualizaciones psicoanalíticas sobre un caso de paranoia (*Dementia paranoides*) descrito autobiograficamente". In: *Obras completas*. Trad. José Luis Etcheverry. Buenos Aires, Amorrortu, 2001g [1911], v. 12.

___. "Por qué la guerra? (Einstein y Freud)". In: *Obras completas*. Trad. José Luis Etcheverry. Buenos Aires: Amorrortu, 2001h [1933 [1932]], v. 22.

___. "Psicología de las masas y análisis del yo". In: *Obras completas*. Trad. José Luis Etcheverry. Buenos Aires: Amorrortu, 2001i [1921], v. 18.

___. "Tótem y tabu. Algunas concordancias en la vida anímica de los salvajes y de los neuróticos". In: *Obras completas*. Trad. José Luis Etcheverry. Buenos Aires: Amorrortu, 2001j [1913], v. 13.

FRIEDLÄNDER, Saul. *A Alemanha nazista e os judeus*. Volume I: *Os anos da perseguição, 1933-1939*. Trad. Fany Kon et al. São Paulo: Perspectiva, 2012.

FROMM, Erich. *A arte de amar*. Trad. Milton Amado. Belo Horizonte: Itatiaia, 1995 [1956].

___. *A crise da psicanálise. Ensaios sobre Freud, Marx e psicologia social*. Trad. Álvaro Cabral. 2. ed. Rio de Janeiro: Zahar, 1970.

___. *A descoberta do inconsciente social: contribuição ao redirecionamento da psicanálise*. Trad. Lúcia Helena Siqueira Barbosa. São Paulo: Manole, 1992 [1990]. Obras Póstumas, n. 3.

___. "A desobediência como problema psicológico e moral". In: *Da desobediência e outros ensaios*. Trad. Vera Ribeiro. Rio de Janeiro: Zahar, 1984a [1963b].

___. *A missão de Freud*. Trad. Octavio Alves Velho. Rio de Janeiro: Zahar, 1965 [1959].

___. "A psicanálise humanista na teoria de Marx". In: *Da desobediência e outros ensaios*. Trad. Vera Ribeiro. Rio de Janeiro: Zahar, 1984b [1965].

___. *A revolução da esperança. Por uma tecnologia humanizada*. Trad. Edmond Jorge. Rio de Janeiro: Zahar, 1968.

___. *A sobrevivência da humanidade*. 4. ed. Trad. Waltensir Dutra. Rio de Janeiro: Zahar, 1969 [1961].

___. *Análise do homem*. 10. ed. Trad. Octavio Alves Velho. Rio de Janeiro: Zahar, 1978a [1947].

___. *Anatomia da destrutividade humana*. Trad. Marco Aurélio de Moura Matos. Rio de Janeiro: Zahar, 1975a [1973].

___. *El amor a la vida. Conferencias radiofónicas compiladas por Hans Jürgen Schultz*. Trad. Eduardo Prieto García. Madri: Paidós, 2011a [1983].

___. *Grandeza e limitações do pensamento de Freud*. Trad. Álvaro Cabral. Rio de Janeiro: Zahar, 1980 [1979].

___. "Hitler. Quién era y qué significa la oposición a ese hombre?." In: *El amor a la vida. Conferencias radiofónicas compiladas por Hans Jürgen Schultz*. Trad. Eduardo Prieto García. Barcelona: Paidós, 2011b [1974].

___. *Meu encontro com Marx e Freud*. 7. ed. Trad. Waltensir Dutra. Rio de Janeiro: Zahar, 1979 [1962].

FROMM, Erich. *Obreros y empleados en vísperas del Tercer Reich: un análisis psicológico-social*. Buenos Aires: Fondo de Cultura Económica; Universidad de San Martín, 2012.

___. *O coração do homem. Seu gênio para o bem e para o mal*. 10. ed. Trad. Octavio Alves Velho. Rio de Janeiro: Zahar, 1967 [1964].

___. *O dogma de Cristo e outros ensaios sobre religião, psicologia e cultura*. 5. ed. Trad. Waltensir Dutra. Rio de Janeiro: Zahar, 1978b [1963a].

___. *O espírito de liberdade*. 3. ed. Trad. Waltensir Dutra. Rio de Janeiro: Zahar, 1975b [1966].

___. *O medo à liberdade*. 9. ed. Trad. Octavio Alves Velho. Rio de Janeiro: Zahar, 1974 [1941].

___. *Psicanálise da sociedade contemporânea*. 3. ed. Trad. L. A. Bahia e Giasone Rebuá. Rio de Janeiro: Zahar, 1963 [1955].

___. "Sozialpsychologischer Teil". In: *Studien über Autorität und Familie. Forschungsberichte aus dem Institut für Sozialforschung*. 2. ed. Lüneburg: Dietrich zu Klampen, 1987 [1936], v. 5, pp. 77-135.

___. *Ter ou ser?* Trad. Nathanael C. Caixeiro. Rio de Janeiro: Zahar, 1977 [1976].

FRY, Karin A. *Compreender Hannah Arendt*. Trad. Paulo Ferreira Valério. Petrópolis: Vozes, 2010. Série Compreender.

FUKS, Betty Bernardo. *Freud e a judeidade: a vocação do exílio*. Rio de Janeiro: Zahar, 2000.

___. "O pensamento freudiano sobre a intolerância". *Psicologia Clínica*. Rio de Janeiro, v. 19, n. 1, pp. 59-73, 2007.

___. "Prefácio: O legado de Freud". In: FREUD, S. *O homem Moisés e a religião monoteísta*. Trad. do alemão de Renato Zwick. Porto Alegre: L&PM, 2014.

FUNK, Rainer. *Erich Fromm. Una escuela de vida*. Trad. do alemão de Rosa S. Carbó. Barcelona: Paidós, 2009 [2007].

GAGNEBIN, Jeanne Marie. "Após Auschwitz". In: *Lembrar, Escrever, Esquecer*. 2. ed. São Paulo: Editora 34, 2009.

GILMAN, Sander L. *Freud, raça e sexos*. Trad. Júlio Castañon Guimarães. Rio de Janeiro: Imago, 1994.

GRINBERG, Luiz Paulo. *Jung: o homem criativo*. São Paulo: FTD, 1997.

HARDING, Thomas. *Hanns & Rudolf: o judeu-alemão e a caçada ao Kommandant de Auschwitz*. Trad. Ângela Lobo. Rio de Janeiro: Rocco, 2014.

HERF, Jeffrey. *Inimigo judeu: propaganda nazista durante a Segunda Guerra Mundial e o Holocausto*. Trad. Walter Solon. São Paulo: Edipro, 2014.

___. *Modernismo reacionário: tecnologia, cultura e política em Weimar e no Terceiro Reich*. Trad. Cláudio Frederico da S. Ramos. Campinas: Ensaio/Editora da Unicamp, 1993. Estante do pensamento crítico.

HOBBES, Thomas. *Leviatã ou matéria, forma e poder de uma república eclesiástica e civil*. Org. Richard Tuck. Trad. João Paulo Monteiro, Maria Beatriz Nizza da Silva e Claudia Berliner. Rev. da trad. Eunice Ostrensky. São Paulo: Martins Fontes, 2003. Clássicos Cambridge de filosofia política.

JAFFE, Noemi. *O que os cegos estão sonhando? – com o diário de Lili Jaffe (1944-1945) e texto final de Leda Cartum*. São Paulo: Editora 34, 2012.

JAY, Martin. *A imaginação dialética: história da Escola de Frankfurt e do Instituto de Pesquisas Sociais, 1923-1950*. Trad. Vera Ribeiro. Rio de Janeiro: Contraponto, 2008.

JONES, Ernest. *A vida e a obra de Sigmund Freud*. Trad. Júlio Castañon Guimarães. Rio de Janeiro: Imago, 1989, v. 2.

KAËS, René. *As alianças inconscientes*. Trad. José Luis Cazarotto. São Paulo: Ideias & Letras, 2014.

KANT, Immanuel. "Resposta à pergunta: Que é "esclarecimento"? (Aufklärung)". In: *Textos seletos*. 5. ed. Petrópolis: Vozes, 2009.

KLEMPERER, Victor. *LTI: a linguagem do Terceiro Reich*. Trad. Miriam Bettina Paulina Oelsner. Rio de Janeiro: Contraponto, 2009.

LAPLANCHE, Jean; PONTALIS, J. B. *Vocabulário da psicanálise*. Trad. Pedro Tamen. 4. ed. São Paulo: Martins Fontes, 2001.

LEVI, Primo. *É isto um homem?* Trad. Luigi Del Re. Rio de Janeiro: Rocco, 1988.

___; DE BENEDETTI, Leonardo. *Assim foi Auschwitz: testemunhos 1945-1986*. Org. Fabio Levi e Domenico Scarpa. Trad. Frederico Carotti. São Paulo: Companhia das Letras, 2015.

MARCUSE, Herbert. A obsolescência da psicanálise. Trad. Isabel Maria Loureiro. In: *Cultura e sociedade*. São Paulo: Paz e Terra, 1998 [1965], v. II.

___. *Eros e civilização: uma crítica filosófica ao pensamento de Freud*. Trad. Álvaro Cabral. Rio de Janeiro: Zahar, 1968 [1955].

___. *Razão e revolução: Hegel e o advento da teoria social*. Trad. Marília Barroso. 2. ed. Rio de Janeiro: Paz e Terra, 1978 [1941].

___. *Tecnologia, guerra e fascismo*. Trad. Maria Cristina Vidal Borba. São Paulo: Unesp, 1999.

MARRUS, Michael Robert. *A assustadora história do holocausto*. Trad. Alexandre Martins. Rio de Janeiro: Ediouro, 2003.

MEYER, Luiz. *A mente totalitária*. Trabalho apresentado no XXIV Congresso Brasileiro de Psicanálise, Campo Grande, MT, 25-28 set. 2013.

MEZAN, Renato. *Freud, pensador da cultura*. 7. ed. São Paulo: Companhia das Letras, 2006.

___. "O nazismo e a erotização da morte". In: *Intervenções*. São Paulo: Casa do Psicólogo, 2011a.

___. *Psicanálise, judaísmo: ressonâncias*. Campinas: Escuta, 1986.

MÜLLER, Ingo. *Los juristas del horror. La "justicia" de Hitler: El pasado que Alemania no puede dejar atrás*. Trad. do alemão por Carlos Armando Figueredo. Bogotá: Alvaro-Nora, C.A., 2009.

PENNA, Carla Maria Pires e Albuquerque. *Da psicologia das multidões aos grandes grupos: uma investigação psicanalítica sobre o inconsciente social*. Tese (doutorado em Psicologia Clínica) – Programa de Pós-Graduação em Psicologia Clínica da Pontifícia Universidade Católica do Rio de Janeiro, 2012.

PINHEIRO, Carla Virginia de; LIMA, Celina Peixoto; OLIVEIRA, Débora Passos de. Sobre as relações entre o sexual e o mal-estar na civilização: uma discussão acerca das perspectivas freudianas. *Psicologia Clínica*, Rio de Janeiro, v. 18, n. 2, pp. 37-48, 2006.

QUINODOZ, Jean-Michel. *Ler Freud: guia de leitura da obra de S. Freud*. Trad. Fátima Murad. Porto Alegre: Artmed, 2007.

RAMOS, Conrado. *A dominação do corpo no mundo administrado*. São Paulo: Escuta, 2004.

RAMOS, Conrado. Arguição da tese *Contribuições psicanalíticas de Erich Fromm para a compreensão do nazismo*, defendida por Oswaldo Henrique Duek Marques (doutorado em Psicologia Clínica) – Programa de Pós-Graduação em Psicologia Clínica da Pontifícia Universidade Católica de São Paulo, 2015.

REICH, Wilhelm. *Psicologia de massas do fascismo*. 3. ed. Trad. Maria da Graça M. Macedo. São Paulo: Martins Fontes, 2001 [1942].

RIBEIRO JÚNIOR, João. *O que é nazismo*. 3. ed. 4. reimpr. São Paulo: Brasiliense, 2005.

ROSEMBERG, Alfred, *El mito del siglo XX*. Trad. Adalberto Encina e Walter del Prado. Buenos Aires: Odal, 1976 [1943].

ROUDINESCO, Elizabeth. *Jacques Lacan: esboço de uma vida, história de um sistema de pensamento*. Trad. Paulo Neves. São Paulo: Companhia das Letras, 2008.

___; PLON, Michel. *Dicionário de psicanálise*. Trad. Vera Ribeiro. Rio de Janeiro: Zahar, 1998.

ROUANET, Sérgio Paulo. *Teoria crítica e psicanálise*. 5. ed. Rio de Janeiro: Tempo Brasileiro, 2001.

SANTNER, Eric L. *A Alemanha de Schreber: uma história secreta da modernidade*. Trad. Vera Ribeiro. Rio de Janeiro: Zahar, 1997.

SCHREBER, Daniel Paul. *Memórias de um doente dos nervos*. Trad. Marilene Carone. Rio de Janeiro: Paz e Terra, 1995 [1903].

SÉMELIN, Jacques. *Purificar e destruir: usos políticos dos massacres e dos genocídios*. Trad. Jorge Bastos. Rio de Janeiro: Difel, 2009 [2005].

WEININGER, Otto. *Sexo y carácter*. 3. ed. Trad. do alemão por Felipe Jiménez de Asúa. Buenos Aires: Editorial Losada, 1952 [1903].

WIGGERSHAUS, Rolf. *A Escola de Frankfurt: história, desenvolvimento teórico, significação política*. 2. ed. Trad. do alemão por Lilyane Deroche-Gurgel. Trad. do francês por Vera de Azambuja Harvey. Rio de Janeiro: Difel, 2006 [1986].